Knaur

Über die Autorin:

Die Herausgeberin Annette Weber ist Lektorin und lebt in München.

Das große
Herbstlesebuch

Herausgegeben
von Annette Weber

Knaur

Originalausgabe September 1998
Copyright © 1998 Droemersche Verlagsanstalt Th. Knaur Nachf., München
Alle Rechte vorbehalten. Das Werk darf – auch teilweise – nur mit
Genehmigung des Verlages wiedergegeben werden.
Umschlaggestaltung: Agentur ZERO, München
Satz: Franzis-Druck GmbH, München
Druck und Bindung: Clausen & Bosse, Leck
Printed in Germany
ISBN 3-426-60812-X

2   4   5   3   1

Inhalt

Lars Gustafsson
Die Kunst,
den November zu überstehen

1

Es ging von seiner Frau aus, die ihn oft matt setzte, indem sie ihn ironisch behandelte.

Sie war blond, blaß, entschlossen, und kühl von etwas anderem besessen.

Eine vorzügliche Amateurreiterin: ihre schwarzen, samtigen Reithelme, die sich angenehm anfühlten, wenn man mit den Fingerspitzen darüberstrich, lagen hoch oben auf einem Bord in der Garderobe.

Im Kleiderschrank des Schlafzimmers jene merkwürdig geformten Reithosen, die einen süßlichen Geruch nach Sägespänen und Pferden ausströmten.

Eigentlich war er jemand, der es verdient hätte, ohne Ironie behandelt zu werden.

Er saß in einem großen, hellen Zimmer im Erdgeschoß und machte seine Untersuchungen für den Industrieverband, das Konjunkturinstitut, nicht selten auch für die UNESCO. Er war sehr gefragt.

Ein solides Tonband der Firma Tandberg spielte endlose Bachpartiten ab, während er sich in diesem Zimmer über seine karierten Notizblocks und Tabellen beugte.

Nachmittags kam seine Sekretärin, Frau Sjögren, weißhaarig, kompetent, freundlich und tippte die Arbeit des Morgens ab.

Das Haus war groß; er hatte es von seiner Familie geerbt, die seit der Mitte des neunzehnten Jahrhunderts im Importgeschäft tätig war. Seine Großmutter hatte das erste richtige Badezimmer von Västerås gehabt.

Es lag auf einem Bergrücken, mit Aussicht über die halbe Stadt. Nicht weniger als zwei riesige Glasveranden, im Winter schrecklich schwer zu beheizen.

Eine davon blieb immer kalt, dort wurden Äpfel in Kartons aufbewahrt, und dadurch bekam der Raum einen unangenehmen Geruch. Wenn man die Tür an einem Wintertag öffnete oder sie aus Versehen offenließ, erwachten zudem Hunderte von Fliegen zum Leben. Sie mißverstanden die Wärme und übertönten alles mit ihrem abscheulichen Summen.

Es war unerträglich.

Mit den Veranden waren viele Erinnerungen verbunden. Das Kartenspielen der exzentrischen Onkel in den dreißiger Jahren, Frühlingsabende, an denen die Petroleumlampe gar nicht angezündet werden mußte und an denen man mit irgendeinem hübschen blonden Mädchen von der Städtischen Mädchenschule hier saß und dem Frühlingsopfer von Strawinsky lauschte.

All diese Mädchen schienen verschwunden zu sein, sie waren wohl Diplomatengattinnen oder Sopranistinnen geworden.

Er konnte sich erinnern, wie die Onkel ihre Spielkarten auf den Tisch knallten, wie das Mineralwasser in den Flaschen zischte.

Aber an die leisen Gespräche mit diesen Mädchen in den langen Plisseeröcken der fünfziger Jahre konnte er sich nicht erinnern. Vielleicht hatten sie am Ende Pickel auf dem Rücken?

In ihrer ganzen grotesken, riesenhaften Hölzernheit, mit ihren Windfängen und Wetterfahnen und Korbmöbeln und allen Modernisierungen, die er im Laufe der Jahre vorgenommen hatte, war die Villa natürlich in unseren Tagen über eine Million Kronen wert.

Aber verkaufen konnte er sie nicht, weil er sie für sich selbst brauchte.

Außerdem wohnte er gern in Västerås.

In Stockholm konnte man heute ohne weiteres von einem Messerstecher überfallen werden, wenn man nur vom Hauptbahnhof zum Finanzministerium ging. Einem seiner Freunde war das kürzlich passiert.

Selbstverständlich hatte er eine Beraterfirma eintragen lassen, und diese Firma mietete die Villa als Geschäftsniederlassung von ihm, um wiederum einen kleineren Teil als Wohnung an ihn zu vermieten.

In einem Zeitalter, in dem die Steuerbehörden bestimmten, was die Wohnung eines jeden kosten durfte, und praktisch auch, wie jeder zu wohnen hatte, waren solche Konstruktionen notwendig. Er gehörte einer Elite an: trotzdem hatte er das Gefühl, daß man ihn unentwegt demütigte.

»Schweden«, pflegten einige seiner Freunde zu sagen, »Schweden ist ein unmögliches Land geworden für alle, die etwas wollen oder etwas können.«

»Diese Entwicklung kann verborgene Vorteile haben«, antwortete er gewöhnlich darauf (beispielsweise seinem Wirtschaftsprüfer, und drehte dabei gnädig die Stereoanlage ein bißchen herunter, die gerade zum vierten Mal seit dem Beginn des Arbeitstages um acht Uhr eine der wirklich großen Lautensuiten von Johann Sebastian Bach ertönen ließ, die ruhige, asketische, nachdenkliche in d-moll). »Jetzt gehen alle *materiellen* Motive verloren, zur intellektuellen Elite eines Landes zu gehören. Nicht mal ein besseres Auto oder eine bessere Wohnung kriegt man zur Belohnung dafür, daß man eindeutig mehr weiß als andere. Kurzum, es lohnt sich nicht, tüchtig zu sein.

Das wird zweierlei zur Folge haben. Erstens werden völlig unbedeutende Personen, richtige Durchschnittsmenschen, das Wirtschaftsleben und die Verwaltung übernehmen. Leute, die sich in unserer Jugend damit begnügen mußten, einen Posten bei der Schwedischen Eisenbahn zu bekommen, Leiter eines Freizeitheims zu werden oder Gedichtbände zu schreiben, werden nun Ministerien leiten, werden im Vorstand der staatlich subventionierten Verlustindustrien sitzen. Dadurch wird aber die wirklich intellektuelle Elite Schwedens frei.

Natürlich wird ein Teil davon das Land verlassen, in immer rascherem Tempo, je nachdem, wie der öffentliche Sektor anschwillt. Man wird sich der armen, herzleidenden Bevölkerung

in Houston/Texas widmen, man wird die armen, verwaltungsbe-
dürftigen multinationalen Ölkonzerne verwalten, man wird sich
für die armen Krankenhauspatienten in Zug und Basel einsetzen.
All das ist längst bekannt und schon Wirklichkeit geworden. Aber
wirklich interessant ist ja, was aus denen wird, die bleiben.«
»Meinst du«, sagte der Wirtschaftsprüfer. Er war ein großer Feinschmecker und Mitglied in verschiedenen Herrenclubs. Außerdem hegte er eine aufrichtige Bewunderung für seinen Freund
in der braunen Villa. »Was wird denn mit ihnen passieren?«
»Die Intellektuellen werden zum ersten Mal seit dem siebzehn-
ten Jahrhundert eine Klasse ohne persönliches Gewinnstreben
sein. Wir werden eine Klasse von Wandermönchen, von Denkern,
von Philosophen bekommen. Verstehst du nicht? Wir werden eine
Überkapazität für die transzendente Welt bekommen! Wir werden *Kathedralen bauen*, glaub mir!«
Er war ein bißchen wunderlich in diesen Jahren. Im Herbst zuvor
hatte er etwas erlebt, das er »seinen Zusammenbruch« nannte.
Jetzt war es Anfang November, übrigens ungewöhnlich mild und
freundlich für diesen Monat, er sprach sanft mit seiner Frau und
hoffte, den Monat gut zu überstehen.
Nicht einmal zwei Tage später, als sie auf eine abscheulich gedan-
kenlose Art, die wohl ziemlich typisch für Frauenzimmer ist, die
Autotür genau vor einem Lastwagen aufgemacht hatte, der folglich die Tür mit allem Drum und Dran mitnahm, zu einem Werk-
stattpreis von ungefähr drei Tausendern, hatte er viele Worte verloren.
»Warum siehst du dich nicht um, bevor du die Autotür auf-
machst?« fragte er ganz freundlich.
Er befand sich in einer seiner abgewandten Phasen und hatte keinen Spaß am Streit.
Noch gab es nur eine einzige Kathedrale in der Stadt,
und die Dohlen des Herbstes umschwebten sie noch
in gedankenverlorenen vorbereitenden Wirbeln.

Niemand weiß genau, was ein Mensch ist.

Die Folterknechte des Mittelalters, geschickt, hartnäckig, sorgfältig, waren an diesem Rätsel gescheitert. Die Kliniker des acht-
zehnten Jahrhunderts, mit ihren Duschen, Wasserbädern, listig
versteckten Fallen und Hindernissen auf dem Weg der Wan-
dernden, das neunzehnte Jahrhundert mit seinen Zwangsjacken,
Meister Freud mit seinen schlau ausgedachten Übertragungen
und Ritualen, sie alle hatten ein Schlupfloch gelassen.

Hinter dem Menschen ist ein Dunkel, und beharrlich sendet es
Signale aus, unvereinbar mit allem, was von ihm erwartet wird.

Die modernen Staaten versahen ihn mit einer Personenkennzif-
fer, speicherten ihn in Datenbanken, organisierten ihn in Arbeits-
brigaden oder begeisterten ihn in Massenversammlungen, in-
dustrialisierten mit seiner Hilfe arktische Bergwerke, unter
Berufung auf seine angeblichen trotzkistischen Abweichungen,
machten ihn zu verkrüppelten Zwergen in tropischen Hunger-
gebieten oder zu lallenden Alkoholikern in U-Bahnstationen mit
der feuchten Kälte der Unterwelt und der schweren Last der Fels-
massen.

Die Physiologen bohrten ihre Silberdrähte in ein Gehirn und
beobachteten, wie es auf mikroskopisch kleine, ganz genau
dosierte elektrische Ströme reagierte, sie ließen den Orgasmus
sich als elektronischen Sturm auf dem Oszillographen abzeich-
nen, nicht unähnlich einem epileptischen Anfall.

Und all das unter der merkwürdigen Voraussetzung, man wisse
tatsächlich, was ein Mensch eigentlich sei.

Dabei strömten unablässig von überallher Botschaften herein, die
zeigten, daß man sich irrte.

Immerzu widerlegte der Mensch den idiotischen Glauben des
Menschen, daß er seine eigene Tiefe kenne.

Es war im Herbst 1977 auf Jekyll Island, einer kleinen tropischen
Insel mit ausgezeichneten Konferenzhotels vor der Küste von
Georgia.

Ein mächtiges tropisches Gewitter zog in feinmaschigen Netzen über den gesamten Horizont.

Er stand an dem großen Kippfenster und sah, wie jeder Blitz den meilenweiten, blendend weißen Strand erleuchtete, wo man auf eigentümliche Krabben stoßen konnte, die seitwärts liefen, während er selbst seinen allmorgendlichen Geländelauf machte. Und mitten im Regen stand ein alter Indianer und angelte. Er trug einen alten zerdrückten Strohhut, der mit Angelhaken gespickt war, seine Angelrute muß ganze drei Meter lang gewesen sein, seine weiten Hosen zeichneten sich sehr deutlich vor all dem Weißen ab.

Die Art, wie er ganz still und gelassen mitten im lauen Wirbel des tropischen Regens stand, unberührt von dem flammenden Himmel über ihm und dem tobenden, weißschäumenden Meer vor seinen zerfransten Hosen – all das machte den Zuschauer am Fenster froh.

Es kam ihm in den Sinn, daß tatsächlich niemand weiß, was ein Mensch ist.

Denn niemand hat je einen Menschen von außen gesehen.

Er wollte gern, daß das Mädchen zum Fenster käme und hinausschaute.

Sie war noch unentschlossen, ob sie wollte oder nicht. Sie war weich, sie war müde, sie war sehr warm: sie gähnte.

Sie hatte ihr Nachthemd wieder angezogen, ihr langes, wahrscheinlich leicht getöntes blondes Haar hing über den schönen Spitzenkragen. Sie hatte kräftige, runde Schultern, die Brüste waren ein wenig schwer, wie so oft bei Amerikanerinnen, wenn sie in die Dreißiger kommen.

Er mochte sie sehr gern. Nur selten stellten sie einander Fragen. Er hatte sie in einer Bar in Jacksonville entdeckt – sie behauptete, frisch verwitwet zu sein.

Er machte sich weiter keine Gedanken darüber, wie es sich tatsächlich damit verhielte. Jedenfalls mußte er an einem Seminar auf Jekyll Island teilnehmen, es war im September 1977.

Niemand weiß, was ein Mensch ist.

Die Klimaanlage, die vorzüglich war, ließ ihn frösteln.

Er schlüpfte wieder zu dem Mädchen ins Bett.

Das Gewitter ließ zweifellos nach. Vorsichtig, ganz langsam, drückte er sein Gesicht immer tiefer in ihre Achselhöhle, die eine sanfte, feuchte Wärme und einen leichten Duft nach Niveacreme ausströmte.

(Vor Jahren hatte er, wie er sich erinnerte, von einem Mädchen in Griechenland erfahren, warum die Hälse und Schraubdeckel der Niveaflaschen ihre langgezogene, praktische Form haben, und er erinnerte sich, daß es ihn schockiert hatte.

Damals war er wohl noch leichter zu schockieren gewesen.)

Sie kam aus Houston. Eigentlich war sie ein sehr attraktives Mädchen. Wie üblich bei Amerikanerinnen unserer Generation brauchte sie lange zum Orgasmus, dann aber rollte er in langen, gleichsam dumpfen Wellen heran, Sturzwellen an einem fernen Strand, der so abgelegen ist, daß wenige Reisende sich wirklich Zeit genommen haben, ihn zu besuchen.

Ihm fiel auf, daß sie *geographisch unbestimmbar* war, auf eine Art, wie es in Europa nur Mädchen aus der Bundesrepublik sein können.

Sie war ein Mädchen ohne Dialekt, ohne Heimatort, es gab keine Pfade, keine Bergrücken, die sie besser kannte als andere Menschen. Sie war das Produkt einer Welt mit austauschbaren Milieus, ein Motel wie das andere, die Rezeption der einen eleganten Agentur wie die andere.

In wie vielen derartigen Rezeptionen mochte sie nach dem College gesessen haben?

Ihm gefielen solche Mädchen: Wenn man hinter all dem Unpersönlichen, hinter dem Duft nach Niveacreme, der einen Dialekt ersetzte, hinter dem Wissen um eine bestimmte Art, sich zu geben, eine kühle Rolle zu spielen, all dem Wissen, das für die Menschen einer früheren Zeit das Wissen um eine Landschaft war, um ihre Labyrinthe und Möglichkeiten, wenn man hinter alledem zu dem Dunkel in ihnen fand – diesem Dunkel, welches das einzig Persönliche im Menschen ist –, konnte man überrascht werden von der ungeheuren Wärme, der Gefühlsklugheit, der Intuition für den tiefen Genuß, deren diese Mädchen fähig sind.

»Woran denkst du«, sagte sie, viel später in derselben Nacht.

»Daran, daß auf der Erde in jeder Minute zwanzig Hektar Wald abgeholzt werden. Hast du das gewußt?«

»Nein. Aber es wächst doch neuer Wald nach?«

»Komm und setz dich zu mir ans Fenster, dann erzähl ich dir was darüber. Aber zieh dir etwas an; diese Klimaanlage ist so kühl. Oder sollen wir das Fenster aufmachen und ein bißchen Wärme hereinlassen? Jetzt nach dem Gewitter gibt es keine Moskitos.«

»Okay.«

Das Seminar war recht interessant. Morgen würde der dritte Tag beginnen. Veranstaltet wurde es von einem Unternehmen mit Tochtergesellschaften in circa fünfzig Ländern, das eine Art gemeinsames Bezugssystem erarbeiten wollte, eine gemeinsame Terminologie für die Beschreibung der Konjunkturentwicklung in den jeweiligen Ländern.

Wer die Kontrolle über die Sprache hatte, der hatte bis zu einem gewissen Grad auch die Kontrolle über die Entwicklung, indem er kontrollieren konnte, wie die Probleme formuliert wurden.

Und unter allen Umständen war es besser, daß dies der relativen Objektivität eines multinationalen Konzerns überlassen wurde, als daß eine lokale Mafia, korrupte Parteien, machtgierige Volksbefreier es in die Hand bekamen, oder irgendein Innenminister, der im Begriff war, mit Hilfe der Geheimpolizei die Kontrolle über den Staat zu übernehmen.

Die Nuß, die man zu knacken hatte, war die offensichtliche Notwendigkeit von mehr als einem Beschreibungssystem. Man brauchte eins für die Hoffnungsvollen und ein anderes, schwerer zu formalisierendes, für die Realisten.

Morgen würden wieder die Diener mit ihren kleinen Elektrokarren zu den einzelnen abgesonderten Bungalows kommen, auf

die das Hotel verteilt war, sie würden Bettwäsche und Frottee-
handtücher wechseln und die eleganten kleinen Küchen sauber-
machen, die den Gästen zur Verfügung standen.

Und bestimmt würde das Mädchen genau wie an den Tagen zuvor
nicht am Wasser, nicht am Meeresstrand sitzen (dort fand sie es
viel zu wild und stürmisch), sondern am Swimmingpool unter den
mächtigen, mit spanischem Moos überzogenen Hickorybäumen,
sie würde dort auf einem Stuhl an dem lauen Swimmingpool sitzen, wo ein paar Familien mit ihren Kindern herumplanschten,
würde dort den ganzen Nachmittag lang sitzen, friedlich in einen
Science-fiction-Roman vertieft.

Es war wirklich ein anderes Ufer, von dem sie kam, eine jünge-
re Kultur, und das war ihm angenehm.

Sie gähnte laut und streckte sich nach seinem Glas, in dem Bour-
bon war, mit viel Wasser verdünnt (er mißbilligte diese amerikanische Unsitte, Alkohol und Erotik zu vermischen; der Alkohol
konnte zu leicht dämpfend wirken und die Sensibilität mindern),
und sagte:

»Wollen wir nicht lieber ein bißchen schlafen? Morgen ist schließlich auch noch ein Tag.«

»Okay.«

Er küßte sie mit echter Zärtlichkeit. Mit der gleichen Zärtlichkeit, mit der man einen uralten archäologischen Fund behandelt.
Nur daß es mit ihr genau umgekehrt war.

Am Tag darauf würden wieder die gleichen schweren Lastkähne
den Sund durchqueren, einer der Fernsehkanäle würde mit
monotoner Beharrlichkeit über die Winde im gesamten Karibi-
schen Meer berichten, mit minuziöser Genauigkeit würde alles
registriert werden, was einen Zyklon ankündigen könnte.

Sie würde vielleicht doch ein bißchen am Strand entlanggehen,
wenn Ebbe war, und nach dem schmalen Atemkanal der
Schnecke suchen, die *Cornea purpurea* heißt und deren Innenseite von erlesenem Rosa ist.

Man konnte diese Schnecken in einem Topf Wasser in der Küche
auskochen.

Sie fand das eklig und hatte es ihm überlassen; nun lagen schon einige davon auf der Anrichte.

Ihre purpurfarbene Innenseite sah aus wie ein allzu achtlos preisgegebenes Geheimnis.

3

Zusammen mit dem stillen Professor Jantz aus Basel schlenderten sie, nur mit Badezeug bekleidet, den weißen Strand entlang. Sie waren mehrere Kilometer geschwommen, aber dann hatte das Mädchen sich vor ein paar riesigen Rückenflossen einige hundert Meter weiter draußen erschrocken.

Nach Meinung des Professors waren es keine Haie, sondern Delphine.

Sie setzten sich alle drei auf einen silbrigen, vom Meer abgeschliffenen Baumstamm und sahen die Sonne langsam in einer dicken Wolkenbank im Nordwesten versinken, es mochte ein Gewitterzentrum sein, das gerade über der Karibik heraufzog.

»Das Jahr 1866«, sagte der Professor, ein leicht exzentrischer Spezialist für *public affairs*, der in diesem Herbst als Gastdozent in Harvard war, »das Jahr 1866 ist ein hartes und finsteres Jahr in der Geschichte Bayerns. Durch den verhängnisvollen Krieg gegen Preußen verliert Bayern endgültig die Hegemonie unter den deutschsprachigen Völkern.

König Ludwig der Zweite, endgültig aller Illusionen beraubt, jemals wirklich eine historische Rolle spielen zu können, beraubt auch der Freundschaft mit Richard Wagner, der nach der skandalumwitterten Affäre mit Cosima, der Frau des Kapellmeisters von Bülow, aus München vertrieben worden war, endgültig seines Glaubens an ein auch nur halbwegs normales Leben beraubt, seit seine Verlobung gelöst worden ist, König Ludwig der Zweite von Bayern kehrte seiner Hauptstadt den Rücken und läßt sich zunächst in dem alpinen Lustschloß Linderhof nieder, mehrere Jahre später dann in dem noch größeren, mit noch mehr verschwenderischer Pracht ausgestatteten Neuschwanstein.

Diese Schlösser sind deshalb so merkwürdig, versteht ihr, weil sie nicht Gebäude im üblichen Sinn sind. Sie sind *Abbilder* von Gebäuden, dreidimensionale Phantasien von einem Leben, das nie und nirgends gelebt worden ist.«

»So ähnlich wie Disneyland?«

»Ja. Aber in allem Ernst. In keinem dieser Schlösser gibt es einen normalen Waschraum, es gibt keine einzige Garderobe, nicht einmal einen wirklich funktionierenden Kamin.

Die Schlafzimmer des Königs sind Paradeschlafzimmer, in einem Fall Versailles nachempfunden, im anderen nach spanisch-romanischen Vorbildern gestaltet.

Das gesamte normale Leben, Küche, Toiletten, die ganze *Kulissenmaschinerie*, ist ins Kellergeschoß verbannt.

Nach und nach zwingt er die Diener, in Masken aufzutreten, wenn sie ihm aufwarten müssen; in Linderhof hat er einen Tisch in seinem Kabinett, der mechanisch in der Versenkung verschwindet, wenn die Mahlzeit beendet ist.

Überall gibt es Spiegel, Elfenbein, chinesische Vasen, die wie Alpinisten auf hohen Barockregalen balancieren, unter Decken, an denen präraffaelitische Engel und Putten vor den Abendwolken Fangen spielen.

Aber vor allem Spiegel, Spiegel, versilberte Meisterwerke von Spiegeln, die jedem Zimmer unendliche Tiefe geben und den Stuck und das Gold wiederholen, bis einem schwindlig wird.«

»Ludwig hat also nie die Möglichkeit gehabt, in sein eigenes Leben hineinzukommen?«

»Mein Gott, Mädchen, was mußt du gelitten haben, daß du so klug bist«, sagte der Professor anerkennend. »Ganz genau! Er war eingesperrt in das Bild eines Lebensstils, eingesperrt in die allgemeine Vorstellung von einer Königlichkeit, einem Versailles, einem Artushof, für immer darin eingesperrt auf eine Weise, daß ihm nicht die geringste Möglichkeit blieb, König Ludwig zu sein.

Er ist sozusagen ein König, dessen ganzer Ruhm darin besteht, daß er versuchte, etwas anderes zu sein.«

»Mit einer einzigen Ausnahme vielleicht, wenn du erlaubst: die dunkle, stürmische Nacht am Ufer des Starnberger Sees, als er seinen Psychiater erwürgt und dann selbst in den Wellen verschwindet.«

»Das alles ist ein bißchen die Geschichte eines *Konsumenten*, nicht wahr?«

»Natürlich. Er verbrauchte Unmengen vom *Besten*. Den besten Marmor. Den schwarzen. Das beste Elfenbein. Das weiße. Blattgold. Nur versilberte Spiegel, Silberdrahtspiegel, durften es sein. Er beschäftigte natürlich Zehntausende von Handwerkern und hob das Niveau des gesamten bayerischen Kunsthandwerks.«

»Der erste Konsument? Der erste Vorstadtmensch? Der erste Inhaber einer *Diners-Club-Karte?* Der erste, der den konsequenten Versuch macht, im Inneren des Abbilds zu leben, statt ...«

»Ja, statt was?«

Letzteres sagte das Mädchen ganz überraschend. Sie war damit beschäftigt, sorgfältig die Innenseite ihres rechten Oberschenkels abzusuchen, auf der Jagd nach etwas, das ein gefährlicher Moskitobiß sein mochte, vielleicht Malaria.

Ihre beiden Begleiter machte das äußerst nervös.

»Mach dir keine Sorgen, es stammt sicher von mir«, sagte er und legte ihr einen Arm um die Schultern. Im gleichen Moment hatte sie ihn schon abgeschüttelt.

Sie war ernstlich beunruhigt von diesem Gespräch.

»*Ein Konsument*«, sagte er. »Na schön. Meinetwegen, *einer, der im Inneren des Abbilds eines Lebensstils lebt* und also selbst gleichwertig mit Null ist. Aber schließlich gibt es auch noch andere Analysen.«

»Was für welche«, sagte Professor Jantz. (Er war immer noch ganz kribbelig wegen dieser Sache mit der Innenseite des weißen Oberschenkels. Es gab da einen feinen, goldenen Flaum, der gerade in diesem Moment deutlich sichtbar wurde, da die Sonne sich jetzt durch eine Lücke in der weitläufigen Wolkendecke hindurchgearbeitet hatte.)

»Oh, ich stelle ihn mir an einem kalten, dunklen bayerischen Herbsttag vor, wie er an dem bleigefaßten Fenster sitzt und auf zwei Täler und den fernen See hinausblickt und *weiß, daß er nichts Besonderes ist.* Das ist es natürlich, was ihn eitel, verträumt und prachtliebend bis zum Wahnsinn macht: Er ist der erste Wittelsbacher, der keine Eigenschaften hat.

Natürlich muß er beinahe untergehen, als Wagner ihn verläßt.

Da sitzt er und blickt auf das herbstliche Tal hinaus, das kaum noch belaubt ist. Der Himmel ist grau, die Meute der sorgfältig ausgewählten Spitze bellt im Hundehof, daß es bis hier herauf zu dem bleigefaßten Fenster dringt. Er sitzt an diesem Fenster und sieht eine Schar wirbelnder, schwarzer Krähen über das Tal ziehen, und er ist buchstäblich nichts ...«

»Was meinst du?« sagte das Mädchen. »Sollen wir nicht wieder zurückschwimmen? Ich habe Lust auf einen Drink.«

»Ich meine, vielleicht war das alles nur *eine Art, den November zu überstehen.*«

»Wie meinst du das jetzt?«

»Ich meine, *eine Art, den November zu überstehen*, ist schließlich in jedem Leben nötig. Es ist eine Kunstart, nicht wahr? Lieber Himmel, wie trivial war er doch, dieser bayerische König!«

4

Professor Jantz hatte das Seminar aus einem ganz bestimmten Grund nach Jekyll Island verlegt.

Wegen seines Kreislaufs mußte er viel schwimmen.

Er war schon öfter hier gewesen: Er wußte ein Wasser zu schätzen, das bis tief in den November hinein eine Temperatur von über zwanzig Grad behielt.

Jeden Morgen ging er schon lange vor dem Frühstück schwimmen; seine Frau, groß, mager, sehr gepflegt, sehr still, leistete ihm dabei stets Gesellschaft.

Um elf Uhr, kurz dem Lunch, war es wieder Zeit zum

Schwimmen. Und nachmittags dann noch mal eine genauso lange Strecke.

Diese deutsche Nation mit ihrer fanatischen Besorgtheit um die eigene Gesundheit, mit ihren Kreislaufstörungen, ihren Sanatorien, ihren Leberkuren, ihrer unablässigen Beschäftigung mit dem eigenen Körper, autoerotisch und doch unpersönlich, ging ihm manchmal auf die Nerven. Auf seinen Konferenzen und Reisen war er oft damit konfrontiert.

Was für eine Bedeutung das alles hatte, war schwer zu entscheiden.

Waren es irgendwelche subtilen Genüsse, denen man sich hingab? Oder war es der Preis, den man für etwas anderes zahlte, was nicht sichtbar war, der Preis für etwas jenseits der Autobahnen, der Mercedesse, der schönen weißen Ferienhäuschen im Tessin?

Schier endlos und einsam war der Strand, an dem man entlangschwamm. Jantz und seine Frau redeten beim Schwimmen anscheinend nie miteinander. Das amerikanische Mädchen war immer zu Scherzen aufgelegt, wenn sie im Wasser war, schwamm lange Strecken auf dem Rücken und zeigte auf die Pelikane weit draußen in der Brandung, die im Laufe des Tages immer stärker wurde.

Das Hotel war rasch verschwunden, bald sah man nur noch Strand, und eine Landzunge war wie die andere.

An einem dieser Tage hatten sie einen verwesenden Seehund gefunden: Er lag zwischen den Ufersteinen, von Fliegen umschwirrt, halb bedeckt von eigentümlichen tropischen Blutegeln, oder jedenfalls kamen sie ihm wie tropische Blutegel vor, ein großer, schwerer, verwesender Körper, der irgendwie ihre Aufmerksamkeit auf sich ziehen *mußte*.

Nachdem sie ihn gründlich betrachtet und sich über seinen Geruch entsetzt hatten, seinen richtig ekelhaften, anstößigen Verwesungsgeruch, den man nur hätte vertreiben können, wenn man diesen Körper auf einem Scheiterhaufen verbrannt hätte; das amerikanische Mädchen hatte sogar mit einem Stöckchen daran herumgestochert (und dabei entdeckt, daß er glatt durch das wei-

che Seehundfell ging, wenn sie es wollte), hatten sie den Rück-
zug angetreten, westwärts, hinunter zum Hotelstrand.

Seltsamerweise hatte keiner mehr richtig Lust zu schwimmen.

Der Strand war unglaublich vielfältig: Allein die Art, wie Wind
und Sand die silbrigen Holzstücke formten, konnte die Phantasie stundenlang beschäftigen. Und die Schnecken im seichten
Wasser mit ihren sonderbaren Rechts- und Linkswindungen, die
sich manchmal in jeder nur denkbaren Hinsicht glichen, bis in
die kleinste Einzelheit hinein, jeder Farbfleck identisch – aber,
und das war ein Unterschied, der sozusagen den ganzen Unterschied ausmachte: die eine Schnecke war nach links gedreht
und die andere unwiderruflich in die entgegengesetzte Richtung.

Als sei die eine durchs Universum gereist und schließlich zurückgekehrt an ihren Strand, um die andere zu treffen, die immer hier
war.

Nach dem Lunch nahmen sie ihre Besprechungen wieder auf. Er
verließ das amerikanische Mädchen – sie versenkte sich gerade
in den vierten dicken Paperbackroman dieser Woche, frisch
gekauft am Zeitungsstand in dem niedrigen, bungalowartigen
Empfangsgebäude des Hotels und nicht zu unterscheiden von
denen davor; sie schienen alle von derselben ungeheuren Leidenschaft zu handeln, die wie ein Passatwind durch sämtliche
gleichdicke Paperbackromane der amerikanischen Zeitungsstän-
de wehte.

Sie diskutierten also weiter, und ein total glatzköpfiger Herr
aus New York referierte einen Aufsatz, der davon handelte,
wie man in Zeiten der unberechenbaren Konjunkturschwan-
kungen Methoden zur Beschreibung von Konjunkturen finden
könne.

Das alles war verflixt vage und abstrakt, und er hatte schon seit
einigen Jahren das Gefühl, daß solche Seminare nicht mehr lange abgehalten werden würden.

Man konnte die Wirklichkeit nicht aus der Wirklichkeit wegreden, und weder die gewaltsamen Krawalle in den Fernsehreportagen mal aus diesem, mal aus jenem Land der Dritten Welt, noch die heftig fluktuierenden Währungen ließen sich mit theoretischen Modellen von Expertenteams der fünfziger Jahre in den Griff bekommen, deren nur allzu einfache Aufgabe es war, die Folgen eines unverminderten Wachstums vorauszusagen.

In seinem hochindustrialisierten Heimatland hatte man kein Geld mehr, um im Winter ordentlich Schnee zu räumen, und keine einzige Arbeiterfamilie konnte sich noch Beefsteaks oder einen Braten leisten.

Der hochindustrialisierten Welt war die Luft ausgegangen, und hier saßen ein paar Leute an einem abgelegenen Strand und redeten. Während andere wegen ihres Kreislaufs schwimmen gingen und wieder andere in Paperbackromanen der großen Leidenschaft begegneten.

Morgen würde er mit dem amerikanischen Mädchen nach Jacksonville fahren. Ihr Flug nach Boston (weiß der Himmel, was sie in Boston vorhatte, aber dort wollte sie hin) ging sehr früh, und er würde den halben Tag mit einem Buch auf dem Flugplatz verbringen. Und das war ihm sogar ganz recht.

Er hatte das Gefühl, wenn er noch ein paar Tage allein bliebe, würde er in die Beziehung zwischen dem deutschen Professor und seiner stillen, diskret folgsamen Frau hineingezogen werden, hineingezwungen in so etwas wie die Rolle eines *Zeugen* zwischen zwei Menschen, die tatsächlich in einen subtilen Kampf auf Leben und Tod verstrickt waren, und diese Rolle als *Zeuge* würde ihn ablenken, quälen, seine Zeit für Wochen in Anspruch nehmen.

Auf dem Parkplatz vor dem Empfangsgebäude nahmen sie alle einen herzlichen, fast aufsehenerregend herzlichen Abschied voneinander.

Der Professor hatte die Absicht, noch zwei Wochen zu bleiben und seinen Kreislauf zu pflegen.

Es herrschte sehr wenig Verkehr auf der Landstraße, die meist durch Mangrovengehölze führte, nachdem er wieder aufs Festland gekommen war.

Er nahm einen leichten Abschied von dem amerikanischen Mädchen, als ihr Flug in Jacksonville aufgerufen wurde, sie winkte fröhlich mit ihrem Make-up-Koffer und ihrem noch nicht ganz ausgelesenen Paperback über die *Leidenschaft*.

Er mußte ganz einfach laut lachen – aus Freude darüber, daß so etwas möglich ist –, und mit leichten Schritten ging er zur Bar, um eine große Tasse Kaffee zu bestellen.

Ihm würde trotzdem noch Zeit genug bleiben, um zu Hause anzurufen und Bescheid zu sagen, daß er damit rechnete, in etwa achtzehn Stunden mit der Atlantikmaschine nach Hause zu kommen.

Er hatte das Gefühl, einen dieser Romane erlebt zu haben, aus denen nichts wird, einfach aus dem Grund, daß zwar alle Voraussetzungen da sind, keiner jedoch den Mut hat, die einzelnen Elemente in einen allzu engen Kontakt zu bringen.

5

O diese Berge, die nur Mäuse gebären!

An einem Freitag im November kam er zurück und ihm war gleich klar, daß Schnee in der Luft lag: jeden Augenblick, so vermutete er, könnte es zu schneien anfangen; da war diese spezielle Trockenheit.

Er kam mit dem Drei-Uhr-Zug an; es war nicht nötig, ein Auto am Flugplatz Arlanda zu mieten, kein Grund zur Eile mehr.

Niemand war zu Hause, als er kam, also setzte er sich in die Küche, so daß er von der Auffahrt möglichst gut zu sehen war; falls seine Frau jemanden dabeihaben sollte, wenn sie kam, wollte er ihr die Möglichkeit geben, ihn zu sehen, um unangenehme Überraschungen zu vermeiden.

Statt mit einem Liebhaber aufzutauchen, blieb sie ganz aus. Stunde um Stunde saß er da, es rauschte ein wenig im Heizkessel, und er bekam Lust nachzusehen, was für Post gekommen war, aber bei näherem Nachdenken verging ihm die Lust wieder; es konnte ja doch nichts anderes dabeisein als Rechnungen und Einladungen zu neuen Kongressen, und die reizten ihn nicht mehr im geringsten.

Wenn er nur begreifen könnte, wo zum Teufel sie geblieben war!

Er überlegte ernstlich, ob er bei ein paar Bekannten und Verwandten herumtelefonieren sollte, verzichtete aber darauf.

Wie leicht macht man sich lächerlich.

Er kippte mehrere Whiskys und ging zu Bett.

Einzuschlafen war völlig unmöglich. Im Zwerchfell saß ein Schmerz, und das war nicht der übliche Ausdruck der Leere, es war etwas anderes, kein Weinen, Weinen wäre allzu kindlich gewesen, eher ein Weinen in seiner kristallisierten Form.

Gefühle haben eine eigene Nahrung, banalisiert zu werden, kurz bevor sie zerbrechen.

Er konnte nicht *zurückfinden* zu der Liebe, die er einmal für sie empfunden haben mußte – die Kleinigkeiten in der Küche, die Spuren ihrer Beschäftigung mit den Topfpflanzen am Fenster, sie mußte vor ganz kurzer Zeit weggefahren sein: das alles sagte ihm, daß er sie einmal geliebt haben mußte –, und statt dessen mußte er *etwas anderes* erfinden.

Genau wie Lucia in der Wahnsinnsarie in Donizettis Oper »Lucia di Lammermoor«. Man hat sie betrogen, in der Form einer trügerischen Liebe hat die ganze Welt, haben sogar die Winde und die Berge sie betrogen, und sie findet nicht zu ihrer Liebe zurück. Sie findet statt dessen etwas anderes, etwas Lächerliches, etwas Parodistisches oder Banales. Einen Gassenhauer statt der großen Arie.

Und der hält natürlich nicht lange vor.

O diese Berge, die nichts als Mäuse gebären!

Der nächste Morgen war windstill, kalt, mit trockenem Schnee unter den Füßen. Gegen sechs war er eingeschlafen, und im ersten Schlummer fiel ihm ein, daß sie für zwei Wochen zusammen mit einer Freundin mit einer Charterreise auf Rhodos sein wollte.

Er zog Tennisschuhe, Trainingsanzug und Handschuhe an.

Er lief in die trockene Novemberluft hinaus, es war kurz vor einem neuen Schneefall, und er lief ruhig und rhythmisch und wußte nicht mehr, wovor er eigentlich flüchtete.

Maeve Binchy
Kathy

Kaum ein anderes Mädchen am Mountainview College lernte so
eifrig wie Kathy Clarke. Während des Unterrichts war ihre Stirn
stets nachdenklich gerunzelt, sie tüftelte an den Aufgaben herum, hakte nach, stellte Fragen. Im Lehrerzimmer kursierten
harmlose Witze über sie. So bedeutete etwa »wie Kathy Clarke
schauen«, daß man mit zusammengekniffenen Augen einen Aushang am Schwarzen Brett anstarrte und ihn zu verstehen versuchte.

Sie war ein großes, linkisches Mädchen, trug einen marineblau-
en, ein wenig zu langen Schulrock und zählte nicht zu denen in
der Klasse, die sich Ohrlöcher stechen ließen und sich mit Mode-
schmuck behängten. Zwar war sie nicht sonderlich gescheit, wollte jedoch gut sein und strengte sich deshalb sehr an. Beinahe zu
sehr. Jedes Jahr fanden Elternsprechtage statt, aber eigentlich
konnten sich die Lehrer kaum daran erinnern, wer denn wegen
Kathy kam.

»Ihr Vater ist Klempner«, erzählte Aidan einmal. »Er hat bei uns
die Sanitärinstallationen gemacht, gute Arbeit, aber dann wollte
er natürlich bar bezahlt werden, was er mir erst am Ende gesagt
hat… als ich mein Scheckheft zückte, ist er fast in Ohnmacht
gefallen.« Helen, die Gälischlehrerin, berichtete: »Ich weiß noch,
daß ihre Mutter während des ganzen Gesprächs nicht einmal ihre
Zigarette aus dem Mund genommen hat und nur ständig fragte:
›Was nutzt es ihr denn, was bringt ihr das fürs spätere Leben?‹«
»Das sagen sie doch alle«, meinte Tony O'Brien, der künftige
Direktor, resigniert. »Man kann ja kaum von ihnen erwarten, daß
sie einem vorschwärmen, wie geistig stimulierend sie das Lernen
um des Lernens willen finden.«

»Kathy hat eine ältere Schwester, die auch manchmal kommt«, fiel einer anderen Lehrerin ein. »Sie ist Filialleiterin in einem Supermarkt, und ich glaube, sie ist der einzige Mensch, der die arme Kathy wirklich versteht.«

»Ach Gott, wenn es unsere einzige Sorge wäre, daß die Kinder zu hart und zu verbissen arbeiten!« seufzte Tony O'Brien. Als angehender Direktor hatte er in seinem Büro tagtäglich mit weitaus größeren Problemen zu kämpfen. Und nicht nur in seinem Büro.

In seinem ziemlich unsteten Liebesleben hatte es nur wenige Frauen gegeben, mit denen er zusammenbleiben wollte, und jetzt, da es endlich soweit war und er die Richtige kennengelernt hatte, wurde die Sache plötzlich so verdammt kompliziert. Das Mädchen war die Tochter von Aidan Dunne, dem armen Kerl, der geglaubt hatte, er würde zum Direktor ernannt werden. Die daraus entstehenden Mißverständnisse und Verwicklungen hätten einem viktorianischen Melodram zur Ehre gereicht.

Nun wollte ihn die junge Grania Dunne nicht mehr sehen, weil sie ihm vorwarf, er habe ihren Vater gedemütigt. Das war zwar falsch und an den Haaren herbeigezogen, aber das Mädchen glaubte es. Er hatte ihr die Entscheidung überlassen und zum erstenmal in seinem Leben versichert, er werde sich mit keiner anderen einlassen, sondern darauf warten, daß sie zu ihm zurückkehrte. Ab und zu ließ er ihr ein Lebenszeichen in Form einer witzigen Postkarte zukommen, erhielt jedoch nie eine Antwort. Vielleicht war es töricht, sich weiterhin Hoffnungen zu machen. Schließlich gab es noch eine Menge anderer Frauen auf der Welt, und bislang hatte es ihm nie daran gemangelt.

Aber irgendwie hatte keine eine solche Anziehungskraft auf ihn ausgeübt wie dieses muntere, aufgeweckte Mädchen mit den lebhaften Augen, der bemerkenswerten Energie und der raschen Auffassungsgabe. In ihrer Gegenwart fühlte sich Tony O'Brien tatsächlich um Jahre jünger. Und sie war keineswegs der Meinung gewesen, er sei zu alt für sie, nicht in jener Nacht, die sie bei ihm verbracht hatte. In der Nacht, bevor er erfuhr, wer sie war und daß ihr Vater auf einen Posten spekulierte, der für ihn gar nicht in Frage kam.

Womit Tony O'Brien am allerwenigsten gerechnet hatte, war, daß er als Direktor des Mountainview College beinahe wie ein Mönch leben würde. Aber es schadete ihm nichts, früh zu Bett zu gehen, weniger zu trinken und sich seltener ins Nachtleben zu stürzen. Ja, er versuchte sogar, das Rauchen einzuschränken, für den Fall, daß Grania zu ihm zurückkehrte. Immerhin rauchte er jetzt morgens nicht mehr. Während er früher mit noch geschlossenen Augen nach dem Päckchen neben dem Bett getastet hatte, schaffte er es nun, bis zur Schulpause zu warten; erst dann genehmigte er sich in der Abgeschiedenheit seines Büros bei einem Kaffee die erste Zigarette. Das war schon ein Erfolg. Er überlegte, ob er Grania eine Karte mit dem Bild einer Zigarette und der Aufschrift »Habe ein Laster weniger« schicken sollte, aber dann würde sie womöglich denken, er habe das Rauchen völlig aufgegeben, was nun ganz und gar nicht stimmte. Es war verrückt, wie häufig er an sie denken mußte.

Ihm war nie bewußt gewesen, wieviel Arbeit es bedeutete, eine Schule wie das Mountainview College zu leiten. Die Elternabende und der Tag der offenen Tür waren nur zwei der vielen Aufgaben, die ihn bereits vollauf in Anspruch nahmen.

Es blieb ihm wirklich kaum Zeit, sich über Mädchen wie Kathy Clarke Gedanken zu machen. Sie würde von der Schule abgehen und irgendeinen Job finden; vielleicht brachte ihre Schwester sie im Supermarkt unter. Bis zur Hochschulreife würde sie es nicht schaffen. Dafür besaß sie weder den familiären Hintergrund noch die Intelligenz. Aber sie würde sich schon durchschlagen.

Keiner der Lehrer wußte, wie es bei Kathy Clarke zu Hause aussah. Wenn sie überhaupt je einen Gedanken daran verschwendeten, stellten sie sich wahrscheinlich vor, sie lebe in einem der Häuser in der großen, ständig wachsenden Wohnsiedlung, wo es zuviel Fernsehen und zuviel Fast-food-Essen gab, zuwenig Ruhe und Frieden, zu viele Kinder und zuwenig Geld für den Lebensunterhalt. Das war hier normal. Sie konnten nicht wissen, daß in Kathys Zimmer ein Einbauschreibtisch und eine kleine Büchersammlung standen. Hier saß ihre ältere Schwester Fran jeden Abend bei ihr, bis sie die Hausaufgaben erledigt hatte. Ein Gasofen mit tragbaren Gasflaschen, die Fran zum Vorzugspreis im Supermarkt kaufte, sorgte im Winter für Wärme.

Kathys Eltern lachten über diesen Luxus – die anderen Kinder hatten ihre Hausaufgaben am Küchentisch gemacht und daran gab es nichts auszusetzen, oder? Allerdings, hatte Fran erwidert. Mit fünfzehn habe sie ohne Abschluß die Schule verlassen, es habe sie Jahre gekostet, sich in eine leitende Position hinaufzuarbeiten, und sie habe immer noch enorme Bildungslücken. Auch die Jungs kamen nur gerade eben so über die Runden, zwei arbeiteten in England, und einer war Roadie bei einer Popgruppe. Offenbar fühlte sich Fran verpflichtet, dafür zu sorgen, daß Kathy es weiter brachte als der Rest der Familie.

Manchmal fürchtete Kathy, sie könne Frans Erwartungen nicht gerecht werden. »Weißt du, ich bin leider gar nicht besonders gescheit, Fran. Ich tue mich nicht so leicht wie viele andere in der Klasse. Harriet zum Beispiel, die kapiert immer alles auf Anhieb.«

»Na, ihr Vater ist schließlich Lehrer, da ist das kein Wunder«, erwiderte Fran naserümpfend.

»Ja, das meine ich ja gerade. Du bist so gut zu mir, Fran. Anstatt tanzen zu gehen, nimmst du dir die Zeit und fragst mich ab. Und ich habe solche Angst, bei den Prüfungen durchzufallen und dich zu enttäuschen, nachdem du dir mit mir so große Mühe gegeben hast.«

»Ich will aber nicht zum Tanzen gehen«, erwiderte Fran seufzend.

»Aber du bist doch noch nicht zu alt für die Disco?« Kathy, das Nesthäkchen der Familie, war sechzehn, Fran war zweiunddreißig und die Älteste. Eigentlich sollte sie inzwischen verheiratet sein und eine eigene Wohnung haben wie all ihre Freundinnen. Trotzdem wünschte sich Kathy, daß Fran niemals auszog. Sie wollte sich lieber nicht vorstellen, wie es zu Hause ohne Fran wäre. Ihre Mam fuhr oft in die Stadt, um »Besorgungen zu machen«, wie sie es nannte. In Wirklichkeit saß sie dann vor Glücksspielautomaten.

In ihrem Heim hätte es nur wenige Annehmlichkeiten gegeben, wenn Fran nicht dafür gesorgt hätte. Orangensaft zum Frühstück, abends eine warme Mahlzeit. Tatsächlich hatte Fran ihrer Schwester die Schuluniform gekauft und ihr beigebracht, immer die Schuhe zu putzen und jeden Abend Bluse und Unterwäsche zu waschen. Von ihrer Mutter hätte Kathy das nicht gelernt.

Fran klärte sie auch auf und besorgte ihr die erste Packung Tampons. Mit dem Sex, riet Fran, solle sie lieber warten, bis sie jemanden gefunden habe, den sie wirklich sehr gern hatte, anstatt sich mit irgendeinem x-beliebigen einzulassen, nur weil das allgemein erwartet wurde.

»Hast du schon mal jemanden sehr gern gehabt und mit ihm geschlafen?« hatte die damals vierzehnjährige Kathy neugierig gefragt.

Und Fran war ihr auch darauf die Antwort nicht schuldig geblieben. »Ich fand es immer das beste, nicht darüber zu sprechen. Weißt du, es ist etwas Wunderbares, was man nur zerreden würde«, hatte sie entgegnet, und damit war das Thema erledigt.

Fran nahm sie ins Theater mit, zu Aufführungen ins Abbey Theatre, ins Gate und ins Project Arts Centre. Sie schlenderte mit ihr die Grafton Street entlang, und sie gingen auch zusammen in die eleganten Geschäfte. »Wir müssen lernen, in allen Lebenslagen selbstsicher aufzutreten«, erklärte Fran. »Das ist das ganze Geheimnis. Wir dürfen nicht unterwürfig und unsicher wirken, als hätten wir hier nichts zu suchen.«

Über ihre Eltern äußerte Fran niemals ein Wort der Kritik. Manchmal beschwerte sich Kathy: »Mam weiß deine Großzügigkeit gar nicht zu schätzen, Fran. Da hast du ihr diesen schönen neuen Herd gekauft, aber sie kocht nie darauf.«

»Ach, sie ist schon in Ordnung«, erwiderte Fran dann nur.

»Dad bedankt sich nie, wenn du ihm aus dem Supermarkt Bier mitbringst. Er schenkt dir nie etwas.«

»Dad ist kein übler Kerl«, meinte Fran beschwichtigend. »Es ist nun mal kein schönes Leben, wenn man den ganzen Tag zwischen Rohrleitungen und Siphons herumhantieren muß.«

»Glaubst du, du wirst mal heiraten?« fragte Kathy sie eines Tages neugierig.

»Ich warte ab, bis du erwachsen bist. Vorher zerbreche ich mir nicht den Kopf darüber«, erwiderte Fran lachend.

»Aber wirst du dann nicht zu alt sein?«

»Keineswegs. Wenn du zwanzig bist, bin ich gerade mal sechsunddreißig, in der Blüte meines Lebens«, versicherte Fran ihrer Schwester.

»Ich hab gedacht, du würdest Ken heiraten«, meinte Kathy.

»Tja, hab ich aber nicht. Und nun ist er nach Amerika gegangen und somit passé.« Frans Antwort klang sehr entschieden.

Ken hatte ebenfalls im Supermarkt gearbeitet und war sehr ehrgeizig. Mam und Dad hatten immer gesagt, er und Fran würden den Laden bestimmt auf Vordermann bringen. Aber Kathy war sehr erleichtert gewesen, als Ken von der Bildfläche verschwand.

Zum Elternsprechtag im Sommer konnte Kathys Vater nicht gehen. Er müsse an diesem Abend lange arbeiten, sagte er.

»Ach, bitte, Dad. Die Lehrer möchten, daß jemand von den Eltern kommt. Mam wird nicht hingehen, das tut sie ja nie. Und du müßtest gar nicht viel machen, nur zuhören und ihnen sagen, daß alles in Ordnung ist.«

»Herrgott, Kathy, ich kann Schulen nicht ausstehen. Ich fühle mich dort völlig fehl am Platz.«

»Aber Dad, es ist ja nicht so, daß ich irgendwas angestellt hätte und die Lehrer über mich schimpfen. Sie sollen einfach nur den Eindruck haben, daß ihr an schulischen Dingen Anteil nehmt.«

»Das tun wir auch, mein Kind, doch, doch … aber deine Mutter ist in letzter Zeit nicht auf der Höhe, es würde eher schaden als nützen, wenn sie hingehen würde. Und du weißt ja, wie die über das Rauchen denken, das macht sie nur fertig … vielleicht sollte Fran wieder hingehen. Sie kennt sich sowieso besser aus als wir.«

Also ging Fran und sprach mit den erschöpften Lehrern, die eine Unmenge elterlicher Beichten hören mußten und jedem ein paar aufmunternde Worte und eine kleine Warnung mit auf den Weg gaben.

»Sie ist zu verkrampft«, bekam Fran zu hören. »Sie lernt zu verbissen. Wahrscheinlich wäre sie aufnahmefähiger, wenn sie sich mehr entspannen könnte.«

»Aber sie ist ganz eifrig bei der Sache, wirklich«, wandte Fran ein. »Ich setze mich immer zu ihr, wenn sie ihre Hausaufgaben macht, und sie erledigt sie stets gewissenhaft.«

»Sie spielt aber nicht viel, oder?« Der angehende Schuldirektor war ein netter Mann. Anscheinend kannte er die Kinder jedoch nur flüchtig und sprach eher allgemein. Fran fragte sich, ob er sich wirklich an all seine Schüler erinnerte oder einfach nur ins Blaue hinein redete.

»Nein, das will sie nicht, weil sie dann zu wenig Zeit zum Lernen hätte, wissen Sie.«

»Vielleicht sollte sie das aber tun«, stellte der Mann nüchtern, aber nicht unfreundlich fest.

»Ich finde, sie sollte Latein abwählen«, meinte der freundliche Mr. Dunne.

Fran erschrak. »Aber Mr. Dunne, sie gibt sich solche Mühe. Ich selbst habe es nie gelernt und versuche mitzukommen, wenn wir zusammen die Lektionen durchsehen. Sie befaßt sich wirklich stundenlang damit.«

»Aber sehen Sie, sie versteht nicht, worum es eigentlich geht.« Der arme Mr. Dunne bemühte sich sehr, sie nicht zu kränken.

»Vielleicht sollte ich mich darum kümmern, daß sie ein paar Nachhilfestunden bekommt? Es wäre großartig für sie, wenn sie in ihrem Abschlußzeugnis Latein vorweisen könnte. Wenn man ein solches Fach belegt hat, stehen einem so viele Möglichkeiten offen.«

»Möglicherweise schafft sie aber nicht den Notendurchschnitt für die Hochschule.« Es klang, als wolle er ihr das möglichst schonend beibringen.

»Aber sie muß es schaffen! Keiner von uns hat es soweit gebracht. Wenigstens sie muß eine gute Ausgangsposition haben.«

»Sie haben doch eine recht gute Stelle, Miss Clarke, ich sehe Sie immer im Supermarkt. Könnten Sie Kathy nicht dort unterbringen?«

»Kathy wird niemals im Supermarkt arbeiten!« Frans Augen blitzten.

»Entschuldigen Sie«, meinte Mr. Dunne leise.

»Nein, ich habe mich zu entschuldigen. Es ist sehr nett von Ihnen, daß Sie sich so viele Gedanken machen. Bitte verzeihen Sie, daß ich so laut geworden bin. Geben Sie mir einfach einen Rat, was das Beste für sie wäre.«

»Sie sollte sich mit etwas beschäftigen, was ihr Spaß macht, ohne Leistungsdruck«, sagte Mr. Dunne. »Ein Musikinstrument – hat sie dafür einmal Interesse gezeigt?«

»Nein.« Fran schüttelte den Kopf. »Nichts dergleichen. Wir sind alle hoffnungslos unmusikalisch, sogar mein Bruder, der für eine Popgruppe arbeitet.«

»Und Malen?«

»Das kann ich mir nicht vorstellen. Das würde sie ebenfalls zu verbissen angehen. Ständig würde sie sich fragen, ob sie es auch richtig macht.« Mit diesem netten Mr. Dunne zu reden war angenehm. Sicher fiel es ihm nicht leicht, wenn er Eltern oder anderen Angehörigen sagen mußte, daß ihr Kind für ein Hochschulstudium nicht intelligent genug war. Vielleicht hatte er selbst Kinder, die auf die Universität gingen, und wollte, daß andere dieselbe Chance bekamen. Und er sorgte sich so liebenswürdig darum, wie aus Kathy ein glücklicherer und weniger verkrampfter Mensch werden könnte. Es tat Fran leid, daß sie alle seine Vorschläge gleich verwarf. Der Mann meinte es nur gut. Als Lehrer mußte er ja wohl auch viel Geduld haben.

Aidan betrachtete das hübsche, schmale Gesicht dieser jungen Frau, der am Wohl ihrer Schwester soviel mehr gelegen war als den Eltern. Nur mit Mühe brachte er es über sich zu sagen, ein Kind sei schwer von Begriff, weil er sich im Grunde mitschuldig fühlte. Jedesmal dachte er dann, daß es möglicherweise weit weniger begriffsstutzige Schüler geben würde, wenn die Schule kleiner und besser ausgestattet gewesen wäre und wenn es größere Bibliotheken und zusätzliche Fördermaßnahmen gegeben hätte. Darüber hatte er auch mit der Signora gesprochen, als sie das Konzept für den Italienischunterricht ausgearbeitet hatten. Sie meinte, es hinge größtenteils mit den Erwartungen der Leute zusammen. Nach der Einführung des offenen Bildungssystems würde es mindestens eine Generation dauern, bis die Menschen von dem Glauben abkamen, daß man ihnen ja doch nur überall Steine in den Weg legte.

In Italien sei es genauso gewesen, erzählte sie. Sie habe miterlebt, wie die Kinder eines Hotelbesitzers in einem kleinen, ärmlichen Ort aufgewachsen seien. Und sie sei allein dagestanden mit der Ansicht, die Kinder sollten in der kleinen Dorfschule mehr lernen als damals ihre Eltern. Also hatte sie ihnen gerade genug Englisch beibringen können, daß sie die Touristen begrüßen und als Kellner oder Zimmermädchen arbeiten konnten. Dabei hatte sie sich so gewünscht, sie würden im Leben weiterkommen. Die Signora verstand gut, was Aidan seinen Schützlingen im Mountainview College bieten wollte.

Mit ihr konnte man sich ganz zwanglos unterhalten. Während sie den Abendkurs planten, plauderten sie oft bei einer Tasse Kaffee. Sie war eine angenehme Gesellschafterin, belästigte ihn nicht mit Fragen über sein Zuhause und seine Familie und erzählte selbst nur wenig von ihrem Leben im Haus dieses Jerry Sullivan. Aidan hatte ihr sogar von dem Arbeitszimmer erzählt, das er sich gerade einrichtete.

»Mein Herz hängt nicht an Besitztümern«, meinte die Signora. »Aber ein hübsches, ruhiges Zimmer mit viel Sonnenlicht und einem soliden Schreibtisch, all die Erinnerungen, die man so hat, die Bücher, die Bilder an der Wand … das wäre in der Tat sehr schön.« Es hörte sich an, als sei sie eine Zigeunerin oder eine Stadtstreicherin, deren Herz niemals an so herrlichen Dingen hängen würde, die sie anderen aber durchaus gönnte.

Er würde ihr von Kathy Clarke erzählen, diesem Mädchen, das immer so verkniffen dreinschaute und sich furchtbar anstrengte, weil ihre Schwester so große Hoffnungen in sie setzte und sie für blitzgescheit hielt. Die Signora kam oft auf gute Ideen, vielleicht auch in diesem Fall.

Doch nun verscheuchte er die Erinnerungen an diese angenehmen Unterhaltungen und konzentrierte sich wieder auf das Hier und Jetzt. Vor ihm lag noch ein langer Abend. »Ihnen wird bestimmt etwas einfallen, Miss Clarke.« Mr. Dunne spähte hinaus zu der Schlange von Eltern, die noch ziemlich lang war.

»Ich bin Ihnen und all Ihren Kollegen hier sehr dankbar.« Frans Worte klangen aufrichtig. »Sie nehmen sich wirklich Zeit und machen sich Gedanken über die Kinder. Früher, zu meiner Schulzeit, war das anders. Aber vielleicht ist das auch nur eine meiner Ausreden«, schloß sie mit ernstem Gesicht. Die junge Kathy Clarke konnte sich glücklich schätzen, so eine fürsorgliche Schwester zu haben.

Die Hände in den Taschen vergraben, ging Fran mit gesenktem Kopf zur Bushaltestelle. Als sie auf dem Weg an einem Nebengebäude vorbeikam, bemerkte sie einen Aushang, der für einen Italienischkurs im nächsten September warb. Ein Einführungskurs, der einem die Malerei, die Musik und die Sprache Italiens näherbringen wollte. Und über all dem Lernen, hieß es, werde der Spaß nicht zu kurz kommen. Das könnte vielleicht das Richtige sein, überlegte Fran. Doch es war zu teuer. Sie hatte ja jetzt schon so viele Ausgaben. Die Teilnahmegebühr, die man für ein halbes Jahr im voraus bezahlen mußte, konnte sie sich kaum leisten. Und was, wenn Kathy das Ganze mit allzu großer Ernsthaftigkeit betrieb, wie sie es mit allem anderen ja auch immer tat? Dann kam sie vom Regen in die Traufe. Nein, entschied Fran, sie mußte sich etwas anderes einfallen lassen. Seufzend ging sie weiter.

An der Bushaltestelle traf sie Peggy Sullivan, eine der Kassiererinnen vom Supermarkt. »Nach diesen Gesprächen fühlt man sich immer um Jahre gealtert, finden Sie nicht?« meinte Mrs. Sullivan.

»Na ja, man wartet jedesmal eine Ewigkeit. Aber es ist immer noch besser als in unserer Jugend, wo keiner eine Ahnung hatte, was wir in der Schule machten. Wie kommt Ihr Junge denn so zurecht?« Als Filialleiterin hatte Fran es sich zur Gewohnheit gemacht, möglichst viel über ihre Angestellten zu erfahren. So wußte sie, daß Peggy zwei Kinder hatte, die ihr ziemlichen Kummer bereiteten – eine erwachsene Tochter, die sich mit dem Vater nicht vertrug, und einen Jungen, der sich nicht mit seinen Büchern beschäftigen wollte.

»Nun, Jerry wird es nicht glauben, aber anscheinend macht er echte Fortschritte. Das haben alle gesagt. Allmählich wird wieder ein Mensch aus ihm, wie einer seiner Lehrer es ausgedrückt hat.«

»Das ist ja erfreulich.«

»Ja, und das haben wir alles dieser Verrückten zu verdanken, die bei uns wohnt. Das muß unter uns bleiben, Miss Clarke, aber wir haben eine Untermieterin, halb Irin und halb Italienerin. Sie sagt, sie ist mit einem Italiener verheiratet gewesen, der gestorben ist, dabei stimmt das überhaupt nicht. Ich glaube ja, daß sie eine verkappte Nonne ist. Aber wie auch immer, sie hat sich jedenfalls sehr um Jerry gekümmert und ihn, wie's aussieht, völlig umgekrempelt.« Peggy Sullivan erklärte, Jerry habe nie begriffen, daß Gedichte eine Aussage hatten, aber als die Signora bei ihnen eingezogen sei, habe sich alles geändert. Sein Englischlehrer sei von ihm hellauf begeistert. Und daß Geschichte von Dingen handelte, die sich tatsächlich zugetragen hätten, sei ihm auch erst jetzt klargeworden. Seitdem sei er wie verwandelt.

Bekümmert dachte Fran an ihre Schwester, der sie soviel Zeit widmete und die dennoch nicht recht begreifen wollte, daß Latein einstmals eine lebendige Sprache gewesen war. Vielleicht konnte diese Signora auch ihr das Tor zu einer neuen Welt aufstoßen. »Wovon lebt sie denn, Ihre Untermieterin?« fragte Fran.

»Ach, um das herauszufinden, bräuchte man ein ganzes Heer von

Detektiven. Sie macht gelegentlich Näharbeiten und arbeitet ab und zu im Krankenhaus, soviel ich weiß. Aber im nächsten Schuljahr wird sie hier an der Schule einen Italienischkurs leiten, und darauf freut sie sich jetzt schon wie ein Schneekönig. Man könnte meinen, sie hätte höchstpersönlich die Weltmeisterschaft gewonnen, wenn man sie ihre italienischen Lieder trällern hört. Den ganzen Sommer tut sie nichts anderes, als sich auf diesen Kurs vorzubereiten. Eine ausgesprochen liebenswürdige Frau, wirklich, aber ziemlich seltsam, ein bißchen verschroben, wissen Sie.«

Da war Frans Entscheidung gefallen. Ja, sie würde sich und Kathy für diesen Kurs anmelden. Dann würden sie jeden Dienstag und Donnerstag zusammen hingehen und Italienisch lernen, jawohl, und es würde bestimmt Spaß machen mit dieser verrückten Frau, die Lieder sang und jetzt schon mit Feuereifer den Kurs vorbereitete. Vielleicht wurde die arme Kathy, das nervöse, verkrampfte Kind, dann ein wenig gelöster. Und vielleicht tröstete es Fran darüber hinweg, daß Ken ohne sie nach Amerika ausgewandert war.

»Sie haben gesagt, daß Kathy eine großartige Schülerin ist«, verkündete Fran stolz am Küchentisch.

Ihre Mutter, die einige beträchtliche Verluste an den Einarmigen Banditen verschmerzen mußte, versuchte Begeisterung zu heucheln. »Na, warum auch nicht? Schließlich ist sie ja ein großartiges Mädchen.«

»Haben sie gar nichts Schlechtes über mich gesagt?« wollte Kathy wissen.

»Nein, sie meinten, du machst deine Hausaufgaben immer sehr gewissenhaft, und es sei eine wahre Freude, jemanden wie dich zu unterrichten. Jawohl!«

»Ich wäre schon gerne hingegangen, mein Kind, aber ich hatte Angst, daß ich nicht rechtzeitig von der Arbeit wegkomme.« Kathy und Fran verziehen ihrem Dad. Jetzt machte es nichts mehr aus.

»Ich habe eine große Belohnung für dich Kathy. Wir werden Italienisch lernen, du und ich.«

Die Überraschung der Familie Clarke hätte nicht größer sein können, wenn Fran einen Flug zum Mond vorgeschlagen hätte.

Kathy wurde vor Freude ganz rot. »Wir beide?«

»Warum nicht? Ich wollte schon immer mal nach Italien, und wenn ich die Sprache beherrsche, habe ich viel bessere Chancen, mir einen Italiener zu angeln!«

»Aber ist das denn was für mich?«

»Na klar. Das ist ein Kurs für Dummköpfe wie mich, die nie was gelernt haben, und du wirst wahrscheinlich die Beste von allen sein. Aber in erster Linie soll es Spaß machen. Den Kurs leitet eine Frau. Sie wird uns Opern vorspielen und Bilder zeigen und mit uns italienisch kochen. Das wird klasse.«

»Ist das nicht sehr teuer, Fran?«

»Nein, und außerdem bringt es uns ja auch was«, antwortete Fran und fragte sich, wie sie eigentlich dazu kam, so etwas zu behaupten.

Im Sommer ließ Ken sich in einer Kleinstadt im Staat New York nieder, von wo aus er Fran nun wieder schrieb. »Ich liebe Dich und werde Dich immer lieben. Die Sache mit Kathy verstehe ich durchaus, aber könntest Du nicht trotzdem kommen? Wir könnten sie ja in den Ferien zu uns holen, und Du könntest ihr Unterricht geben. Bitte sag ja, bevor ich mir eine kleine Dienstwohnung nehme. Wenn du ja sagst, kaufe ich uns ein Häuschen. Sie ist sechzehn, Fran, ich kann nicht noch vier Jahre auf Dich warten.«

Fran weinte, als sie den Brief las, doch sie konnte Kathy jetzt nicht allein lassen. Es war immer ihr Traum gewesen, daß eines Tages jemand von den Clarkes zur Universität ging. Sicher, Ken sagte, wenn sie erst einmal selbst Kinder hätten, würden sie deren Zukunft von vornherein so planen, daß ihnen später alle erdenklichen Möglichkeiten offenstanden. Aber Ken verstand das nicht. Sie hatte zuviel in Kathy investiert. Das Mädchen war kein Genie, aber sie war auch nicht dumm. Wäre sie als Kind reicher Eltern geboren worden, hätte sie all die Vorteile, die es einem leichter machten, in die Wiege gelegt bekommen. Sie würde an einer Hochschule studieren können, einfach deshalb, weil man sich immer genügend Zeit für sie nahm, weil Bücher im Haus waren, weil alle es als selbstverständlich erachteten. Fran hatte bei Kathy Hoffnungen geweckt. Deshalb konnte sie jetzt nicht weggehen und sie bei ihren Eltern zurücklassen – ihrer Mutter, die die meiste Zeit an Spielautomaten verbrachte, und ihrem Vater, der es zwar gut meinte, aber nicht weiter dachte als bis zum nächsten Schwarzarbeitsjob, mit dem er seine bescheidenen Ansprüche befriedigen konnte.

Ohne sie wäre Kathy verloren.

Es war ein warmer Sommer, die Touristen strömten noch zahlreicher als sonst nach Irland. Im Supermarkt wurden spezielle Lunchpakete für Picknicks im Park angeboten. Das war Frans Idee gewesen, und sie erwies sich als großer Erfolg.

Mr. Burke von der Fleischtheke war zunächst skeptisch gewesen. »Ich möchte ja nicht auf meine jahrzehntelange Berufserfahrung pochen, Miss Clarke, aber ich halte wirklich nichts davon, den Speck aufzuschneiden, anzubraten und dann kalt auf die Sandwiches zu legen. Würden Brote mit einem feinen mageren Schinken, wie wir sie sonst verkaufen, nicht besser ankommen?«

»Das ist der Geschmack der Zeit, Mr. Burke. Die Leute wollen knusprig gebratenen Speck haben. Und wenn wir den kleingeschnittenen Speck schön warm halten und die Sandwiches erst bei Bedarf belegen, dann verspreche ich Ihnen, daß die Kunden gar nicht genug davon kriegen können.«

»Aber wenn ich ihn schneide und anbrate und ihn keiner kauft, was dann, Miss Clarke?« Mr. Burke war ein ganz reizender Mensch, der es jedem recht zu machen versuchte, aber vor allen Veränderungen zurückschreckte.

»Probieren wir es drei Wochen lang aus, dann sehen wir weiter«, meinte Fran.

Und sie sollte recht behalten. Die köstlichen Sandwiches fanden reißenden Absatz. Natürlich zahlte der Supermarkt dabei drauf, aber das machte nichts: Hatte man die Kunden erst einmal in den Laden gelockt, kauften sie bei der Gelegenheit auch noch andere Waren.

Fran besuchte mit Kathy das Museum of Modern Art, und an ihrem freien Tag nahmen sie an einer dreistündigen Busrundfahrt durch Dublin teil. Nur damit wir unsere Heimatstadt besser kennenlernen, hatte Fran gesagt. Es gefiel ihnen sehr – sie sahen die beiden protestantischen Kathedralen, in denen sie noch nie gewesen waren, fuhren um den Phoenix Park und betrachteten voller Stolz die georgianischen Türen mit den fächerförmigen Oberlichtern, auf die man sie aufmerksam machte.

»Stell dir vor, wir sind die einzigen Iren im Bus«, flüsterte Kathy. »Das ist *unsere* Stadt, die anderen sind nur Besucher.«

Mit sanftem Druck konnte Fran die Sechzehnjährige auch zum Kauf eines schicken gelben Baumwollkleides und einer neuen Frisur überreden. Am Ende des Sommers war sie ein sonnengebräuntes, attraktives Mädchen, und ihr gequälter Gesichtsausdruck war verschwunden.

Wie Fran feststellte, hatte Kathy durchaus Freundinnen. Allerdings waren es keine kichernden Busenfreundinnen, wie Fran sie in ihrer Jugend gehabt hatte, die eine Ewigkeit zurückzuliegen schien. Manche dieser Mädchen gingen samstags in eine laute Disco, von der ihr einer der Burschen aus der Arbeit erzählt hatte. Nach allem, was sie gehört hatte, mußte es ein zwielichtiger Schuppen sein, wo ganz offen mit Drogen gehandelt wurde. Um ein Uhr nachts tauchte Fran immer »zufällig« dort auf, um ihre Schwester abzuholen. Sie bat Barry, einen jungen Lieferwagenfahrer des Supermarkts, an den fraglichen Samstagen bei ihr vorbeizukommen und sie zu dieser Disco zu fahren. Er hatte gemeint, da sollte ein junges Mädchen lieber nicht hingehen.

»Was soll ich machen?« erwiderte Fran achselzuckend. »Wenn ich es ihr verbiete, fühlt sie sich bevormundet. Ich glaube, ich kann schon froh sein, daß ich durch Sie einen Vorwand habe, sie dann gleich nach Hause zu bringen.« Barry war ein prima Bursche, der auf Überstunden ganz versessen war, weil er sich ein Motorrad kaufen wollte. Jetzt habe er das erste Drittel dafür zusammengespart, meinte er, sobald er die Hälfte hätte, würde er es sich aussuchen gehen. Und wenn er zwei Drittel hätte, würde er es kaufen und den Rest in Raten abbezahlen.

»Und warum wollen Sie ein Motorrad haben, Barry?« fragte Fran.

»Es ist ein Stück Freiheit, Miss Clarke«, antwortete er. »Wissen Sie, es ist ein tolles Gefühl, wenn einem der Fahrtwind um die Ohren pfeift und so.«

Fran fühlte sich plötzlich sehr alt. »Meine Schwester und ich wollen Italienisch lernen«, erzählte sie ihm, als sie eines Abends wieder vor der Discothek warteten und der Kauf des heißersehnten Motorrads allmählich in greifbare Nähe rückte.

»Ah, das ist toll, Miss Clarke. Das würde ich auch gern. Ich war während der Fußballweltmeisterschaft dort und habe wirklich großartige Leute kennengelernt, die nettesten Menschen, die man sich nur vorstellen kann, Miss Clarke. Manchmal denke ich mir, daß wir ganz ähnlich wären, wenn wir dieses Klima hätten.«

»Sie könnten doch auch Italienisch lernen«, erwiderte Fran geistesabwesend. Sie beobachtete gerade, wie einige übel aussehende Typen aus der Disco kamen. Warum gingen Kathy und ihre Freundinnen ausgerechnet hierher? Heute hatten die Sechzehnjährigen viel mehr Freiheiten als zu Frans Zeit; sie hätte nie in so ein Lokal gehen dürfen.

»Vielleicht tue ich das auch, sobald ich das Motorrad abbezahlt habe. Weil ich nämlich als erstes damit nach Italien fahren werde«, verkündete Barry.

»Nun, der Kurs findet am Mountainview College statt und fängt im September an.« Sie redete etwas zerstreut, weil sie gerade Kathy, Harriet und deren Freundinnen erspäht hatte. Als sie auf die Hupe drückte, schauten sofort alle herüber. Sie waren es schon gewöhnt, jeden Samstag eine Mitfahrgelegenheit nach Hause zu bekommen. Was war eigentlich mit den Eltern all dieser Mädchen? Kümmerte es sie nicht, wo sich ihre Töchter herum-

trieben? Oder war sie nur übertrieben ängstlich? Gott, aber ihr
würde ein Stein vom Herzen fallen, wenn die Schule wieder
anfing und mit diesen Nachtschwärmereien Schluß war.

Der Italienischkurs begann an einem Dienstag um sieben Uhr.
Am Vormittag hatte Fran wieder einen Brief von Ken erhalten.
Nun habe er sich in seiner kleinen Wohnung eingerichtet. Der
Wareneinkauf laufe hier übrigens völlig anders ab, man feilschte
nicht mit den Lieferanten, sondern zahlte einfach, was sie ver-
langten. Die Leute seien sehr nett, sie luden ihn oft zu sich nach
Hause ein. Labour Day* stand vor der Tür, dann würde man den
Sommer mit einem Picknick ausklingen lassen. Er habe Sehn-
sucht nach ihr, schrieb Ken. Ob sie ihn auch vermisse?
Dreißig Leute nahmen an dem Kurs teil. Alle bekamen ein großes
Stück Pappe, auf das sie ihren Namen schreiben sollten, aber die
Kursleiterin – eine ganz fabelhafte Person – meinte, sie sollten
einander mit den italienischen Versionen ihrer Namen anspre-
chen. So wurde aus Fran *Francesca* und aus Kathy *Caterina*. Es
war lustig, einander mit Handschlag zu begrüßen und nach dem
Namen zu fragen. Offenbar fühlte sich Kathy hier außerordent-
lich wohl. Letzten Endes hat es sich also doch gelohnt, dachte
Fran, während sie den Gedanken beiseite schob, daß Ken an
Labour Day mit anderen Leuten ein Picknick machte.
»He, Fran, siehst du den Burschen da drüben, der sich mit *Mi
chiamo Bartolomeo* vorstellt? Ist das nicht Barry aus deinem Supermarkt?« Und er war es tatsächlich, stellte Fran erfreut fest.
Anscheinend hatte es dank der Überstunden jetzt mit dem Motorrad geklappt. Sie winkten einander quer durch den Raum zu.
Was für ein merkwürdiges Sammelsurium von Leuten! Da war
diese elegante Frau, die in ihrem Haus immer so prächtige Gesell-
schaften gab. Was in Gottes Namen machte sie nur an einem Ort
wie diesem? Und das hübsche Mädchen mit den goldenen

* In den Vereinigten Staaten wird der Tag der Arbeit am 1. Montag im September begangen (A. d. Ü.)

Locken – *Mi chiamo Elisabetta* – und dem netten, zurückhaltenden Freund in dem guten Anzug. Dazu der dunkelhaarige, bru-
tal aussehende *Luigi* und der ältere Mann namens *Lorenzo*. Eine
wirklich erstaunliche Mischung.
Die Signora war entzückend. »Ich kenne Ihre Vermieterin«, sagte Fran zu ihr, als sie sich kleine Häppchen mit Käse und Salami
schmecken ließen.
»Ja, äh, Mrs. Sullivan ist eine Verwandte von mir«, erwiderte die
Signora nervös.
»Ach ja, natürlich, das habe ich vergessen. Wie dumm von mir«,
meinte Fran beruhigend. Die Verhältnisse dort waren schließlich
ganz ähnlich wie bei ihr zu Hause. »Sie hat mir erzählt, daß Sie
ihrem Sohn sehr geholfen haben.«
Auf dem Gesicht der Signora erschien ein strahlendes Lächeln.
Sie war ausgesprochen hübsch, wenn sie lächelte. Daß diese Frau
eine Nonne sein sollte, konnte Fran sich nicht vorstellen.
Bestimmt hatte Peggy Sullivan etwas mißverstanden.

Der Unterricht machte Fran und Kathy großen Spaß. Wenn sie
danach mit dem Bus heimfuhren, lachten sie wie Kinder über ihre
Aussprachefehler und über die Geschichten, die die Signora
erzählt hatte. Als Kathy ihren Klassenkameradinnen davon
berichtete, erntete sie ungläubiges Staunen.
Unter den Kursteilnehmern herrschte ein ganz außergewöhnli-
cher Zusammenhalt – als wären sie auf einer einsamen Insel
gestrandet, wo ihre einzige Hoffnung auf Rettung darin bestand,
daß sie die Sprache lernten und sich alles einprägten, was man
ihnen beibrachte. Und vielleicht weil die Signora sie alle für
höchst begabt hielt, glaubten sie allmählich selbst daran. Sie bat
ihre Schüler, möglichst die italienischen Begriffe zu verwenden,
auch wenn sie noch keine ganzen Sätze bilden konnten. So redeten sie davon, daß sie in die *casa* gehen müßten, daß es in der
camera ziemlich warm sei oder daß sie *stanca* (müde) seien.
Und die stets aufmerksam zuhörende Signora schien erfreut, aber
keineswegs überrascht zu sein. Daß jeder, der Italienisch lernte,

mit Freude und Begeisterung bei der Sache war, hielt sie für eine Selbstverständlichkeit. Bei ihrem Unterricht wurde sie von Mr. Dunne unterstützt, der das ganze Projekt aus der Taufe gehoben hatte. Die beiden schienen sich recht gut zu verstehen.

»Vielleicht sind sie alte Freunde von früher«, mutmaßte Fran.

»Nein, er hat eine Frau und zwei erwachsene Kinder«, erklärte Kathy.

»Er kann doch eine Frau haben und trotzdem mit ihr befreundet sein«, meinte Fran.

»Schon, aber ich glaube, die beiden haben was miteinander. Sie lächeln sich immer so verstohlen an. Harriet sagt, das ist ein untrügliches Zeichen.« Harriet war Kathys Schulfreundin, die sich sehr für sexuelle Fragen interessierte.

Aidan Dunne hätte es nicht für möglich gehalten, daß ihn der Erfolg des Italienischkurses so glücklich machen würde. Woche für Woche kamen die Teilnehmer mit Fahrrädern, Motorrädern, Lieferwagen und Bussen zur Schule, und diese bemerkenswerte Frau fuhr in ihrem BMW vor. Mit großem Vergnügen bereitete Aidan die diversen Überraschungen für sie vor. So bastelte er weiße Papierfähnchen, die die Signora an alle verteilte; dann sagte sie ihnen, mit welchen Farben sie sie bemalen sollten. Reihum hielt dann jeder sein Fähnchen hoch, und die anderen riefen im Chor dessen Farben. Sie waren wie Kinder, wie eifrige, lernbegierige Schüler. Und am Ende der Stunde half dieser gefährlich aussehende Kerl, der Lou hieß, beim Aufräumen; dabei hätte man von so einem Schlägertypen am allerwenigsten angenommen, daß er freiwillig länger blieb, um Schachteln wegzuräumen oder Stühle zu stapeln.

All das hatte man nur der Signora zu verdanken. Mit ihrer schlichten Art brachte sie bei jedem nur das Beste zum Vorschein. Neulich hatte sie Aidan gefragt, ob sie ihm Kissenbezüge nähen solle.

»Kommen Sie doch mal vorbei und sehen sich das Zimmer an«, schlug er unvermittelt vor.

»Ja, das ist eine gute Idee. Wann soll ich denn kommen?«

»Am Samstag vormittag habe ich keine Schule. Hätten Sie da Zeit?«

»Ich kann mich immer freimachen«, erwiderte sie.

Den ganzen Freitag abend verbrachte er damit, in seinem Zimmer sauberzumachen. Dann stellte er das Tablett mit den beiden roten Murano-Gläsern bereit. Er hatte eine Flasche Marsala gekauft, um mit ihr auf das neu hergerichtete Zimmer und auf den Erfolg des Kurses anzustoßen.

Als die Signora kurz vor Mittag eintraf, brachte sie verschiedene Stoffmuster mit. »Nach dem, was Sie mir erzählt haben, könnte dieses Gelb das Richtige sein«, meinte sie und hielt einen leuchtenden, schweren Stoff hoch. »Davon kostet der Meter zwar etwas mehr, aber es ist ja ein Zimmer fürs Leben, nicht wahr?«

»Ein Zimmer fürs Leben«, bestätigte Aidan.

»Wollen Sie es Ihrer Frau zeigen, bevor ich mich an die Arbeit mache?« fragte sie.

»Nein, nein, Nell wird es bestimmt gefallen. Ich meine, im Grunde ist es ja mein Zimmer.«

»Ja, natürlich.« Die Signora stellte niemals Fragen.

An diesem Vormittag war Nell nicht daheim, und auch die beiden Töchter waren weggegangen. Aidan hatte ihnen nichts von dem Besuch gesagt und war froh über ihre Abwesenheit. Schließlich stieß er mit der Signora auf den Erfolg des Italienischkurses und auf das »Zimmer fürs Leben« an.

»Ich wünschte, Sie könnten auch normale Schulklassen unterrichten. Sie verstehen es, andere zu begeistern«, sagte er bewundernd.

»Ach, das kommt nur daher, daß sie es von sich aus lernen wollen.«

»Aber dieses Mädchen, Kathy Clarke – die Kollegen sagen, sie ist in letzter Zeit ein richtig heller Kopf, und das nur dank Ihres Italienischkurses.«

»*Caterina* ... ein nettes Mädchen.«

»Nun, wie ich gehört habe, unterhält sie die ganze Klasse mit

Geschichten aus Ihrem Kurs, und jetzt wollen die anderen auch alle Italienisch lernen.«

»Ist das nicht wundervoll?« meinte die Signora.

Was ihr Aidan allerdings nicht berichtete – weil er es nämlich nicht wußte –, war, daß Kathy Clarke ebenfalls herumerzählte, er, Aidan Dunne, füßle unter dem Tisch mit der alten Italienischlehrerin und mache ihr dauernd schöne Augen. Kathys Freundin Harriet sagte, das habe sie schon immer vermutet. Gerade die stillen Wasser seien tief. Das seien die wahren Lüstlinge.

Miss Quinn unterrichtete Geschichte und war bemüht, den Stoff in einer zeitgemäßen Form zu präsentieren, so daß die Kinder etwas damit anfangen konnten. Es brachte nichts, ihnen zu sagen, die Medicis seien Kunstmäzene gewesen, deshalb nannte sie sie »Sponsoren«. Das sagte den Schülern mehr.

»Weiß jemand von euch vielleicht, wer von diesen Sponsoren gefördert wurde?« fragte sie.

Verständnislos schauten sich die Kinder an.

»Sponsoren?« fragte Harriet. »So wie ein Getränkehersteller oder ein Versicherungsunternehmen?«

»Ja. Fallen euch denn gar keine berühmten italienischen Künstler ein?« Die Geschichtslehrerin war jung und hatte sich noch nicht mit der Unwissenheit – oder Vergeßlichkeit – der Kinder abgefunden.

Da erhob sich Kathy Clarke. »Einer der bedeutendsten war Michelangelo. Papst Sixtus IV., einer von den Medicis, beauftragte Michelangelo, die Decke der Sixtinischen Kapelle zu bemalen, und er wollte all diese verschiedenen Szenen dort haben.« Ruhig und gelassen stand sie vor der Klasse und erzählte von dem Gerüst, das dafür gebaut wurde, von den Streitigkeiten und Zerwürfnissen sowie von dem Problem, daß die Farben verblaßten.

Es klang kein bißchen angestrengt, sondern einfach nur begeistert. Da Kathys Ausführungen zu einem regelrechten Vortrag ausuferten, mußte die junge Geschichtslehrerin das Mädchen bald bremsen.

»Vielen Dank, Katherine Clarke. Kennt noch jemand einen berühmten Künstler aus dieser Epoche?«

Wieder schnellte Kathys Hand hoch. Die Lehrerin sah sich nach weiteren Wortmeldungen um, doch es kamen keine. Verwundert lauschten die Jungen und Mädchen, als Kathy Clarke ihnen von Leonardo da Vinci berichtete, von seinen Aufzeichnungen, die fünftausend Seiten umfaßten und allesamt in Spiegelschrift geschrieben waren, vielleicht weil er Linkshänder war, vielleicht auch, weil er seine Gedanken geheimhalten wollte. Und er habe sich beim Herzog von Mailand um eine Stelle beworben und ihm angeboten, Kriegsschiffe zu bauen, denen Kanonenkugeln nichts anhaben konnten, und in Friedenszeiten als Bildhauer zu arbeiten.

Das alles wußte Kathy Clarke, und sie erzählte es wie eine spannende Geschichte.

»Mann o Mann, dieser Kurs in italienischer Kultur muß wirklich fabelhaft sein«, meinte Josie Quinn im Lehrerzimmer.

»Wieso?« fragten ihre Kollegen.

»Gerade eben hat Kathy Clarke einen kompletten Abriß über die Renaissance gegeben. So etwas haben Sie noch nicht gehört.«

Am anderen Ende des Raums saß Aidan Dunne, der sich diesen Kurs ausgedacht hatte. Er rührte in seinem Kaffee, und auf seinem Gesicht lag ein breites, glückliches Lächeln.

Die Stunden im Italienischkurs brachten sie einander noch näher, Kathy und Fran. Im Herbst kam Matt Clarke aus England zurück und teilte seinen Angehörigen mit, er werde Tracey aus Liverpool heiraten, sie wollten aber keine große Feier veranstalten und statt dessen lieber auf die Kanarischen Inseln fliegen. Alle waren erleichtert, daß ihnen der lange Weg nach England zur Hochzeit erspart blieb. Als sie erfuhren, daß das Paar vor der Hochzeit in die Flitterwochen fahren würde, gab es einiges Gekichere.

Matt fand das vernünftiger so. »Sie möchte knackig braun sein, wenn wir die Hochzeitsfotos machen. Und wenn wir dort feststellen, daß wir uns nicht mögen, können wir das Ganze noch abblasen«, meinte er unbekümmert.

Matt gab seiner Mutter Geld für die Spielautomaten und lud seinen Vater auf ein paar Bier ein. »Warum haben sie es denn so furchtbar wichtig mit diesem Italienischkurs?« erkundigte er sich.

»Keine Ahnung«, antwortete sein Vater. »Ich kann mir überhaupt keinen Reim darauf machen. Fran rackert sich von früh bis spät in ihrem Supermarkt ab. Der Bursche, mit dem sie zusammen war, ist in die Staaten gegangen. Mir ist es ein Rätsel, warum sie sich das alles antut, vor allem weil die Lehrer in der Schule sagen, daß Kathy sowieso schon zuviel lernt. Aber sie sind ganz versessen darauf. Haben sogar vor, nächstes Jahr hinzufahren. Na, mir soll's recht sein.«

»Kathy ist ein recht hübsches Mädchen geworden, findest du nicht?« sagte Matt.

»Kann schon sein. Weißt du, ich sehe sie ja jeden Tag, da ist mir das nie aufgefallen«, meinte sein Vater ein wenig überrascht.

Und Kathy wurde wirklich zusehends attraktiver. In der Schule sprach ihre Freundin Harriet sie darauf an. »Hast du eigentlich einen Freund oder so was in diesem Italienischkurs? Du wirkst irgendwie verändert.«

»Nein, aber eine Menge älterer Männer, die gibt es da schon«, erwiderte Kathy lachend. »Manche sind sogar ziemlich alt. Bei dem Rollenspiel, wo wir um ein Rendezvous bitten, mußten wir Paare bilden. Es war zum Schreien. Ich hatte diesen einen, der bestimmt schon hundert ist und Lorenzo heißt. Na ja, im richtigen Leben heißt er Laddy, glaube ich. Jedenfalls sagt dieser Lorenzo zu mir: *E libera questa sera?*, und dabei rollt er mit den Augen und zwirbelt seinen imaginären Schnurrbart, daß alle sich vor Lachen kaum noch einkriegen.«

»Ach komm! Bringt sie euch auch wirklich nützliche Sachen bei, wie man es anstellt und was man sagen muß?«

»So einigermaßen.« Kathy versuchte sich an eine Redewendung zu erinnern. »Wir lernen zum Beispiel *Vive solo* oder *sola*, das heißt, lebst du allein. Aber da war noch so ein Ausdruck, wie hieß er noch gleich ... *Deve rincasare questa notte?* Mußt du heute abend heim.«

»Und die Lehrerin ist diese alte Frau, die wir ab und zu in der Bibliothek sehen, mit den komisch gefärbten Haaren?«

»Ja, die Signora.«

»So was«, wunderte sich Harriet. Ihr kam das alles immer seltsamer vor.

»Besuchen Sie immer noch diesen Kurs im Mountainview, Miss Clarke?« Peggy Sullivan rechnete mit ihr gerade die Kasse ab.

»Der ist wirklich klasse, Mrs. Sullivan. Sagen Sie das doch mal der Signora, ja? Alle sind hellauf begeistert davon. Sie werden es nicht glauben, aber bis jetzt ist noch kein einziger abgesprungen. So etwas hat es bestimmt noch nie gegeben.«

»Ja, sie hat sich auch selbst recht zuversichtlich geäußert. Aber wissen Sie, Miss Clarke, sie ist eine äußerst mysteriöse Person. Sie behauptet, sie sei sechsundzwanzig Jahre mit einem Italiener verheiratet gewesen und habe mit ihm da unten in einem kleinen Ort gelebt ... aber es kommt nie ein Brief aus Italien, und in ihrem Zimmer ist nirgendwo ein Bild von ihm. Und dann stellt sich heraus, daß ihre ganze Familie in Dublin wohnt, die Mutter in so einer teuren Wohnung an der Küste, der Vater in einem Pflegeheim, und Geschwister hat sie hier auch überall.«

»Hm, na ja ...« Fran wollte nichts hören, was auch nur entfernt nach einer Kritik an der Signora klang.

»Ich finde das einfach eigenartig. Warum nimmt sie sich bei uns ein Zimmer zur Untermiete, wenn es in der Gegend von Angehörigen nur so wimmelt?«

»Vielleicht kommt sie nicht mit ihnen aus. So etwas soll es ja geben.«

»Sie besucht ihre Mutter jeden Montag und zweimal die Woche ihren Vater im Heim. Eine der Pflegerinnen dort hat Suzi erzählt, daß sie ihn in seinem Rollstuhl in den Garten schiebt, dann setzt sie sich unter einen Baum und liest ihm etwas vor. Aber er hockt nur da und starrt vor sich hin, obwohl er bei den anderen Verwandten, die ihn nur alle Jubeljahre mal besuchen, sehr viel gesprächiger ist.«

»Die arme Signora«, entfuhr es Fran. »Sie hat etwas Besseres verdient.«

»Das finde ich auch, Miss Clarke, jetzt wo Sie es sagen«, pflichtete ihr Peggy Sullivan bei.

Sie hatte auch guten Grund, diesem merkwürdigen Gast dankbar zu sein, mochte sie nun eine Nonne sein oder nicht. Denn auf Peggys Familie übte diese Frau einen ganz wunderbaren Einfluß aus. Suzi verstand sich glänzend mit ihr und kam jetzt viel regelmäßiger nach Hause, und Jerry betrachtete sie beinahe als seine Privatlehrerin. Sie hatte ihnen Stores und dazu passende Kissenbezüge genäht, den Geschirrschrank in der Küche gestrichen und die Blumenkästen neu bepflanzt. In ihrem Zimmer sah es picobello aus. Gelegentlich ging Peggy hinein und schaute sich ein bißchen um, wie man das eben so tat. Aber die Signora schien jetzt nicht mehr zu besitzen als damals bei ihrem Einzug. Sie war ein sehr ungewöhnlicher Mensch. Und es war gut, daß die Leute im Kurs sie alle mochten.

Kathy Clarke war mit Abstand die jüngste ihrer Schülerinnen und Schüler. Ein wißbegieriges Mädchen, das auch Fragen nach der Grammatik stellte, von der die anderen keine Ahnung hatten oder auch gar nichts wissen wollten. Obendrein war sie auch noch hübsch mit ihren blauen Augen und den dunklen Haaren, was man in dieser Kombination in Italien nicht zu sehen bekam. Dort hatten die dunkelhaarigen Schönheiten stets große braune Augen.

Sie fragte sich, was Kathy tun würde, wenn sie von der Schule abgegangen war. Manchmal sah sie das Mädchen beim Lernen in der Bibliothek. Anscheinend hoffte sie, später studieren zu können.

»Was hat denn deine Mutter für Zukunftspläne für dich geschmiedet?« fragte die Signora Kathy eines Abends, als sie nach dem Unterricht die Stühle zusammenstellten. Die anderen Kursteilnehmer standen noch herum und plauderten, niemand hatte es eilig, und das war ein gutes Zeichen. Die Signora wußte mit Sicherheit, daß ein paar noch in den Pub weiter oben am Berg und einige andere auf einen Kaffee gehen würden. Genauso hatte sie es sich erhofft.

»Meine Mutter?« Kathy schien erstaunt.

»Ja, sie wirkt immer so interessiert und anteilnehmend«, sagte die Signora.

»Nein, eigentlich weiß sie gar nicht viel über die Schule und was ich so tue. Sie geht selten aus dem Haus und hat sicherlich keine Vorstellung davon, was ich arbeiten oder studieren könnte.«

»Aber sie kommt doch immer mit dir hierher zum Kurs und arbeitet im Supermarkt, oder nicht? Mrs. Sullivan, bei der ich wohne, sagt, daß sie dort die Chefin ist.«

»Ach, Sie meinen Fran, meine *Schwester*«, erklärte Kathy. »Sagen Sie ihr bloß nicht, daß Sie sie für meine Mutter gehalten haben, sonst wird sie bestimmt fuchsteufelswild.«

Die Signora war verdutzt. »Es tut mir wirklich leid, ich habe das völlig mißverstanden.«

»Na ja, das kann einem aber auch leicht passieren.« Kathy wollte nicht, daß es der älteren Frau peinlich war. »Fran ist die älteste von uns Kindern, ich bin die jüngste. Da ist dieser Gedanke völlig naheliegend.«

Mit ihrer Schwester sprach Kathy nicht darüber. Warum auch? Fran würde nur zum Spiegel rennen und ihr Gesicht nach Falten absuchen. Die arme Signora war eben ein bißchen zerstreut und verstand wirklich oft etwas falsch. Doch als Lehrerin war sie phantastisch. Jeder im Kurs hatte sie gern, auch Bartolomeo, der mit dem Motorrad.

Kathy mochte Bartolomeo, er hatte so ein bezauberndes Lächeln und wußte alles über Fußball. Einmal fragte er sie, wohin sie zum Tanzen ging, und sie erzählte ihm von der Disco im Sommer. Darauf meinte er, gegen Ende des Halbjahres könnten sie sich ja zum Tanzen verabreden, er kenne eine gute Discothek.

Als sie Harriet davon berichtete, sagte diese: »Ich hab's doch gleich gewußt, daß du nur wegen dem Sex in den Kurs gehst.« Und darüber lachten sie länger, als es irgend jemand anderer lustig gefunden hätte.

Im Oktober gab es ein heftiges Unwetter, und das Dach des Nebengebäudes, in dem der Abendkurs stattfand, wurde undicht. Alle packten mit an, um die Lage unter Kontrolle zu bringen, sie besorgten Zeitungen, rückten Tische beiseite und stellten einen Eimer unter, den sie in einem Toilettenraum gefunden hatten. Dabei riefen sie einander immer *Che tempaccio* und *Che brutto tempo* zu. Barry erklärte, er würde in seiner Regenkluft draußen an der Bushaltestelle warten und ihnen Lichtzeichen geben, wenn der Bus kam, damit sie nicht alle bis auf die Haut durchnäßt wurden.

Connie, die Frau mit dem Schmuck, für den man sich nach Luigis Worten ein ganzes Mietshaus kaufen könnte, sagte, sie könne gut noch vier Personen mitnehmen. Und so quetschten sie sich in den prächtigen BMW – Guglielmo, der gutaussehende junge Bankangestellte, seine etwas konfuse Freundin Elisabetta, Francesca und die junge Caterina. Zuerst fuhren sie zu Elisabettas Wohnung, und von *ciao*- und *arrivederci*-Rufen begleitet, hastete das junge Paar durch den strömenden Regen zur Haustür hinauf.

Dann ging es weiter zu den Clarkes. Fran saß vorne und wies Connie den Weg, denn in dieser Gegend kannte sie sich bestimmt nicht aus. Als sie das Haus erreichten, sah Fran, wie ihre Mutter gerade die Mülltonnen hinausstellte, eine Zigarette im Mundwinkel trotz des Regens, wie eh und je in ihren ausgelatschten Pantoffeln und ihrem schäbigen Morgenrock. Und Fran schämte sich dafür, daß sie sich wegen ihrer Mutter genierte. Nur weil sie gerade in einem schicken Wagen mitgenommen wurde, so bedeutete das nicht, daß für sie plötzlich andere Wertmaßstäbe gelten sollten. Ihre Mutter hatte ein schweres Leben gehabt und sich als großmütig und verständnisvoll erwiesen, als es darauf angekommen war.

»Da steht Mam und wird klatschnaß. Die Mülltonnen hätten doch wirklich Zeit bis morgen gehabt«, meinte Fran.

»*Che tempaccio, che tempaccio*«, entgegnete Kathy theatralisch.

»Mach schon, Caterina. Deine Oma hält euch die Tür auf«, sagte Connie.

»Das ist meine Mutter«, erwiderte Kathy.

Doch im Prasseln des Regens, im Durcheinander von schlagenden Türen und klappernden Mülltonnen schien niemand auf ihre Worte zu achten.

Als sie im Haus waren, betrachtete Mrs. Clarke erstaunt und verärgert ihre durchnäßte Zigarette. »Ihr hättet mich ja fast ertrinken lassen, bis ihr euch aus dieser Luxuskarosse herausbequemt habt.«

»Puh«, stöhnte Fran und ging zum Herd. »Jetzt machen wir uns erst mal Tee.«

Kathy marschierte schnurstracks zum Küchentisch und setzte sich.

»*Due tazze di tè*«, sagte Fran in ihrem besten Italienisch. »Mach schon, Kathy. *Con latte? Con zucchero?*«

»Du weißt doch, daß ich nie Milch und Zucker nehme.« Es klang, als wäre Kathy mit ihren Gedanken ganz woanders, und sie sah ziemlich blaß aus. Mrs. Clarke meinte, wozu solle sie noch aufbleiben, wenn hier bloß so komisches Zeug geredet werde, sie gehe zu Bett; wenn ihr sauberer Ehemann vom Pub nach Hause käme und sich noch etwas braten wolle, solle er die benutzten Pfannen gefälligst selber abspülen, sie habe keine Lust, ihm morgen früh hinterherzuräumen.

Nörgelnd und hustend stapfte sie die knarrende Treppe hinauf.

»Was ist los, Kathy?«

Kathy sah sie nachdenklich an. »Bist du meine Mutter, Fran?« fragte sie.

In der Küche herrschte Stille. Sie hörten die Toilettenspülung im oberen Stockwerk und das Prasseln des Regens draußen auf dem Beton.

»Warum fragst du das jetzt?«

»Weil ich Klarheit haben will. Bist du's oder bist du's nicht?«

»Du weißt, daß ich es bin, Kathy.« Langes Schweigen.

»Nein, das habe ich nicht gewußt. Bis gerade eben nicht.« Fran kam auf sie zu und wollte sie in die Arme nehmen. »Nein, geh weg. Ich will nicht, daß du mich anfaßt.«

»Kathy, du hast es doch gewußt, du hast es gespürt, es mußte nicht ausgesprochen werden. Ich habe gedacht, du wüßtest es.«

»Wissen es die anderen?«

»Wen meinst du damit? Diejenigen, bei denen es unumgänglich ist, wissen es. Aber *du* weißt, daß ich dich sehr liebhabe, daß ich alles für dich tun würde und nur das Beste für dich will.«

»Nur keinen Vater, kein Zuhause, keinen Namen.«

»Du hast sehr wohl einen Namen, du hast ein Zuhause, und du hast Mam und Dad, die dir Mutter und Vater sind.«

»Nein, ich bin ein uneheliches Kind, das du zur Welt gebracht hast, und das hast du mir immer verschwiegen.«

»Du weißt genau, daß heute niemand mehr von unehelichen Kindern redet. Und seit dem Tag deiner Geburt gehörst du auch vor dem Gesetz zu dieser Familie, das ist dein Zuhause.«

»Aber warum hast du nicht …«, fing Kathy an.

»Kathy, was sagst du da – hätte ich dich zur Adoption freigeben und wildfremden Leuten überlassen sollen? Und hätte ich abwarten sollen, bis du achtzehn bist, ehe ich dich kennenlerne, und auch dann nur, falls du es gewünscht hättest?«

»All die Jahre hast du mich in dem Glauben gelassen, daß Mam meine Mutter sei. Ich kann es nicht fassen.« Kathy schüttelte den Kopf, als wollte sie diesen neuen und erschreckenden Gedanken verscheuchen.

»Mam war dir und mir eine Mutter. Vom ersten Augenblick an, als sie von deiner Existenz erfuhr, hat sie dich angenommen. Sie hat gesagt, wie schön, wieder ein Baby im Haus zu haben. Das waren ihre Worte, und sie hatte recht. Und, Kathy, ich dachte wirklich, du wüßtest es.«

»Aber woher denn? Wir haben doch beide zu Mam ›Mam‹ und zu Dad ›Dad‹ gesagt. Von allen Leuten habe ich immer nur gehört, du seist meine Schwester, wie Matt und Joe und Sean meine Brüder sind. Woher hätte ich es denn wissen sollen?«

»Nun, es wurde keine große Affäre daraus gemacht. Wir lebten alle zusammen unter einem Dach, du warst nur sieben Jahre jünger als Joe, und da hat sich das einfach angeboten.«

»Wissen es all die Nachbarn?«

»Der eine oder andere vielleicht, aber wahrscheinlich haben sie es längst vergessen.«

»Und wer ist mein Vater? Mein richtiger Vater?«

»Dad ist dein richtiger Vater, denn er hat dich aufgezogen und sich um uns beide gekümmert.«

»Du weißt schon, was ich meine.«

»Er war ein Junge, der auf eine piekfeine Schule gegangen ist und dessen Eltern nicht wollten, daß er mich heiratet.«

»Warum sagst du ›er war‹? Ist er tot?«

»Nein, das nicht, aber wir haben nichts mehr mit ihm zu tun.«

»Du nicht, aber vielleicht möchte *ich* etwas mit ihm zu tun haben.«

»Das halte ich für keine gute Idee.«

»Was du denkst, ist mir egal. Wer oder wo er auch sein mag, er ist mein Vater. Ich habe das Recht, etwas über ihn zu erfahren, ihn kennenzulernen, ihm zu sagen: ›Ich bin Kathy, und du hast mich in die Welt gesetzt.‹«

»Trink doch einen Tee, bitte. Oder laß wenigstens mich einen trinken.«

»Ich halte dich nicht davon ab.« Kathys Blick war kalt.

Fran wußte, daß sie jetzt mehr Takt und Einfühlungsvermögen brauchte, als es je in ihrer Arbeit erforderlich gewesen war. Sogar mehr als damals, als ein Kind des Direktors in den Ferien bei ihnen gejobbt hatte und beim Klauen erwischt worden war. Denn jetzt ging es um etwas sehr viel Wichtigeres.

»Ich erzähle dir alles, was du wissen willst. Alles«, sagte sie in einem möglichst ruhigen Ton. »Und damit Dad nicht mittendrin reinplatzt, schlage ich vor, daß wir auf dein Zimmer gehen.«

Kathys Zimmer war viel größer als das von Fran; hier befanden sich der Schreibtisch, das Bücherregal und ein Handwaschbecken, das der Klempner in der Familie vor Jahren liebevoll eingebaut hatte.

»Das hast du alles gemacht, weil du ein schlechtes Gewissen hattest, stimmt's? Das hübsche Zimmer, die Schuluniform, das zusätzliche Taschengeld, sogar den Italienischkurs – das hast du alles bezahlt, weil du mir gegenüber Schuldgefühle hattest.«

»Ich hatte deinetwegen nie auch nur eine Sekunde lang Schuldgefühle«, erwiderte Fran gleichmütig. Es hörte sich so überzeugend an, daß Kathy, die leicht hysterisch klang, sich wieder beruhigte. »Nein, ich war deinetwegen manchmal bekümmert, weil du dich in der Schule so sehr anstrengst und weil ich gehofft hatte, ich könnte dir alles geben, dir einen guten Start ins Leben verschaffen. Ich habe hart gearbeitet, denn du solltest es immer gut haben. Jede Woche habe ich ein bißchen Geld in die Bausparkasse eingezahlt, nicht viel, aber genug, um dir ein selbständiges Leben zu ermöglichen. Ich habe dich immer geliebt, und ehrlich gesagt, manchmal war mir selbst nicht mehr ganz klar, ob du meine Schwester oder meine Tochter bist. Für mich bist du einfach Kathy, und ich möchte das Aller-, Allerbeste für dich. Um dir das geben zu können, arbeite ich hart, und das ist mir das Wichtigste. Was immer ich also für dich empfinde, es sind mit Sicherheit keine Schuldgefühle.«

Tränen traten Kathy in die Augen. Zögernd faßte Fran nach Kathys Hand, mit der sie die Teetasse umklammert hielt.

»Ich weiß, ich hätte das nicht sagen sollen«, meinte Kathy. »Es war einfach der Schock, verstehst du?«

»Ist schon gut. Frag mich alles, was du wissen willst.«

»Wie heißt er?«

»Paul. Paul Malone.«

»Kathy Malone?« überlegte sie.

»Nein, Kathy Clarke.«

»Wie alt war er damals?«

»Sechzehn. Ich war fünfzehneinhalb.«

»Wenn ich daran denke, was für kluge Ratschläge über Sex du mir gegeben hast und wie ernst ich sie genommen habe ...«

»Wenn du dir in Erinnerung rufst, was ich gesagt habe, wirst du feststellen, daß ich nichts gepredigt habe, woran ich mich nicht selbst gehalten habe.«

»Du hast ihn also geliebt, diesen Paul Malone?« Aus Kathys Ton sprach kalte Verachtung.

»Ja, sehr sogar. Ich war jung, aber ich dachte, ich wüßte, was Liebe ist, und er auch. Und deshalb werde ich es nicht als kindische Schwärmerei abtun. Denn das war es nicht.«

»Und wo hast du ihn kennengelernt?«

»Auf einem Popkonzert. Wir waren so unzertrennlich, daß ich manchmal geschwänzt und ihn von der Schule abgeholt habe, und dann sind wir ins Kino gegangen. Eigentlich hätte er Nachhilfestunden gehabt, aber die hat er ausfallen lassen. Es war eine wunderbare und glückliche Zeit.«

»Und dann?«

»Dann stellte ich fest, daß ich schwanger war. Als Paul seinen Eltern und ich Mam und Dad davon erzählte, gab es überall ein Mordstheater.«

»War jemals vom Heiraten die Rede?«

»Nein, das war für niemanden ein Thema. Aber wenn ich allein oben in dem Zimmer saß, das jetzt deines ist, habe ich oft daran gedacht. Ich stellte mir immer vor, Paul würde eines Tages mit einem Blumenstrauß vor der Tür stehen und sagen, daß er mich heiraten würde, sobald ich sechzehn wäre.«

»Aber daraus wurde offenbar nichts, oder?«

»Nein.«

»Und warum wollte er nicht mit dir zusammenziehen und dich wenigstens unterstützen, wenn er dich schon nicht heiratete?«

»Das war Teil der Abmachung.«

»Welcher Abmachung?«

»Seine Eltern meinten, da eine solche Partnerschaft nicht gutgehen könne und keine Zukunft habe, wäre allen am meisten gedient, wenn sämtliche Beziehungen abgebrochen würden. So haben sie es ausgedrückt.«

»Waren es üble Leute?«

»Ich weiß nicht. Bis dahin hatte ich sie ja nicht gekannt, ebensowenig wie Paul Mam und Dad kennengelernt hatte.«

»Also bestand die Abmachung darin, daß er ungeschoren davonkommt. Daß er ein Kind zeugt und auf Nimmerwiedersehen verschwindet.«

»Sie haben uns viertausend Pfund gegeben, Kathy, das war damals eine Menge Geld.«

»Ihr habt euch kaufen lassen!«

»Nein, so haben wir es nicht gesehen. Ich habe zweitausend Pfund für dich auf der Bausparkasse angelegt. Zusammen mit dem, was ich selbst regelmäßig eingezahlt habe, ist inzwischen ein recht ansehnliches Sümmchen daraus geworden. Und die anderen zweitausend Pfund bekamen Mam und Dad dafür, daß sie dich aufziehen.«

»Fand Paul Malone das fair? Daß er viertausend Pfund zahlt, um mich für immer los zu sein?«

»Er kannte dich ja nicht. Er hörte auf seine Eltern, die ihm sagten, mit sechzehn sei er zu jung für eine Vaterschaft, er müsse an seine künftige Karriere denken, das sei ein Fehler gewesen, und er müsse seine Schuld mir gegenüber begleichen. Das war ihre Sicht der Dinge.«

»Und hat es dann mit seiner Karriere geklappt?«

»Ja, er ist Steuerberater.«

»Mein Vater, der Steuerberater«, sagte Kathy.

»Er ist mittlerweile verheiratet und hat Kinder, eine eigene Familie.«

»Du meinst, er hat noch andere Kinder?« Kathy reckte das Kinn in die Höhe.

»Ja, genau. Zwei, glaube ich.«

»Woher weißt du das?«

»Neulich habe ich einen Artikel über ihn in einer Zeitschrift gele-

sen, du weißt schon, in so einer Illustrierten, wo es um Stars und
Prominente und so geht.«

»Aber er ist doch gar kein Prominenter.«

»Seine Frau schon. Er ist mit Marianne Hayes verheiratet.«

»Mein Vater ist mit einer der reichsten Frauen Irlands verheiratet?«

»Ja.«

»Und da habt ihr euch mit mickrigen viertausend Pfund abspei-
sen lassen?«

»Das ist nicht der Punkt. Damals war er ja noch nicht mir ihr verheiratet.«

»Das ist sehr wohl der Punkt. Jetzt ist er reich und sollte etwas
für mich springen lassen.«

»Du hast doch genug, Kathy. Wir haben alles, was wir wollen.«

»Nein, ich habe ganz und gar nicht alles, was ich will, und du
auch nicht«, rief Kathy, die jetzt die lange aufgestauten Tränen
nicht mehr zurückhalten konnte und hemmungslos schluchzte.
Und Fran, die sie sechzehn Jahre lang für ihre Schwester gehalten hatte, strich ihr mit all der Liebe, die eine Mutter geben konnte, über den Kopf und das nasse Gesicht.

Beim Frühstück am nächsten Morgen hatte Joe Clarke einen
Kater.

»Kathy, sei doch so gut und hol mir aus dem Kühlschrank eine
Dose kalte Cola, ja? Ich habe heute drüben in Killiney wieder
höllisch viel zu tun, und die Jungs mit dem Wagen werden jeden
Moment dasein.«

»Du bist näher am Kühlschrank als ich«, erwiderte Kathy.

»Willst du etwa frech werden?« fragte er.

»Nein, ich stelle nur eine Tatsache fest.«

»Na, jedenfalls lasse ich nicht zu, daß eins meiner Kinder in so
einem Ton mit mir redet, hörst du?« Die Zornesröte stieg ihm ins
Gesicht.

»Ich bin nicht dein Kind«, entgegnete Kathy ungerührt.

Sie sahen nicht einmal erschrocken auf ... ihre Großeltern. Diese alten Leute, die sie für ihre Eltern gehalten hatte. Die Frau

vertiefte sich wieder in ihre Zeitschrift und rauchte, der Mann brummte: »Ich bin verdammt noch mal nicht schlechter als jeder andere Vater, den du je gehabt hast oder haben wirst. Mach schon, Kind, bring mir die Cola, damit ich nicht extra aufstehen muß, ja?«

Und da erkannte Kathy, daß sie gar nicht versuchten, ein Geheimnis daraus zu machen oder ihr etwas vorzugaukeln. Wie Fran hatten auch sie angenommen, Kathy wüßte Bescheid. Sie blickte zu Fran hinüber, die ihnen den Rücken zugekehrt hatte und zum Fenster hinausschaute.

»In Ordnung, Dad«, meinte Kathy und brachte ihm die Dose und ein Glas dazu.

»Bist ein braves Mädchen«, lobte er und lächelte sie an, wie er es immer tat. Für ihn war alles beim alten geblieben.

»Was würdest du tun, wenn du herausfinden würdest, daß du gar nicht das Kind deiner Eltern bist?« fragte Kathy ihre Freundin Harriet in der Schule.

»Ich wäre hoch erfreut, das kann ich dir sagen.«

»Warum?«

»Weil ich dann als Erwachsene nicht so ein schreckliches Kinn wie meine Mutter und meine Großmutter bekommen würde und mir nicht ständig das Geleiere meines Vaters anhören müßte, daß ich für ein gutes Abschlußzeugnis büffeln soll.« Harriets Vater war Lehrer und hegte große Hoffnungen, daß sie einmal Ärztin wurde. Aber Harriet wollte lieber Nachtclubbesitzerin werden.

Sie ließen das Thema fallen.

»Was weißt du über Marianne Hayes?« erkundigte sich Kathy später.

»Daß sie die reichste Frau von Europa ist – oder nur von Dublin? Na, und daß sie auch gut aussieht. Ich schätze, das hat sie sich alles gekauft, die schönen Zähne, die Bräune, das glänzende Haar und so.«

»Ja, bestimmt.«

»Wieso interessierst du dich für sie?«

»Ich habe gestern nacht von ihr geträumt«, bekannte Kathy wahrheitsgemäß.

»Ich habe geträumt, ich hätte mit einem ganz tollen Typen geschlafen. Ich finde, wir sollten allmählich damit anfangen, wir sind schließlich schon sechzehn.«

»Sonst redest du immer davon, daß wir uns auf die Schule konzentrieren sollten.«

»Ja, das war vor diesem Traum. Aber du siehst heute ziemlich blaß und müde und alt aus. Träum nicht wieder von Marianne Hayes, das bekommt dir nicht.«

»Ja, das stimmt«, pflichtete Kathy ihr bei und mußte plötzlich an Fran denken, an ihr blasses Gesicht und die Ringe unter den Augen. Fran, die nicht sonnengebräunt war und für die es keine Urlaube im Ausland gab. Und die seit sechzehn Jahren jede Woche Geld für ihre Tochter ansparte. Kathy erinnerte sich an Frans Freund Ken, der nach Amerika ausgewandert war. Hatte er auch eine reiche Frau gefunden? Eine, die nicht die Tochter eines Klempners war und sich in einem Supermarkt zur Filialleiterin hochgearbeitet hatte? Eine, die sich nicht für ein uneheliches Kind abrackerte? Ken hatte über sie Bescheid gewußt. Anscheinend hatte Fran sich nicht sonderlich bemüht, die Sache geheimzuhalten.

Wie Fran gestern abend gesagt hatte, gab es überall in Dublin eine Menge Familien, in denen das jüngste Kind in Wirklichkeit ein Enkelkind war. Und in vielen Fällen sei die Mutter des Kindes, die älteste Schwester, nicht zu Hause geblieben, sondern habe ein neues Leben angefangen. Das sei nicht fair.

Doch noch weniger fair war es, daß Paul Malone sein Vergnügen gehabt und sich dann aus der Verantwortung gestohlen hatte. An jenem Tag wurde Kathy Clarke im Unterricht dreimal wegen Unaufmerksamkeit ermahnt. Aber ihr stand nicht der Sinn nach Lernen. Sie überlegte, wie sie am besten mit Paul Malone Kontakt aufnehmen sollte.

61

»Rede doch mit mir«, meinte Fran an diesem Abend.

»Worüber? Du hast doch gesagt, es gibt nichts mehr zu bereden.«

»Dann hat sich also nichts geändert?« fragte Fran mit besorgter Miene. Sie besaß keine teuren Anti-Faltencremes. Sie hatte auch nie jemanden gehabt, der ihr half, ihr Kind aufzuziehen. Dagegen hatte Marianne Hayes, jetzt Marianne Malone, bestimmt von allen Seiten Unterstützung bekommen. Kindermädchen, Ammen, Au-pair-Mädchen, Chauffeure, Tennislehrer. Kathy schaute ihrer Mutter ruhig und fest ins Gesicht. Auch wenn ihre Welt aus den Fugen geraten war, wollte sie Fran nicht mit noch mehr Sorgen belasten.

»Nein, Fran«, log sie. »Es hat sich nichts geändert.«

Es war nicht schwer, die Adresse von Paul und Marianne herauszufinden. Über die beiden stand fast jede Woche etwas in der Zeitung, und jeder kannte ihr Haus. Aber Kathy wollte ihn nicht zu Hause aufsuchen. Sie mußte mit ihm in seinem Büro sprechen. Es ging um eine geschäftliche Unterredung. Bei dem, was sie ihm zu sagen hatte, brauchte seine Frau nicht dabeizusein.

Mit einer Telefonkarte ausgerüstet fing sie an, die großen Steuerberatungskanzleien anzurufen. Bereits beim zweiten Gespräch erfuhr sie, wo er arbeitete. Sie hatte schon von dieser Sozietät gehört, sie beriet all die Filmstars und Theaterleute, arbeitete für das Showbusineß. Also hatte er nicht nur eine Menge Geld, sondern auch noch seinen Spaß.

Zweimal ging sie zu dem Bürohaus, und zweimal verließ sie der Mut. Das Gebäude war riesig. Zwar wußte sie, daß die Firma nur die fünfte und sechste Etage gemietet hatte, aber irgendwie traute sie sich trotzdem nicht hinein. Wenn sie erst einmal drinnen war, würde sie mit ihm reden, ihm sagen, wer sie war und wie hart ihre Mutter arbeitete, um etwas für sie beiseite legen zu können. Sie würde um nichts betteln, ihn nur auf die Ungerechtigkeit hinweisen. Aber das Haus war zu beeindruckend, zu einschüchternd. Der Portier im Foyer, die Mädchen am Empfang, die jeden Besucher telefonisch ankündigten, damit kein Unbefugter in die noblen Büros der oberen Etagen gelangte.

Wenn sie an diesen geschniegelten Empfangsdrachen vorbeikommen und mit Paul Malone sprechen wollte, brauchte sie ein anderes Erscheinungsbild. Sie würden kein Schulmädchen in einem marineblauen Rock zu einem renommierten Steuerberater vorlassen, der außerdem mit einer Millionärin verheiratet war. Also telefonierte Kathy mit Harriet.

»Kannst du mir morgen ein paar schicke Klamotten von deiner Mutter in die Schule mitbringen?«

»Nur wenn du mir sagst, warum.«

»Ich brauche sie für ein Abenteuer.«

»Ein Abenteuer mit einem Mann?«

»Ja.«

»Dann brauchst du also ein Nachthemd und Unterwäsche?« Harriet dachte praktisch.

»Nein, einen Blazer. Und Handschuhe dazu.«

»Donnerwetter«, staunte Harriet. »Das muß ja was richtig Perverses sein.«

Am nächsten Tag brachte sie die Kleider leicht verknittert in einer Sporttasche mit. Kathy probierte sie in der Mädchentoilette an. Der Blazer war in Ordnung, doch der Rock erschien ihr unpassend.

»Wo findet denn dein Abenteuer statt?« Harriet keuchte vor Aufregung.

»In einem Büro, so einem richtig piekfeinen.«

»Du könntest den Rock ein bißchen hochziehen, du weißt schon, deinen Schulrock. Der könnte ganz passabel sein, wenn er kürzer wäre. Wird er dich ausziehen, oder machst du das selbst?«

»Was? Ach so, ja, das mache ich selbst.«

»Dann ist es ja kein Problem.« Gemeinsam verwandelten sie Kathy in ein Mädchen, dem wohl niemand den Zutritt verwehrt hätte. Frans Lippenstift und Lidschatten hatte sie bereits aufgetragen.

»Schmink dich noch mal ab«, flüsterte Harriet.

»Warum?«

»Na, du mußt ja noch in den Unterricht, und wenn du so rein-
gehst, merken sie doch, daß was im Busch ist.«

»Ich schwänze heute. Du mußt sagen, ich hätte dich angerufen,
daß ich eine Grippe habe.«

»Nein. Das glaube ich einfach nicht.«

»Komm schon, Harriet. Ich habe das doch auch für dich gemacht,
als du zu diesen Popstars gehen wolltest.«

»Aber wohin willst du denn um neun Uhr morgens?«

»Ins Büro, zu meinem Abenteuer«, antwortete Kathy.

»Du bist mir vielleicht eine«, staunte Harriet mit offenem Mund.

Diesmal zauderte Kathy nicht.

»Guten Morgen. Zu Mr. Paul Malone, bitte.«

»Und wie ist Ihr Name?«

»Mein Name wird ihm nichts sagen, aber könnten Sie ihm mitteilen, daß Katherine Clarke ihn in der Angelegenheit Frances
Clarke, einer ehemaligen Klientin, sprechen möchte?« Kathy hatte das Gefühl, daß in so einem Büro Kurznamen wie Kathy oder
Fran fehl am Platz waren.

»Ich werde mit seiner Sekretärin reden. Mr. Malone empfängt
niemanden ohne vorherige Terminvereinbarung.«

»Sagen Sie ihr bitte, daß ich warten werde, bis es ihm paßt.« Kathy
sprach ruhig und eindringlich, und dadurch erreichte sie wesent-
lich mehr als durch ihre Versuche, sich herauszuputzen.

Eine der bildhübschen Empfangsdamen tauschte mit ihrer Kol-
legin einen kaum merklichen Blick, dann sprach sie leise ins Telefon.

»Miss Clarke, Mr. Malones Sekretärin würde Sie gerne sprechen«,
meinte sie schließlich.

»Natürlich.«

Kathy trat vor und hoffte, daß der Schulrock, den sie unter dem
Blazer von Harriets Mutter trug, nicht plötzlich herunterrutschte.

»Hier spricht Penny. Was kann ich für Sie tun?«

»Hat man Ihnen die relevanten Namen durchgegeben?« fragte

Kathy. Wie gut, daß ihr das Wort »relevant« eingefallen war! Es hörte sich großartig an, auch wenn nicht viel dahinter steckte.

»Ja, schon … aber das ist eigentlich nicht der Punkt.«

»O doch, das ist es. Bitte nennen Sie Mr. Malone diese Namen, und sagen Sie ihm, daß ich ihn nicht lange aufhalten werde. Es wird ihn höchstens zehn Minuten kosten. Aber ich werde hier warten, bis er Zeit für mich hat.«

»Termine werden bei uns nicht so einfach vergeben.«

»Wenn Sie ihm bitte diese Namen nennen würden.« Kathy war beinahe schwindlig vor Aufregung.

Nachdem sie höflich drei weitere Minuten gewartet hatte, ertönte ein Summer.

»Mr. Malones Sekretärin erwartet Sie oben in der sechsten Etage«, verkündete eine der Empfangsgöttinnen.

»Vielen Dank für Ihre Hilfe«, meinte Kathy Clarke, zog ihren Schulrock hoch und ging zum Lift, der sie zu ihrem Vater bringen würde.

»Miss Clarke?« begrüßte sie Penny. Penny sah aus, als könnte sie an einer dieser Miss-Wahlen teilnehmen. Sie trug ein cremefarbenes Kostüm und schwarze Pumps mit sehr hohen Absätzen. An ihrem Hals baumelte eine dicke schwarze Kette.

»Richtig.« Kathy wünschte sich, sie wäre hübscher, älter und besser gekleidet.

»Wenn Sie mir bitte folgen wollen. Mr. Malone empfängt Sie im Konferenzzimmer. Kaffee?«

»Ja, das wäre sehr nett, danke.«

Penny führte sie in einen Raum mit einem hellen Holztisch, um den acht Stühle gruppiert waren. An den Wänden hingen Gemälde, nicht einfach nur Drucke hinter Glas wie bei ihnen in der Schule, sondern richtige Gemälde. Auf dem Fensterbrett standen Blumen, frische Schnittblumen, die erst an diesem Morgen hingestellt worden waren. Kathy setzte sich und wartete.

Da kam er herein, ein junger, gutaussehender Mann, der jünger wirkte als Fran, obwohl er ein Jahr älter war.

»Hallo«, sagte er und strahlte übers ganze Gesicht.

»Hallo«, erwiderte sie. Dann herrschte Schweigen.

In diesem Moment kam Penny mit dem Kaffee herein. »Soll ich das Tablett hierlassen?« fragte sie. Offensichtlich wäre sie liebend gern selbst geblieben.

»Danke, Pen«, sagte er.

»Wissen Sie, wer ich bin?« fragte Kathy, nachdem Penny gegangen war.

»Ja«, antwortete er.

»Haben Sie mich erwartet?«

»Ehrlich gesagt, frühestens in zwei oder drei Jahren.« Sein Lächeln wirkte anziehend.

»Und was hätten Sie dann getan?«

»Dasselbe wie jetzt – zugehört.«

Das war geschickt von ihm, jetzt mußte sie die Initiative ergreifen. »Nun, ich wollte Sie nur mal kennenlernen«, meinte sie ein wenig verunsichert.

»Selbstverständlich«, entgegnete er.

»Damit ich weiß, wie Sie aussehen.«

»Jetzt wissen Sie es.« Es klang freundlich, wie er das sagte, freundlich und entgegenkommend. »Und was denken Sie nun?« fragte er.

»Sie sehen gut aus«, antwortete sie widerstrebend.

»Sie auch. Sehr gut sogar.«

»Wissen Sie, ich habe es gerade erst erfahren«, erklärte sie.

»Verstehe.«

»Und deshalb mußte ich herkommen und mit Ihnen reden.«

»Natürlich.« Er hatte ihnen beiden Kaffee eingeschenkt und überließ es Kathy, sich bei Milch und Zucker selbst zu bedienen.

»Bis vor ein paar Tagen war ich noch vollkommen davon überzeugt, daß ich die Tochter von Mam und Dad bin. Es war ein gewisser Schock für mich.«

»Fran hat Ihnen nicht gesagt, daß sie Ihre Mutter ist?«

»Nein.«

»Nun, das kann ich verstehen, solange sie klein waren. Aber als Sie älter wurden …«

»Nein, sie dachte, ich wüßte es irgendwie, aber das war nicht der Fall. Ich hielt sie immer nur für eine wundervolle ältere Schwester. Ich bin nicht allzu gescheit, wissen Sie.«

»Ich finde Sie sowohl hübsch als auch gescheit.« Anscheinend war er wirklich von ihr angetan.

»Ich bin es aber nicht. Ich muß ziemlich büffeln und komme am Ende auch ans Ziel, doch ich habe keine so rasche Auffassungsgabe wie etwa meine Freundin Harriet. Ich bin eher ein Arbeitstier.«

»Das bin ich auch. Da schlägst du deinem Vater nach.«

Es war ein überwältigender Augenblick, hier in diesem Büro. Er gab zu, daß er ihr Vater war. Kathy schwebte beinahe wie auf Wolken. Aber jetzt wußte sie nicht mehr weiter. Er hatte ihr alle Argumente aus der Hand genommen. Sie hätte gedacht, er würde aufbrausen, alles abstreiten und sich herausreden. Doch er hatte nichts dergleichen getan.

»Du hättest doch keine solche Stelle bekommen, wenn du nur ein Arbeitstier wärst.«

»Meine Frau ist sehr vermögend, und ich bin ein charmantes Arbeitstier, das heißt, ich komme mit allen gut aus. In gewisser Weise ist das der Grund, warum ich hier arbeite.«

»Aber du hast es doch aus eigener Kraft zum Steuerberater gebracht, bevor du sie kennengelernt hast, nicht wahr?«

»Ja, ich war bereits Steuerberater, wenn auch nicht in dieser Firma. Aber ich hoffe, daß du eines Tages meine Frau kennenlernst, Katherine. Du wirst sie mögen, sie ist ein ausgesprochen liebenswerter Mensch.«

»Ich heiße Kathy, und ich kann sie gar nicht mögen. Daß sie ein liebenswerter Mensch ist, glaube ich gern, aber sie will mich sicher nicht kennenlernen.«

»Doch, wenn ich ihr sage, daß ich es möchte. Wir erweisen einander gern Gefälligkeiten. Und ich wäre ebenfalls bereit, jemanden kennenzulernen, wenn ich ihr damit eine Freude machen könnte.«

»Aber sie weiß ja gar nicht, daß es mich gibt.«

»Doch, das habe ich ihr schon vor langer Zeit erzählt. Ich wußte nicht, wie du heißt, aber ich habe ihr gesagt, daß ich eine Tochter habe, die ich nicht kenne, die ich aber wahrscheinlich kennenlernen werde, wenn sie erwachsen ist.«

»Du hast nicht gewußt, wie ich heiße?«

»Nein. Nach all dieser Aufregung damals sagte Fran, sie würde mir nur mitteilen, ob es ein Junge oder ein Mädchen sei, sonst nichts.«

»Das war die Abmachung?« fragte Kathy.

»Du hast es ganz treffend ausgedrückt – das war die Abmachung.«

»Sie spricht sehr freundlich von dir. Sie findet, daß du dich in dieser Sache ganz richtig verhalten hast.«

»Und was läßt sie mir ausrichten?« Er war völlig entspannt und aufgeschlossen, nicht etwa zurückhaltend oder argwöhnisch.

»Sie hat keine Ahnung, daß ich hier bin.«

»Wo glaubt sie denn, daß du bist?«

»Drüben in der Mountainview-Schule.«

»Mountainview? Dort gehst du zur Schule?«

»Von den viertausend Pfund vor sechzehn Jahren ist nicht mehr genug übrig, daß man mich damit auf eine Nobelschule schicken könnte«, gab Kathy bissig zurück.

»Du weißt also von der Abmachung?«

»Ich habe alles auf einmal erfahren, alles an einem Abend. Da wurde mir klar, daß sie nicht meine Schwester ist und du dich freigekauft hast.«

»Hat sie es so ausgedrückt?«

»Nein. Aber so ist es, auch wenn sie es anders formuliert hat.«

»Das tut mir sehr leid. Es muß schrecklich und trostlos sein, so etwas zu erfahren.«

Kathy schaute ihn an. Genau das war es gewesen – trostlos. Sie hatte überlegt, wie unfair diese Abmachung gewesen war. Ihre Mutter war arm, man konnte sie einfach auszahlen. Ihr Vater hingegen stammte aus einer privilegierten Familie und mußte für sein Vergnügen nicht bezahlen. Da war ihr der Gedanke durch den Kopf gegangen, daß das ganze System Leute wie

sie stets benachteiligte und daß sich daran nie etwas ändern
würde. Seltsam, daß er dieses Gefühl so gut nachvollziehen
konnte.

»Ja, und das ist es immer noch.«

»Nun, sag mir, was du von mir willst. Sag es mir, dann können
wir darüber reden.«

Ursprünglich war sie hergekommen, um für sich und Fran alles
herauszuschlagen, was man sich nur vorstellen konnte. Sie hatte
ihm klarmachen wollen, daß im zwanzigsten Jahrhundert die Reichen nicht mehr bei allem, was sie taten, ungeschoren davonka-
men. Aber irgendwie fiel es ihr schwer, das jenem Mann zu sagen,
der ihr so unbefangen und wohlwollend gegenübersaß und allem
Anschein nach erfreut und keineswegs entsetzt war, sie zu sehen.

»Ich bin mir noch nicht sicher, was ich eigentlich will. Das kommt
alles ein bißchen plötzlich.«

»Ich weiß. Du hattest noch nicht die Zeit, um dir über deine
Gefühle klarzuwerden.« Es klang nicht erleichtert, sondern mit-
fühlend.

»Diese neue Situation ist für mich noch immer schwer zu begreifen.«

»Für mich auch. Ich kann es noch gar nicht fassen, daß du jetzt
hier bist.« Er stellte sich mit ihr auf dieselbe Ebene.

»Ärgert es dich nicht, daß ich hergekommen bin?«

»Nein, ganz im Gegenteil, ich freue mich, dich zu sehen. Es tut
mir nur leid, daß dein bisheriges Leben so hart gewesen ist und
du jetzt auch noch diesen Schock verkraften mußt. Das sind meine Empfindungen.«

Kathy hatte einen Kloß im Hals. Er war so völlig anders, als sie
ihn sich vorgestellt hatte. Konnte es wirklich sein, daß dieser
Mann ihr Vater war? Und daß er und Fran unter anderen Umständen geheiratet hätten und sie ihre älteste Tochter wäre?

Da nahm er eine Visitenkarte heraus und schrieb eine Nummer
darauf. »Unter dieser Nummer kannst du mich direkt erreichen,
ohne den Umweg über die Telefonzentrale und die Sekretärin-
nen«, meinte er. Es ging ihr fast zu glatt – so, als wollte er sich

davor drücken, Erklärungen abgeben zu müssen. Als wollte er vermeiden, daß jemand in der Kanzlei von seinem kleinen häßlichen Geheimnis erfuhr.

»Hast du nicht Angst, ich könnte dich zu Hause anrufen?« fragte sie. Zwar bedauerte sie es, diese freundliche Atmosphäre zerstören zu müssen, aber sie wollte sich nicht von ihm um den Finger wickeln lassen.

Er hielt den Füllfederhalter noch immer in der Hand. »Ich wollte dir gerade auch noch meine Telefonnummer zu Hause aufschreiben. Du kannst mich jederzeit anrufen.«

»Und was ist mit deiner Frau?«

»Marianne wird sich natürlich auch freuen, mit dir zu sprechen. Ich werde ihr heute abend erzählen, daß du mich besucht hast.«

»Du bist ein ziemlich cooler Typ, stimmt's?« meinte Kathy halb bewundernd, halb mißbilligend.

»Nach außen hin, glaube ich, wirke ich ruhig, aber unter der Oberfläche bin ich sehr aufgeregt. Und das ist ja auch kein Wunder. Da begegne ich zum erstenmal meiner gutaussehenden erwachsenen Tochter, und mir wird bewußt, daß sie meinetwegen auf der Welt ist.«

»Und denkst du auch jemals an meine Mutter?«

»Eine Zeitlang habe ich oft an sie gedacht, wie das immer so ist bei der ersten Liebe. Aber mehr noch wegen dem, was passiert ist und weil du geboren wurdest. Doch da wir nun mal nicht zusammenkommen konnten, wandte ich mich im Lauf der Zeit anderen Menschen und Dingen zu.«

Es war die Wahrheit, unbestreitbar.

»Wie soll ich dich anreden?« fragte Kathy plötzlich.

»Du sagst zu deiner Mutter Fran, willst du mich dann Paul nennen?«

»Wir sehen uns wieder, Paul«, meinte sie und stand auf.

»Komm zu mir, wann immer du willst, Kathy«, sagte ihr Vater.

Erst reichten sie einander die Hand, doch dann zog er sie an sich und umarmte sie. »Von jetzt an wird einiges anders werden, Kathy«, versprach er ihr. »Anders und besser.«

Während Kathy mit dem Bus zur Schule zurückfuhr, rieb sie sich Lippenstift und Lidschatten ab und verstaute den zusammenge-rollten Blazer von Harriets Mutter in der Leinentasche. Dann ging sie in den Unterricht.

»Und?« zischte Harriet.

»Nichts.«

»Was heißt nichts?«

»Es ist nichts passiert.«

»Heißt das, du hast dich schön gemacht, bist in sein Büro gegan-gen, und er hat dich nicht mal angerührt?«

»Es gab so was wie eine Umarmung«, berichtete Kathy.

»Wahrscheinlich ist er impotent«, nickte Harriet wissend. »Die Zeitschriften sind voll von Leserinnenbriefen darüber. Offenbar kommt das ziemlich oft vor.«

»Schon möglich«, erwiderte Kathy und holte ihr Erdkundebuch heraus.

Mr. O'Brien, der in den höheren Klassen immer noch Erdkunde unterrichtete, obwohl er Direktor war, blickte sie über den Rand seiner Lesebrille hinweg an. »Ist deine Grippe so plötzlich wie-der verschwunden, Kathy?« fragte er mißtrauisch.

»Ja, Gott sei Dank, Mr. O'Brien«, sagte Kathy. Es klang nicht direkt frech oder trotzig, aber sie redete mit ihm wie mit einem Ebenbürtigen, nicht wie eine Schülerin mit ihrem Lehrer.

Seit Schuljahresbeginn hatte sich dieses Kind ziemlich gemau-sert, dachte Tony O'Brien im stillen. Er fragte sich, ob es irgend-wie mit dem Italienischkurs zusammenhing, der sich wundersa-merweise und entgegen seinen Prophezeiungen nicht als Fiasko entpuppt hatte, sondern als riesiger Erfolg.

Mam war zum Bingo gegangen, Dad in den Pub. Aber Fran war zu Hause in der Küche.

»Du kommst ein bißchen spät, Kathy. Alles in Ordnung?«

»Ja, ich war nur noch ein wenig spazieren. Ich habe für heute abend alle Körperteile auswendig gelernt. Du weißt ja, die Si-gnora steckt uns wieder paarweise zusammen und fragt: *Dov'è il gomito?*, und dann müssen wir auf den Ellbogen des Partners deuten.«

Fran freute sich, sie so glücklich zu sehen. »Soll ich uns getoastete Sandwiches machen, damit wir den Abend ohne knurrenden Magen überstehen?«

»Gern. Weißt du, was ›Füße‹ heißt?

»*I piedi*. Das habe ich in der Mittagspause gelernt.« Fran grinste. »Wir sind richtige Musterschülerinnen, wir zwei.«

»Ich war heute bei ihm.«

»Bei wem?«

»Bei Paul Malone.«

Fran setzte sich. »Das ist nicht dein Ernst.«

»Er war sehr nett, wirklich. Schau, er hat mir seine Visitenkarte gegeben, mit seiner Durchwahlnummer und seiner Privatnummer zu Hause.«

»Ich glaube nicht, daß das klug von dir war«, meinte Fran schließlich.

»Na, er schien sich jedenfalls zu freuen. Er hat zumindest gesagt, er sei froh, daß ich gekommen bin.«

»Tatsächlich?«

»Ja, und er hat gesagt, ich könne ihn jederzeit besuchen, auch zu Hause, und seine Frau kennenlernen, wenn ich will.« Aus Frans Gesicht war plötzlich jeder Ausdruck gewichen. Es wirkte völlig leblos, als hätte jemand irgend etwas in ihrem Kopf ausgelöscht. Verwirrt sah Kathy sie an. »Na, freust du dich denn nicht? Es gab keinen Streit, keine Szene, es war einfach ein ganz normales Gespräch. Er hat verstanden, daß das alles ein gewisser Schock für mich war und daß von nun an alles anders werden würde. Anders und besser, das waren seine Worte.«

Fran nickte und schien offenbar nicht fähig, etwas zu sagen. Dann nickte sie wieder und brachte schließlich die Worte heraus: »Ja, das ist gut. Gut.«

»Bist du denn nicht froh darüber? Ich dachte, du würdest es so wollen.«

»Es steht dir vollkommen frei, Kontakt mit ihm aufzunehmen

und teilzuhaben an dem, was er dir bieten kann. Dieses Recht wollte ich dir nie nehmen.«

»Darum geht es nicht.«

»Doch. Es ist völlig verständlich, daß du dich übers Ohr gehauen fühlst, wenn du siehst, was er alles hat, Tennisplätze, Swimmingpools, wahrscheinlich sogar einen Chauffeur.«

»Ich bin nicht deswegen zu ihm gegangen«, begann Kathy.

»Und dann kommst du in so ein Haus zurück, gehst auf eine Schule wie das Mountainview und sollst auch noch glauben, daß so ein blöder Abendkurs, für den ich den letzten Penny zusammenkratzen mußte, etwas besonders Tolles ist. Kein Wunder, daß du hoffst, alles wird ... wie war das? ... ›anders und besser‹.«

Erschrocken schaute Kathy sie an. Fran glaubte offenbar, daß sie Paul Malone lieber mochte als sie. Daß sie sich von einem Mann, den sie nur kurz gesprochen und bis vor ein paar Tagen noch nicht einmal gekannt hatte, betören und blenden ließ.

»Das einzige, was besser ist, ist, daß ich nun über alles Bescheid weiß. Ansonsten hat sich nichts geändert«, versuchte sie zu erklären.

»Sicher.« Fran war jetzt einsilbig und zugeknöpft. Mechanisch belegte sie die Brote mit Käse und je zwei Tomatenscheiben und legte sie auf den Grillrost.

»Fran, hör auf, ich will das nicht. Begreifst du denn nicht? Ich *mußte* ihn sehen. Und du hattest recht, er ist kein Ungeheuer, sondern ein netter Mensch.«

»Das freut mich.«

»Aber du hast da was falsch verstanden. Hör mal, ruf ihn an und frag ihn. Es ist nicht so, daß ich lieber bei ihm als bei dir sein will. Ich möchte ihn nur ab und zu mal sehen, weiter nichts. Ruf ihn an und rede mit ihm, dann wirst du es verstehen.«

»Nein.«

»Nein? Wieso nicht? Jetzt habe ich dir doch gewissermaßen den Weg geebnet.«

»Vor sechzehn Jahren habe ich mich auf eine Abmachung eingelassen. Es wurde vereinbart, daß ich nicht mit ihm in Verbindung trete. Und daran habe ich mich immer gehalten.«

»Aber ich habe diese Abmachung nicht getroffen.«

»Nein, und habe ich dir etwa einen Vorwurf gemacht? Ich habe gesagt, es ist dein gutes Recht. Habe ich das gesagt oder nicht?«

Fran stellte die Käsetoasts für Kathy und sich auf den Tisch und goß ihnen beiden ein Glas Milch ein.

Kathy überkam eine unsägliche Traurigkeit. Diese gütige Frau hatte sich für sie abgerackert, damit sie alles bekam, was sie brauchte. Wenn Fran nicht wäre, stünde nicht immer ein schönes Glas kalte Milch für sie bereit, und es gäbe kein warmes Abendessen. Und jetzt war ihr sogar herausgerutscht, daß sie sich das Geld für den Italienischkurs vom Mund abgespart hatte. Kein Wunder, daß es sie kränkte und beunruhigte, wenn sie daran dachte, daß all diese Opfer, ihre jahrelange Liebe und Fürsorge, für Kathy vielleicht auf einmal nichts mehr zählten. Daß sie sich von der plötzlichen Aussicht auf Reichtum und Luxus blenden ließ.

»Wir sollten jetzt zum Bus gehen«, meinte Kathy.

»Sicher, wenn du willst.«

»Natürlich will ich.«

»Na gut.« Fran zog ihren Mantel über, der schon bessere Tage gesehen hatte, und schlüpfte in ihre guten Schuhe, die gar nicht mehr so gut waren. Kathy dachte an die weichen italienischen Lederschuhe, die ihr Vater trug. Sie wußte, daß sie sehr, sehr teuer waren.

»*Avanti*«, sagte sie, und sie rannten zum Bus.

Im Kurs mußte Fran mit Luigi ein Paar bilden. An diesem Abend wirkte seine Miene noch finsterer und bedrohlicher als sonst.

»*Dov'è il cuore?*« fragte Luigi. Sein Dubliner Akzent ließ kaum erahnen, welchen Körperteil er meinte. »*Il cuore*«, wiederholte Luigi gereizt. »*Il cuore*, das wichtigste Organ des Körpers, Herrgott noch mal.«

Fran schaute ihn unsicher an. »*Non so*«, sagte sie.

»Sie werden doch wissen, wo das blöde *cuore* ist.« Luigi wurde zusehends ungehaltener.

Da kam ihr die Signora zu Hilfe. *»Con calma per favore«*, versuchte sie Frieden zu stiften. Sie griff nach Frans Hand und legte sie ihr aufs Herz. *»Ecco il cuore.«*

»Dafür haben Sie ja ganz schön lang gebraucht«, grummelte Luigi.

Die Signora betrachtete Fran. Heute abend war sie so anders. Sonst beteiligte sie sich immer lebhaft am Unterricht und ermunterte auch das Kind dazu.

Die Signora hatte sich bei Peggy Sullivan nochmals vergewissert. »Haben Sie mir nicht erzählt, daß Miss Clarke die Mutter des sechzehnjährigen Mädchens ist?« fragte sie.

»Ja, sie bekam sie, als sie gerade selbst erst in diesem Alter war. Ihre Mutter hat das Mädchen aufgezogen, aber es ist das Kind von Miss Clarke, das weiß jeder.«

Bis auf Kathy, dachte die Signora. Doch in dieser Woche waren sie beide verändert. Vielleicht war es ja jetzt herausgekommen. Bedrückt fragte sie sich, ob sie womöglich mit schuld daran war.

Kathy wartete eine Woche, ehe sie Paul Malone über seine Durchwahl im Büro anrief.

»Störe ich gerade?« fragte sie ihn.

»Im Moment habe ich noch jemanden hier, aber ich möchte mich gern mit dir unterhalten. Bleibst du bitte noch einen Augenblick dran?«

Sie hörte, wie er jemanden hinauskomplimentierte. Einen Prominenten, wie sie vermutete.

»Kathy?« Seine Stimme klang freundlich und angenehm.

»War das ernst gemeint, daß wir uns mal irgendwo treffen könnten, nicht nur so zwischen Tür und Angel im Büro?«

»Natürlich war das ernst gemeint. Willst du mit mir zu Mittag essen?«

»Ja, gern. Wann?«

»Morgen. Kennst du das Quentin's?«

»Ich weiß, wo es ist.«

»Prima. Sagen wir um eins? Paßt das mit der Schule?«

»Ich sorge dafür, daß es paßt«, meinte sie grinsend und hatte das Gefühl, daß er ebenfalls grinste.

»Gut, aber ich möchte nicht, daß du Ärger bekommst.«

»Nein, das geht schon in Ordnung.«

»Ich freue mich, daß du angerufen hast«, sagte er.

An jenem Abend wusch sie sich die Haare und wählte sorgfältig ihre Garderobe aus, ihre beste Schulbluse und ihren Blazer, den sie mit Fleckentferner behandelt hatte.

»Du triffst dich heute mit ihm«, stellte Fran fest, als sie sah, wie Kathy ihre Schuhe putzte.

»Ich habe schon immer gesagt, du hättest zu Interpol gehen sollen«, erwiderte Kathy.

»Nein, das hast du noch nie gesagt.«

»Wir treffen uns nur zum Mittagessen.«

»Wie gesagt, das ist dein gutes Recht. Wohin geht ihr denn?«

»Ins Quentin's.« Sie mußte ihr die Wahrheit sagen. Früher oder später würde Fran es doch erfahren. Allerdings wäre es ihr jetzt fast lieber gewesen, wenn er ein etwas weniger exklusives Lokal ausgesucht hätte. Denn das Quentin's war für sie und Fran eine andere Welt.

Fran konnte sich zu einigen aufmunternden Worten durchringen.

»Nun, das wird bestimmt prima, ich wünsche dir viel Spaß. Und laß es dir schmecken.«

Kathy fiel auf, daß Mam und Dad in letzter Zeit eine sehr untergeordnete Rolle in ihrem Leben zu spielen schienen; sie blieben völlig im Hintergrund. War das schon immer so gewesen, und hatte sie es nur nie bemerkt?

Dem diensthabenden Lehrer erzählte sie, sie habe einen Zahnarzttermin.

»Dafür mußt du eine schriftliche Bestätigung vorlegen«, meinte der Lehrer.

»Ich weiß, aber ich hatte solche Angst davor, daß ich vergessen habe, den Zettel mitzunehmen. Kann ich ihn morgen bringen?«

»Na schön, meinetwegen.«

Es zahlte sich aus, dachte Kathy, daß sie all die Jahre eine gute, strebsame Schülerin gewesen war. Da es mit ihr nie Ärger gegeben hatte, konnte sie sich jetzt einiges herausnehmen.

Selbstverständlich mußte sie Harriet anvertrauen, daß sie die Schule schwänzte.

»Wohin gehst du denn diesmal? Verkleidest du dich für ihn als Krankenschwester?« wollte Harriet wissen.

»Nein, wir gehen nur zusammen Mittag essen, ins Quentin's«, verkündete sie stolz.

Harriet fiel die Kinnlade runter. »Jetzt nimmst du mich aber auf den Arm, oder?«

»Überhaupt nicht. Ich bringe dir am Nachmittag die Speisekarte mit.«

»Ich kenne niemanden, der so ein aufregendes Liebesleben hat wie du«, meinte Harriet neidisch.

Das Lokal war dezent beleuchtet, kühl und sehr elegant.

Eine gutaussehende Frau in einem dunklen Kostüm kam auf sie zu.

»Guten Tag, ich bin Brenda Brennan und heiße Sie herzlich willkommen. Sind Sie mit jemandem verabredet?«

Kathy wünschte, sie wäre wie diese Frau, und dasselbe wünschte sie sich für Fran. Eine selbstbewußte Dame. Möglicherweise war die Frau ihres Vaters so jemand. Dazu mußte man geboren sein, das konnte man sich nicht antrainieren. Doch immerhin konnte man lernen, sich selbstbewußt zu geben.

»Ich bin mit Mr. Paul Malone verabredet. Er sagte, er habe für ein Uhr reserviert, ich bin ein bißchen früh dran.«

»Wollen Sie mir bitte zu Mr. Malones Tisch folgen? Möchten Sie einstweilen etwas trinken?«

Kathy bestellte eine Diätcola, die ihr in einem Waterford-Kristallglas mit Eis und Zitronenscheiben serviert wurde. Sie mußte sich jedes Detail merken, für Harriet.

Da kam er herein, nickte in diese und jene Richtung, lächelte hier und dort jemandem zu, und einmal erhob sich sogar ein Gast, um ihm die Hand zu schütteln. Als er bei Kathy angelangt war, hatte er das halbe Lokal begrüßt.

»Du siehst heute anders aus, ganz reizend«, meinte er.

»Nun, zumindest trage ich nicht mehr den Blazer von der Mutter meiner Freundin und ein Pfund Make-up, damit ich an den Empfangsdamen vorbeikomme«, lachte sie.

»Sollen wir gleich bestellen? Mußt du bald wieder zurück?«

»Nein, ich bin beim Zahnarzt, das kann ewig dauern. Hast du es eilig?«

»Nein, gar nicht.«

Als ihnen die Speisekarten gereicht wurden, kam Ms. Brennan und erläuterte die Gerichte der Tageskarte. »Wir haben heute einen köstlichen *insalata di mare*«, begann sie.

»*Gamberi, calamari?*« plapperte Kathy spontan los. Erst gestern abend hatten sie die Meeresfrüchte durchgenommen ... »*Gamberi*, Garnelen, *calamari*, Tintenfische ...«

Paul und Brenda Brennan musterten sie verblüfft.

»Ich gebe nur ein bißchen an. Ich besuche einen Abendkurs in Italienisch.«

»Wenn ich das alles auf Anhieb wüßte, würde ich auch damit angeben«, meinte Ms. Brennan. »Mir hat das meine Freundin Nora beibringen müssen, die für uns die Speisekarte schreibt, wenn wir eine italienische Woche haben.« Die beiden sahen Kathy mit bewundernden Blicken an. Oder bildete sie sich das nur ein? Paul bestellte für sich das übliche, ein Glas Wein mit Mineralwasser.

»Du hättest mich nicht in ein so schickes Restaurant ausführen müssen«, sagte Kathy.

»Ich bin stolz auf dich, ich wollte mich mit dir in der Öffentlichkeit zeigen.«

»Nun, es ist bloß, weil Fran denkt ... ich glaube, sie ist eifersüchtig, weil ich mit dir in so ein Lokal gehe. Mit ihr gehe ich immer nur zu Colonel Sanders Hähnchen essen, oder zu McDonald's.«

»Sie versteht das sicherlich. Ich wollte mit dir einfach nur hübsch ausgehen. Es ist ja ein besonderer Anlaß.«

»Sie hat gesagt, es sei mein gutes Recht, und sie wünscht mir viel Spaß. Aber ich glaube, daß sie sich insgeheim ein bißchen Sorgen macht.«

»Hat sie sonst noch jemanden, einen Freund oder so?« fragte er, worauf Kathy überrascht aufsah. »Was ich eigentlich sagen wollte ... es geht mich natürlich nichts an, aber ich hoffe, daß sie jemanden hat. Ich hatte gehofft, sie würde heiraten und du würdest Geschwister bekommen. Aber wenn du mit mir nicht darüber reden willst, ist das völlig in Ordnung ... wie gesagt, ich habe kein Recht dazu, Fragen zu stellen.«

»Es gab Ken.«

»War es etwas Ernstes?«

»Das war nie ganz klar. Oder zumindest war es mir nicht klar, weil ich nie was mitkriege und ein bißchen schwer von Begriff bin. Aber sie gingen oft zusammen aus, und sie hat immer gelacht, wenn er mit dem Auto vorgefahren ist, um sie abzuholen.«

»Und wo ist er jetzt?«

»Er ist nach Amerika gegangen«, antwortete Kathy.

»Hat ihr das leid getan, was meinst du?«

»Auch das weiß ich nicht. Ab und zu schreibt er ihr. In letzter Zeit nicht mehr so häufig, aber im Sommer kamen viele Briefe von ihm.«

»Hätte sie zu ihm ziehen können?«

»Es ist komisch, daß du das ansprichst ... sie hat mich mal gefragt, ob ich mit ihr fortgehen und in einer kleinen Provinzstadt in Amerika leben will. Es ist nicht New York City oder so etwas. Und ich habe gesagt, laß mich um Gottes willen in Dublin bleiben, das ist wenigstens eine Hauptstadt.«

»Glaubst du, daß sie deinetwegen nicht mit Ken mitgegangen ist?«

»Das habe ich mir nie überlegt. Aber ich habe ja die ganze Zeit geglaubt, sie sei meine Schwester. Es könnte schon etwas damit zu tun haben.« Ihr Gesicht nahm einen bekümmerten, schuldbewußten Ausdruck an.

»Mach dir deshalb keine Sorgen. Wenn jemand ein schlechtes Gewissen haben muß, dann ich.« Er hatte ihre Gedanken erraten.

»Ich habe sie gebeten, dich anzurufen. Aber das will sie nicht.«

»Warum nicht? Hat sie dir den Grund genannt?«

»Wegen der Abmachung… sie hat gesagt, du hättest dich an deinen Teil der Abmachung gehalten, und sie werde ihren halten.«

»Sie war immer schon eine grundehrliche Haut«, bemerkte Paul.

»Es sieht also ganz so aus, als würdet ihr nie mehr miteinander reden.«

»Nun, wir werden nie zusammenkommen und Hand in Hand in den Sonnenuntergang spazieren. Das ist gewiß, denn wir haben uns beide verändert. Ich liebe Marianne, und Fran liebt vielleicht Ken oder sonst jemanden. Aber wir werden miteinander sprechen, darum kümmere ich mich. Doch ehe wir die Probleme der Welt lösen, wollen wir uns das gute Mittagessen schmecken lassen, ja?«

Er hatte recht, und eigentlich war auch alles gesagt. Sie plauderten über die Schule und das Showbusineß, über den wunderbaren Italienischkurs und seine beiden Kinder, die sechs und sieben Jahre alt waren.

Als sie zahlten, musterte die Frau an der Kasse Kathy interessiert.

»Entschuldigen Sie, aber ist das nicht eine Mountainview-Jacke, die Sie da anhaben?« Kathy schaute schuldbewußt drein. »Wissen Sie, mein Mann arbeitet dort, deshalb habe ich sie erkannt«, fuhr die Frau fort.

»Ach ja? Wie heißt er denn?«

»Aidan Dunne.«

»Oh, Mr. Dunne ist ein netter Lehrer. Er unterrichtet Latein und hat den Italienischkurs ins Leben gerufen«, erzählte sie Paul.

»Und wie ist Ihr Name …?« fragte die Kassiererin.

»Das wird für immer ein Geheimnis bleiben. Mädchen, die sich mittags freinehmen, wollen nicht, daß ihren Lehrern irgendwelcher Klatsch zugetragen wird.« Paul Malone lächelte verbindlich, doch sein Ton war knallhart. Nell Dunne begriff, daß sie zu neugierig gewesen war. Hoffentlich hatte Ms. Brennan nicht zugehört.

»Du brauchst mir gar nichts erzählen«, meinte Harriet gähnend. »Du hast bestimmt Austern und Kaviar gegessen.«
»Nein, ich hatte *carciofi* und Lamm. Die Frau von Mr. Dunne saß an der Kasse, sie hat meine Schuljacke erkannt.«
»Jetzt bist du dran.« Harriet grinste dümmlich.
»Ganz und gar nicht, ich habe ihr ja nicht gesagt, wer ich bin.«
»Sie wird es herausfinden, und dann erwischen sie dich.«
»Sag doch so was nicht. Du willst doch auch nicht, daß sie mich erwischen, sondern daß ich weiter meine Abenteuer habe.«
»Kathy Clarke, sogar wenn sie mir den Tod auf dem Scheiterhaufen angedroht hätten, hätte ich gesagt, du bist die letzte auf der Welt, die sich auf Abenteuer einläßt.«
»Tja, so spielt das Leben«, erwiderte Kathy fröhlich.

»Gespräch für Miss Clarke auf drei«, verkündeten die Lautsprecher. Überrascht sah Fran auf. Sie ging in den Überwachungsraum, von dem aus man die Kunden beobachten konnte, ohne selbst gesehen zu werden.
Mit einem Knopfdruck stellte sie die Verbindung her. »Miss Clarke, Filialleitung«, sagte sie.
»Paul Malone«, meldete sich eine Stimme.
»Ja?«
»Ich würde gern mit dir reden. Ich nehme an, du willst dich nicht mit mir treffen?«
»So ist es, Paul. Ich bin nicht verbittert, es bringt nur nichts.«
»Fran, können wir uns kurz am Telefon unterhalten?«
»Ich habe gerade viel zu tun.«
»Tüchtige Leute haben immer viel zu tun.«
»Tja, du sagst es.«

»Aber was könnte wichtiger sein als Kathy?«

»Für mich nichts.«

»Und mir ist sie auch sehr wichtig, aber...«

»Aber du möchtest nicht allzuviel mit ihr zu tun haben.«

»Ganz im Gegenteil, ich würde gern möglichst viel mit ihr zu tun haben. Aber du hast sie aufgezogen, du hast sie zu dem Menschen gemacht, der sie heute ist, dir bedeutet sie mehr als jedem anderen. Ich möchte mich jetzt nicht auf einmal dazwischendrängen. Sag mir, was deiner Meinung nach das Beste für sie wäre.«

»Glaubst du, daß ich das weiß? Woher sollte ich es wissen? Ich möchte, daß sie alles auf der Welt bekommt, aber ich kann es ihr nicht geben. Wenn du mehr für sie tun kannst, dann tu es, sorg dafür, daß sie es bekommt.«

»Sie hält große Stücke auf dich, Fran.«

»Von dir ist sie auch sehr angetan.«

»Mich kennt sie gerade erst ein oder zwei Wochen, aber dich ihr Leben lang.«

»Brich ihr nicht das Herz, Paul. Sie ist ein großartiges Mädchen, und es war so ein Schock für sie. Ich dachte, sie wüßte oder ahnte oder spürte es irgendwie. Hier bei uns in der Gegend ist das ja nicht so außergewöhnlich. Aber offenbar habe ich mich geirrt.«

»Ja, aber sie ist damit fertig geworden. Das hat sie von dir. Sie kann mit schwierigen Situationen umgehen, mögen sie nun verdient oder unverdient sein.«

»Von dir hat sie auch einiges geerbt – sehr viel Mut.«

»Was sollen wir also tun, Fran?«

»Wir müssen es ihr überlassen.«

»Sie kann mich so oft sehen, wie sie will. Aber ich verspreche dir, daß ich nicht versuchen werde, sie dir wegzunehmen.«

»Ich weiß.« Schweigen trat ein.

»Und ist sonst... hm... alles in Ordnung?«

»Ja, es ist... alles in Ordnung.«

»Sie hat mir erzählt, daß ihr beide Italienisch lernt. Vorhin hat sie im Restaurant italienisch gesprochen.«

»Das ist schön.« Fran klang erfreut.

»Haben wir das in gewisser Weise nicht gut hingekriegt, Fran?«

»Ja, natürlich«, erwiderte sie und legte auf, ehe sie in Tränen ausbrach.

»Was sind *carciofi*, Signora?« fragte Kathy im Italienischunterricht.

»Artischocken, Caterina. Warum fragst du?«

»Ich war in einem Restaurant, wo das auf der Speisekarte stand.«

»Diese Speisekarte habe ich für meine Freundin Brenda Brennan geschrieben«, erklärte die Signora stolz. »War es das Quentin's?«

»Genau, aber sagen Sie Mr. Dunne nichts davon. Seine Frau arbeitet dort. Ist eine komische Ziege, finde ich.«

»Wenn du es sagst«, entgegnete die Signora.

»Ach übrigens, Signora, erinnern Sie sich noch, daß Sie gemeint haben, Fran wäre meine Mutter, und daß ich gesagt habe, sie ist meine Schwester?«

»Ja, nun …« Die Signora setzte zu einer Entschuldigung an.

»Sie hatten völlig recht, ich hatte das nur nicht begriffen«, sagte Kathy in einem Ton, als könnte es schließlich jedem mal passieren, daß man die Mutter für die Schwester hielt.

»Na, dann ist es ja gut, daß sich alles geklärt hat.«

»Ich finde es sehr gut«, meinte Kathy.

»Ganz bestimmt.« Die Signora klang ernst. »Sie ist so jung und so nett, und ihr habt noch viele gemeinsame Jahre vor euch. Viel mehr, als wenn sie eine ältere Mutter wäre.«

»Ja, ich wünschte nur, sie würde heiraten. Dann würde ich mich nicht so verantwortlich für sie fühlen.«

»Vielleicht heiratet sie ja mal.«

»Aber ich fürchte, sie hat ihre Chance vertan. Ihr Freund ist nach Amerika gegangen. Ich glaube, sie ist nur meinetwegen hiergeblieben.«

»Du könntest ihm doch schreiben«, schlug die Signora vor.

Brenda Brennan, die Freundin der Signora, hörte mit Entzücken, welche Fortschritte der Italienischkurs machte. »Neulich hatte ich eine deiner jungen Schülerinnen da, sie trug eine Mountainview-Jacke und sagte, sie lerne Italienisch.«

»Hat sie Artischocken gegessen?«

»Woher weißt du das nur? Hast du übersinnliche Kräfte?«

»Das war Kathy Clarke... sie ist die einzige Jugendliche, die anderen sind alle erwachsen. Sie sagte mir, daß Aidan Dunnes Frau bei euch arbeitet. Stimmt das?«

»Ach, das ist der Aidan, von dem du so oft erzählst. Ja, Nell ist die Kassiererin. Eine sonderbare Frau, ich weiß ehrlich gesagt nicht, was ich von ihr halten soll.«

»Wie meinst du das?«

»Nun, sie ist sehr tüchtig und schnell und ehrlich. Setzt für die Kunden ein freundliches Lächeln auf und kann sich ihre Namen merken. Aber mit den Gedanken ist sie ganz woanders.«

»Wo?«

»Ich glaube, sie hat ein Verhältnis«, antwortete Brenda schließlich.

»Unmöglich. Mit wem denn?«

»Ich weiß es nicht, aber sie tut so geheimnisvoll und hat nach der Arbeit oft noch eine Verabredung.«

»So, so.«

Brenda ging mit einem Achselzucken darüber hinweg. »Wenn du also vorhast, dich an ihren Mann heranzumachen, nur zu. Die Frau sitzt im Glashaus, die kann nicht mit Steinen werfen.«

»Himmel, Brenda, wo denkst du hin! In meinem Alter! Aber sag, mit wem hat denn Kathy Clarke in deinem eleganten Restaurant gespeist?«

»Tja, es ist komisch ... mit Paul Malone. Von dem hast du sicher schon gehört, oder nicht? Ein Steuerberater, der gerade sehr ›in‹ ist und in die steinreiche Hayes-Familie eingeheiratet hat. Ein Charmeur, wie er im Buche steht.«

»Und Kathy war mit ihm verabredet?«

»Ja, ich weiß. Dabei könnte sie seine Tochter sein«, meinte Brenda. »Aber ehrlich gesagt, je länger ich in dieser Branche arbeite, desto weniger wundert mich noch irgend etwas.«

»Paul?«
»Kathy! Du hast dich ja eine Ewigkeit nicht mehr gemeldet.«
»Willst du morgen mit mir zu Mittag essen? Diesmal lade ich dich ein. Aber nicht ins Quentin's.«
»Klar. Woran hast du denn gedacht?«
»Ich habe im Italienischkurs einen Gutschein für so ein Lokal gewonnen, Mittagessen für zwei Personen einschließlich Wein.«
»Ich kann aber nicht zulassen, daß du schon wieder die Schule schwänzt.«
»Nun, deshalb wollte ich den Samstag vorschlagen, wenn das bei dir geht.«
»Es geht immer, Kathy. Das weißt du doch.«

Sie zeigte ihm den Preis, den sie im Italienischkurs gewonnen hatte. Und Paul Malone meinte, es freue ihn sehr, daß sie ihn als Begleiter erkoren habe.
»Ich will dir etwas vorschlagen, wobei es auch ein bißchen um Geld geht. Aber ich möchte es nicht geschenkt haben.«
»Dann schieß mal los«, sagte er.
Sie erzählte ihm von dem Flug nach New York über Weihnachten. Den größten Teil würde Ken bezahlen, aber er hatte einfach nicht die ganze Summe flüssig, und dort drüben konnte er sich nichts leihen: Es war nicht wie hier, wo die Leute gewissermaßen auf Pump lebten.
»Wem sagst du das«, bemerkte Paul Malone, der Steuerberater.
»Er hat sich sehr gefreut über meinen Brief. Ich hatte ihm geschrieben, daß ich jetzt über alles Bescheid weiß und es mir leid tut, falls ich ihrem Glück im Weg gestanden habe. In seinem Antwortbrief meinte er, er liebe Fran über alles und habe schon mit dem Gedanken gespielt, ihretwegen nach Irland zurückzukehren. Aber er hätte Angst, daß er damit alles verderben könnte. Ehrlich, Paul, ich kann dir den Brief nicht zeigen, weil er per-

sönlich ist, aber er würde dir gefallen, ganz bestimmt. Du würdest dich für Fran freuen.«

»Das glaube ich auch.«

»Also sage ich dir jetzt einfach, um welchen Betrag es sich handelt: ungefähr dreihundert Pfund. Mir ist klar, daß das eine enorme Summe ist. Aber ich weiß auch, daß soviel Geld auf dem Bausparkonto ist, das Fran für mich angelegt hat. Es wäre also nur ein Darlehen, verstehst du? Wenn wir die beiden zusammenbringen, kann ich dir das Geld sofort zurückzahlen.«

»Wie sollen wir es arrangieren, damit sie das Ganze nicht durchschauen?«

»Du gibst ihnen einfach das Geld.«

»Ich würde dir alles geben, Kathy, und deiner Mutter auch. Aber man darf die Menschen nicht in ihrem Stolz verletzen.«

»Können wir nicht Ken das Geld schicken?«

»Das würde ihn vielleicht kränken.«

Beide schwiegen. Da kam der Kellner und erkundigte sich, ob ihnen das Essen schmecke.

»*Benissimo*«, lobte Kathy.

»Meine … meine junge Freundin hat mich mit dem Gutschein eingeladen, den sie in einem Italienischkurs gewonnen hat«, erklärte Paul Malone.

»Dann müssen Sie ja sehr klug sein«, sagte der Kellner zu Kathy.

»Nein, ich habe nur Glück bei Preisausschreiben«, erwiderte sie.

Paul sah sie an, als habe er soeben einen Geistesblitz gehabt.

»Genau – du könntest doch zwei Flugtickets gewinnen«, schlug er vor.

»Wie das?«

»Na, du hast doch auch ein Mittagessen für zwei Personen in diesem Lokal hier gewonnen.«

»Aber nur, weil die Signora dafür gesorgt hat, daß jemand aus dem Kurs den Preis gewinnt.«

»Nun, vielleicht könnte ich dafür sorgen, daß eine bestimmte Person zwei Flugtickets gewinnt.«

»Das wäre doch Betrug.«

»Aber besser, als den großen Gönner zu spielen.«

»Darüber muß ich erst nachdenken.«

»Laß dir aber nicht zu lange Zeit. Wir müssen dieses imaginäre Preisausschreiben ja auch noch organisieren.«

»Und sollen wir es Ken sagen?«

»Ich finde nicht«, antwortete Paul. »Was meinst du?«

»Meiner Meinung nach müssen Leute nicht alles wissen«, sagte Kathy. Es war eine Redensart, die Harriet oft gebrauchte.

Giorgio Bassani
Das Mädchen aus der Schießbude

1

Adriana Trentini gab Bruno Lattes auf seine wütenden, drängenden Fragen keine Antwort. ›Zum Teufel!‹ dachte er voller Erbitterung und wandte den Blick von ihr ab.

Statt dessen sah er zu dem merkwürdigen halbkreisförmigen Fenster hin mit dem Blick aufs offene Land in Richtung Bologna. Auf der Chaussee kam ganz langsam eine Kolonne von zweirädrigen Karren vorbei. Rechts davon stieß der Schornstein der Zuckerraffinerie *Eridania* einen dichten schwarzen, rußigen Rauch aus. – Ob er sie nicht kannte! Drei Jahre lang hatte er nichts anderes getan, als auf sie eingeredet. Aber sie, wenn er es sich überlegte, sie war immer still geblieben. Ja, auch wenn sie – und er empfand plötzlich ein Gefühl von Beschwingtheit, von einer reinen, intellektuellen Befriedigung – auch wenn sie einmal ihr berühmtes Feuerwerk geistreich-amüsanter, mondäner Plauderei abbrannte, auch dann war ihr nicht zu trauen. In Wirklichkeit hörte sie nur zu – schweigend, voller Drohung. Wie eine Mauer oder, vielleicht besser, wie ein Baum…

Als er wieder den Blick auf sie richtete, stellte er fest, daß sie sich nicht bewegt hatte. Er sah sie an und empfand Rührung. Sie stand an die Wand der Halle gelehnt und blickte starr auf irgendeinen Punkt des Fußbodens, wobei sie ab und zu mit einer brüsken Kopfbewegung das Haar, das ihr ins Gesicht fiel, zurückwarf. Und da – wie sie ihn plötzlich von der Seite ansah, jetzt von unten nach oben… Was hatte sie vor? Wollte sie ihm vielleicht sagen, wie spät es auf ihrer Armbanduhr war?

Diesmal verlor er seine Selbstbeherrschung.

»Ich gehe schon«, explodierte er. »Keine Angst, ich gehe!«

Am liebsten hätte er sie beschimpft, sie eine Hure genannt, sie geschlagen. Aber schon rührte sie ihn wieder.

»Leb wohl!« sagte er und ging auf die Tür zu.

Er ahnte, daß er sie nie wiedersehen würde. Auf der Schwelle wiederholte er noch einmal:

»Leb wohl.«

»Ciao«, antwortete Adriana, ohne sich von der Stelle zu rühren.

2

In jenem schicksalsträchtigen Jahr, 1938, kündigte sich der Winter ziemlich spät an. Nicht vor Ende Oktober kamen die ersten großen Gewitter, der erste Nebel. Und schon damals – und es war ja erst der Anfang – ging Bruno so gut wie nie mehr aus. Die Rassengesetze waren soeben verkündet worden. Außerdem hatte er Adriana gesagt, daß er, um seine Dissertation zu Ende zu bringen, die Universität wechseln wolle. Das Hin und Her zwischen Ferrara und Bologna habe er satt und die viele Zeit, die man im Zug verlor. In ein paar Tagen wolle er nach Florenz übersiedeln …

Aber das war eine Lüge gewesen, und nun fürchtete er Adrianas unnachsichtiges Urteil, wenn sie die Wahrheit erfuhr. Daß sie einen Lügner, einen lächerlichen kleinen Angeber in ihm sah.

Auch bei sich zu Hause zeigte er sich oben nicht öfter als unbedingt notwendig, das heißt, praktisch nur zu den Mahlzeiten, die er übrigens oft genug allein einnahm, entweder ein wenig früher als seine Familienangehörigen oder etwas später. Die übrige Zeit des Tages zog er sich in sein zur ebenen Erde gelegenes Studierzimmer zurück, wo ihn niemand zu stören gewagt hätte. Er ließ die Stunden untätig verrinnen. Durch das hohe schmale Fenster neben dem Schreibtisch und dem mit grünem Samt bezogenen Sessel fiel ein fahles Licht, das zu schwach war, als daß man dabei hätte lesen können.

Er überließ sich seiner Phantasie, die ihn weit fortführte. In seinem Sessel kauernd, träumte er von Adriana und versuchte sich vorzustellen, was sie wohl im Augenblick tat. Er meinte, sie in ihrem Zimmer zu sehen, in demselben Zimmer, in dem er sie vom Januar bis Anfang Juli, als auch die Trentinis ans Meer, nach Rimini, gereist waren, so oft nachts hatte besuchen dürfen. Adriana lag auf dem Bett und rauchte. Aber, wer weiß, vielleicht würde sie es eines Nachmittags überdrüssig sein, nur zu rauchen und Schallplatten zu hören. Vielleicht würde sie ihn anrufen, einem ihrer jähen, unerklärlichen Impulse nachgebend, oder auch einfach aus Langeweile, und er würde dann selbstverständlich sofort zu ihr eilen. Mit dem Fahrrad würde er durch die ganze Stadt fahren, zur Esplanade hinaus, bis er vor ihren Fenstern stand und den verabredeten Pfiff, ihren Privatpfiff, hören ließ. Dann stürmte er die Treppe hinauf und stand endlich vor ihr. Er sah dabei so abgemagert und elend aus, das Leid, das aus seinen Augen sprach, war so groß, und die Rassengesetze forderten so entschieden ihr Mitgefühl heraus, daß sie nicht länger widerstanden und sich ihm ohne zu zögern in die Arme geworfen hätte.

»Ich muß einmal eine Zeitlang allein sein«, hatte sie ihm gesagt, damals, einen Augenblick bevor sie sich trennten und Adriana sich in dieses furchtbare Schweigen verkapselt hatte. »Ich sehne mich sozusagen danach, wieder Kind zu sein«, hatte sie mit einem grausamen Lächeln hinzugefügt, »und dabei bin ich erst siebzehn Jahre.«

Das waren allerdings ihre Worte gewesen, aber was bedeutete das schon? Noch hatte sie keinen anderen. In der Beziehung war er ganz sicher. Denn sonst hätte sich wohl schon ein guter Freund gefunden, der die Mühe nicht gescheut hätte, ihn umgehend zu informieren! Und da sie noch keinen andern hatte, war noch alles möglich. Sie wiederzusehen, mit ihr zu sprechen. Das war das Wesentliche. Man brauchte nur einen Weg zu finden ... Langsam wurde es Abend. Mit einem Buch auf den Knien verlor sich Bruno in endlosen Vermutungen.

Als er später zum Essen nach oben kam, berichtete seine Mutter von den Anrufen des Nachmittags. Aber oft war ihre Erinnerung nicht genau, und sie verwechselte die Namen der Anrufer.

Nichts konnte ihn mehr in Wut versetzen. Er hätte schreien können und mit dem Fuß auf den Boden stampfen. Wie ein Wahnsinniger.

3

Wenn Bruno gleich nach dem Essen seinen Mantel anzog, sich
den Hut auf den Kopf setzte und das Haus verließ, so unter anderem auch deshalb, weil er einer Begegnung mit seinem Vater ausweichen wollte. Der nämlich hatte, aus Furcht vor einer politischen Diskussion und eingeschüchtert durch die eisige Miene
seines Sohnes seinerseits die Gewohnheit angenommen, nicht vor
neun Uhr nach Hause zu kommen.
Mitte November war es bereits empfindlich kalt. Nach einem
ganzen Tag, träge und verdrossen im geschlossenen Raum zugebracht, hatte nun die Bewegung in der frischen Luft etwas Erregendes für ihn. Dem Zentrum mit seinen Cafés ging er aus dem
Wege; sie waren das Monopol der verhaßten Bourgeoisie – verhaßt und geliebt. Statt dessen wählte er die Nebenstraßen. Der
Giovecca, dem Viale Cavour, dem Corso Roma zog er die Via delle Volte, die Via Coperta, Via San Romano, Via Fondo Banchetto, Via Salinguerra und so weiter vor. Er betrat irgendeine Osteria oder eine Bar letzter Kategorie, wo er dann dem Billardspiel
zusah und lange Partien verfolgte, von Spielern, die er nicht kannte, kleinen Leuten, nicht selten auch fragwürdigen Existenzen.
Sein Kommen blieb im allgemeinen unbemerkt und seine Anwesenheit nicht minder, falls er nicht seine Dienste als Markör anbot.
Manchmal suchte er noch vor seinem Heimweg (falls er nicht im
Bordell gelandet war) die Bastionen an der Porta Reno auf, wo
sich seit dem Sommer ein kleiner ärmlicher Rummelplatz etabliert hatte, bestehend aus ein paar Karussells und zwei oder drei
Buden, von denen die eine als Schießbude, die andere als Puppentheater diente, das freilich um diese Stunde unweigerlich
geschlossen war, mit Stangen, Brettern und Riegeln. Warum wur

de er nicht müde, immer wieder auf diesen einsamen und trostlosen Rummelplatz auf dem Stadtwall zu kommen? Was gab es
da für ihn zu holen? Er wußte es selbst nicht so genau.

Da war das Mädchen in der Schießbude. Ein paar ihrer Verehrer,
die noch ausharrten, verfolgten jede ihrer Bewegungen. Bruno
hatte die Ellbogen auf die Tischplatte gestützt und beobachtete
sie schweigend: Nein, mit Adriana hatte sie wirklich nichts
gemein. Aber auch gar nichts. Zunächst einmal war sie kleiner.
Ihr Profil war gerade und hatte etwas Verschlossenes; ihre Augen
waren zwar auch blau, nur kälter, härter, böser im Ausdruck.
Schließlich waren da ihre Hände, in denen sie die Luftdruckge-
wehre hielt und mit gemessenen, energischen, fast männlichen
Bewegungen lud – es waren gerötete, geschwollene Hände mit
quadratischen, mißgebildeten Daumennägeln. Und doch mußte
er es zugeben: ihre Hände, ihre Augen, ihr animalischer Körper,
der enge Pullover und sogar ihr harter toskanischer Akzent: alles
an ihr war reizvoll, ja faszinierend für ihn. Genau wie die andern
beobachtete er sie – unersättlich. Jede Einzelheit ihrer Erscheinung verriet ihm ein lüsternes Geheimnis, ein phantastisches
Laster. Unaufhörlich suchte er ihrem Blick zu begegnen. Und
wenn er es erreicht hatte, daß sich ihre Blicke kreuzten, machte
sein Herz einen Sprung. Er empfand dabei ein bitteres Vergnügen, eine Art von triumphierender Rache.

Er ging fast immer als letzter. Im Dunkel hinter der Schießbude
erkannte man den länglichen Umriß eines Zigeunerwagens.
Durch drei kleine, mit Gardinen geschmückte Fenster sah man
in das sehr hell erleuchtete Innere des Wagens.

»Oh, wie schön!« sagte er einmal, mit plötzlich halb erstickter,
bebender Stimme, während das Mädchen ein Gewehr wieder lud.
»Habt ihr einen Akku?«

Sie würdigte ihn keiner Antwort.

Aber an einem Abend ging eins der Fenster auf. Grammophon-
musik schallte heraus und ein braungelockter Männerkopf wurde sichtbar.

Er mußte lachen.

»*Mon beau tzigan, mon amour*...«, deklamierte er leise, mit halbgeschlossenen Augen.

Kaum hatte die Toskanerin den anderen bemerkt, als sie schon das Gewehr, das sie gerade Bruno geben wollte, niederlegte und ohne Eile auf den Wohnwagen zuging. Nach etwa zwanzig Minuten kam sie zurück. Während sie ihren Platz hinter dem Tisch wieder einnahm und Bruno ein neues Gewehr reichte, zwinkerte sie in Richtung des nun dunkel gewordenen Fensters und spitzte ihre dicken, frisch gemalten Lippen, die immer etwas Schmollendes hatten.

In der Nacht darauf waren die Schießbude und der Wagen verschwunden. Auf und davon. Als ob er das alles nur geträumt hätte. Ein Traum und vorbei.

Und plötzlich wurden ihm zwei Dinge klar: daß er erst von diesem Augenblick an wußte, was das Wort ›Leid‹ wirklich meinte; und daß die Erinnerung an das Gesicht, das das Mädchen vom Schießstand gemacht hatte (eine Grimasse, die ihn am Abend zuvor auf einmal mit Glück, Eifersucht und einem vagen Gefühl von Verworfenheit erfüllt hatte), ihm auf viele künftige Jahre hinaus, wer weiß wie viele, ins Gedächtnis eingeprägt bleiben würde. Wie ein kleines Mal – winzig, aber untilgbar.

Hanif Kureishi
D'accord, Baby

Die ganze Woche hatte sich Bill auf diesen Augenblick gefreut. Gleich würde er die Tochter des Mannes vögeln, der seine Frau gevögelt hatte. Er lag in ihrem Bett und konnte Celestine im Badezimmer summen hören, während sie sich für ihn zurechtmachte.

Es war lange her, daß er sich in einem derart kalten Zimmer ohne Heizung befunden hatte. Nach einer Weile wagte er sich mit den Armen über die Bettdecke, riß ein Kondombriefchen auf und legte den Pariser auf den Pappkarton, der als Nachtschränkchen diente. Er dachte daran, ein weiteres Kondom vorzubereiten, wollte aber nicht allzu optimistisch erscheinen. Mit einem würde er sein Ziel erreichen. Danach mußte er verschwinden. Es hatte schon zu viele Verzögerungen gegeben. Der Walzer zum Beispiel, obwohl er dabei gekichert hatte. Doch er hatte Nicola, seiner schwangeren Frau, erzählt, daß er um Mitternacht zurück sein würde. Was trieb Celestine nur da drinnen? Im Bad gab es nicht einmal eine Dusche, und der Wind pfiff eisig durch das zerbrochene Fenster.

Seine Frau hatte Celestines Vater, Vincent Ertel, einen französischen Intellektuellen und ehemaligen Maoisten, in Paris kennengelernt, und er hatte sie mächtig beeindruckt. Ständig hatte sie von ihm geredet, was schon schlimm genug war, aber dann hatte sie ihn kaum noch erwähnt, was, wie er jetzt wußte, noch schlimmer gewesen war.

Nicola arbeitete beim Fernsehen für eine spätabendliche Talkshow. Seit zwei Jahren wollte sie unbedingt Vincents Entwicklung vom Revolutionär zum katholischen Reaktionär porträtieren. Das sei, wie sie Bill gern wissen ließ – und benutzte dabei einen Ausdruck, der ihm in Erinnerung geblieben war –, symptomatisch für ihre Zeit. Mehrmals flog sie nach Paris, um sich mit Vincent zu treffen, dann wurde sie in sein Landhaus in der Nähe von Auxerre eingeladen. Schließlich brachte sie ihn für die Aufnahme des Interviews nach London. Als sie fertig waren, spendierte sie zur Feier des Tages Champagner, Fischfrikadellen und Pommes frites im Le Caprice.

An jenem Abend hatte Bill das Skript seines Films zur Seite gelegt und war mit Lineal, Bleistift und den *Brüdern Karamasow* früh zu Bett gegangen. Etwa zur gleichen Zeit, als Nicola sich für Vincent zu begeistern begann, war Bill zu dem Entschluß gekommen, nicht nur die großen Werke der Weltliteratur zu lesen – die schwierigsten und undurchdringlichsten, jene, vor denen er bisher immer zurückgeschreckt war –, sondern gewisse Absätze auch zu unterstreichen und sie sogar auswendig zu lernen. Sich zu konzentrieren war eine Qual, da seine Gedanken abschweifen wollten. Doch an den meisten Abenden – selbst in der Zeit, als Nicola sich für die Begegnung mit Vincent vorbereitete – brannte sein Licht noch lange, nachdem sie ihre Lampe gelöscht hatte. Fest entschlossen, die dicksten Pillen der Einsicht zu schlucken, lag er da und murmelte Sätze vor sich hin, die er behalten wollte. Eine seiner liebsten Formulierungen stammte von Emerson: »Wir können uns nur ungenau ausdrücken und schämen uns für den göttlichen Gedanken, den wir verkörpern.«

Eines Abends schlug Nicola die Augen auf und sagte mit fragendem Blick: »Kannst du nicht etwas nachsichtiger mit dir sein?«

Warum? Er wollte nicht aufgeben. An der Universität hatte er Biologie studiert. Also war er doch bestimmt nicht so blöd, um zu begreifen, worum es in diesen Büchern ging? Sein Verlangen nach Wissen, Weisheit und geistiger Nahrung war stärker als sein Schlafbedürfnis. Wie konnte ein Mann die Hälfte seines Lebens hinter sich bringen und kaum eine Ahnung davon haben, wer er war und wohin er ging? Die schweren Bände enthielten gewiß die größten Höhen, zu denen sich der menschliche Geist je aufgeschwungen hatte; sie mußten ihm einfach eine Orientierung bieten.

Die aufmerksame, entspannte Kontemplation erfüllte ihn mit einer gewissen Befriedigung – zumeist, weil die Bücher ihn auf andere Gedanken brachten. Dies waren die Stunden des Tages, die ihm am besten gefielen. Gewöhnlich schlief er gut. Doch in der langen Nacht der Fischfrikadellen wachte er um vier Uhr auf und tastete nach Nicola. Sie war nicht im Bett. Zitternd wanderte er bis zum Morgengrauen durch das Haus und malte sich aus, sie hätte einen Autounfall gehabt. Erst nach einer Stunde fiel ihm ein, daß sie den Wagen stehengelassen hatte. Vielleicht war sie mit Vincent noch in ein Lokal gegangen, das bis spät in die Nacht geöffnet blieb. Sie hatte etwas Derartiges noch nie zuvor getan.

Er konnte nicht schlafen und nicht zur Arbeit gehen, also beschloß er, am Küchentisch sitzen zu bleiben, bis sie zurückkehrte, wann immer das auch sein mochte. Er trank Brandy, dabei trank er normalerweise nie vor acht Uhr abends. Hätte man ihm zuvor um diese Zeit einen Drink angeboten, hätte er behauptet, das wäre, als wollte man dem ganzen Tag Lebewohl sagen. Mitte der achtziger Jahre war er abends ins Fitneßstudio gegangen. Allerdings war für manche Tage Lebewohl sicherlich das passendste Wort.

Zerzaust und aufgewühlt kam seine Frau am späten Nachmittag in jenen Kleidern zurück, in denen sie ausgegangen war. Sie konnte ihm nicht in die Augen schauen. Er fragte, was sie getrieben habe, und sie sagte: »Was glaubst du wohl?« Und ging unter die Dusche.

Er hatte sich mehrere Reaktionen überlegt, auch die, sie zu schlagen. Doch er flüchtete aus dem Haus und schaffte es bis zum Pub. Seit er Student gewesen war, saß er zum ersten Mal wieder allein da und hatte nichts zu tun. Er wurde nirgendwo erwartet, und er hatte keine Zeitung, dabei liebte er Zeitungen. Er schluckte noch die banalsten und unglaublichsten Dinge, vorausgesetzt, sie standen in der Zeitung. Er betrachtete die vorbeiziehenden

Gesichter und dachte, wie gnadenlos die Welt doch war, wenn man kein sicheres Plätzchen in ihr hatte. Er brachte sich dazu, darüber nachzudenken, wie sinnlos es war, Menschen unter Druck zu setzen. In den meisten Beziehungen kam es zu einem Seitensprung. Jeder Mann und jede Frau ging heutzutage fremd oder wurde betrogen. Und warum auch nicht, wenn es der Ehe nicht gelang, die meisten menschlichen Bedürfnisse zu befriedigen? Nicola hatte etwas gebraucht, und sie hatte es sich genommen. Wie kühn, wie stilvoll! Und wie kleinlich der Vorwurf, man jage einer Liebe nach!

Er kam sich gedemütigt vor. Das Gefühl steigerte sich in den nächsten Wochen noch auf seltsame Weise. Er merkte, daß er bei der Arbeit, beim Warten auf die Metro oder beim Essen mit Nicola – die, wie ihm auffiel, neuerdings eine geschäftige, herrische Willenskraft oder Konzentration zeigte – wütend auf Vincent wurde. Tagelang konnte er einfach an nichts anderes denken. Es war, als wäre er von diesem Mann besessen.

Während er durch Soho lief, wo er arbeitete, amüsierte sich Bill in Gedanken mit Plänen, wie man sich an einem Typen wie Vincent rächen könnte, wenn einem denn daran gelegen wäre. Die Chancen standen ziemlich schlecht, aber das hielt ihn nicht davon ab, sich Geschichten auszumalen, aus denen er mit einer gewissen Zufriedenheit, wenn nicht gar mit Selbstachtung hervorging. Diese Geschichten waren in letzter Zeit fast seine einzige kreative Leistung.

Einige Tage später lief ihm Celestine über den Weg, die mit einem Mann in einem neu eröffneten Café saß und Cappuccino trank. Das Leben bot ihm eine Chance – es war schrecklich. Er stand in der Tür und tat, als suchte er nach jemandem, und er fragte sich, ob er die Chance nutzen sollte.

Vincents älteste Tochter wohnte in London. Sie wollte Schauspielerin werden, und Bill hatte sie vor einigen Jahren für einen Werbespot vorsprechen lassen. Außerdem wußte er, daß sie eine kleine Rolle in einem Film einer seiner Bekannten bekommen hatte. Also durchquerte er das Café, begrüßte sie, plauderte so angeregt mit ihr, wie er nur konnte, und wurde an ihren Tisch gebeten. Wie sich bald herausstellte, war der Mann ein schwuler Freund. Sie schwatzten miteinander. Und nach einigem ängstlichen Hin und Her fragte Bill mit möglichst cooler Stimme, ob sie sich in einigen Stunden auf einen Drink mit ihm treffen wolle.

Er ging anschließend nicht nach Hause, sondern spazierte umher. Als er müde wurde, setzte er sich mit dem ersten Band von *Auf der Suche nach der verlorenen Zeit* in einen Pub. Wenn er es schaffte, das Buch zu Ende zu lesen, so sagte er sich, dann hatte er großes Lob verdient. Er unterstrich einige wenige Zeilen und Worte, da er dies seit der Schule für ein Zeichen von Ernsthaftigkeit gehalten hatte, doch seine Gedanken schweiften noch häufiger ab als sonst, und schließlich wurde es Zeit, sich mit ihr zu treffen.

Zu seinem Vergnügen merkte Bill, daß Männer Celestine nachschauten, so sie nur konnten, andere stierten sie offen an. Wenn sie sich einen Drink holte, drehten sie sich um und betrachteten ihre Beine. Mit Nicola wäre ihm das nicht passiert; nur Vincent Ertel hatte sich für sie interessiert. Als er später mit Celestine die Straße entlangspazierte und nach einem Taxi Ausschau hielt, war sie damit einverstanden, daß er sie Ende der Woche in ihrer Wohnung besuchte.

Einige Tage lang genoß er das triumphierende Gefühl vorweggenommener Genugtuung. So etwas würde er häufiger machen. Offenbar waren die gemeineren Vergnügen des Lebens bislang bei ihm zu kurz gekommen.

Während Nicola in der Wohnung umherging, sich anzog, kochte, las oder nach ihrer Brille suchte, vergnügte er sich damit, sie zu verachten. Seine beiden engsten Freunde ließ er wissen, daß man die Wonnen der Rache nicht geringschätzen sollte. Jetzt warteten seine Kumpel darauf, von seinem Coup zu hören.

Celestine warf die in ein Trockentuch eingewickelten Schlüssel aus dem Fenster. Es war ein anstrengender Aufstieg: Ihre Woh-

nung befand sich unter dem Dach eines fünfstöckigen, herun-
tergekommenen Hauses in West-London, einer Gegend voller
Billigzimmer, Gastarbeiter und Studenten. Als er ins Wohnzimmer trat, sah er, daß es Ausblick auf einen Platz bot. Wind und
Regen drangen durch die mit Zeitungspapier ausgestopften
Löcher in den Fenstern. Die Wände waren gelb, der Teppich war
braun und fleckig. Die Gasheizung, vor der mehrere Jeans auf
einem Wäscheständer zum Trocknen hingen, gab einen merkwürdigen Geruch von sich und heizte einige Ecken des Zimmers,
andere ließ sie kalt.

Celestine überredete ihn, seinen Mantel auszuziehen, aber den
Schal behielt er um. Dann führte sie ihn in die Küche mit den
nackten Dielen, in der es neben einem alten Waschbecken und
dem Boiler kaum noch Platz für sie beide gab.

»Ich mache uns etwas zu essen.« Sie zeigte auf die beiden Ein-
kaufstüten. »Mögen Sie Uun?«

»Wie bitte?«

Sie meinte Huhn. Dazu sollte es Kartoffeln und grüne Bohnen
geben und zum Abschluß Apfelstrudel mit Sahne. Sie war ein-
kaufen gegangen und hatte sich einige Mühe gegeben. Die Zube-
reitung würde ewig dauern. Damit hatte er nicht gerechnet. Er
ließ sie in der Küche stehen und sagte, er wolle etwas zu trinken
besorgen.

Er lief im Regen zum Getränkeshop und bezahlte den Wein, als
er durchs Fenster blickte und vor der Ampel ein Taxi halten sah.
Er rannte los, um das Taxi zu rufen, und riß die Ladentür auf,
hatte aber kein Glück. Also holte er den Wein und ging zu Celestine zurück.

Er wartete im Wohnzimmer, lief ungeduldig hin und her und
trank. Sie hatte keinen Fernseher. Winterliche Winde ließen das
Fenster klappern. Ihre Wohnung erinnerte ihn an Wohnungen,
die er sich als Student mit anderen geteilt hatte. Und erleichtert
wollte er schon versichern, daß er zum Glück nie wieder so leben
mußte, als ihm einfiel, daß er, sollte er Nicola verlassen, vielleicht
für eine Weile in einem fremden Zimmer mit fleckigen Teppi-

chen und alten, zerbrochenen Möbeln enden würde. Wie anspruchsvoll er geworden war! Wie hatte das passieren können? Welch andere Veränderungen waren mit ihm vorgegangen, ohne daß er etwas davon bemerkt hatte?

Ihm fiel ein zerknittertes Foto an der Wand auf, das aussah, als wäre es Ende der sechziger Jahre aufgenommen worden. Bill nahm an, daß es den hoffnungsfrohen Radikalen zeigte, der seine Frau gevögelt hatte. Er war ein attraktiver Mann, Pfeife in der Hand, Haare bis über die Ohren, mit offenem Hemd und einem gewinnenden Blick voller Selbstüberzeugung und verwegener Lebenslust. Bill erinnerte sich an die Slogans, die Paris damals zierten: »Nichts ist unmöglich«, »Deine Träume sind Wirklichkeit« oder »Es ist verboten zu verbieten«. Einmal hatte er einen dieser Sprüche in einem Werbespot untergebracht. Was hatte diese Generation doch für einen Optimismus gehabt! Da er sein Leben ganz der Literatur, den Ideen, der Unterhaltung, dem Schreiben und dem politischen Engagement gewidmet hatte, dürfte der alte Vincent eine phantastische Zeit erlebt haben. Jedenfalls hatte er wohl kaum pausenlos gearbeitet, so wie Bill und dessen Freunde.

Das Essen war gut. Bill beugte sich über den Tisch, um Celestine zu küssen. Seine Lippen streiften ihre Wangen, doch sie wandte den Kopf und schaute über den dunklen Platz zu den Lichtern dahinter, als suchte sie etwas.

Er redete über das Filmgeschäft und darüber, wie die Schauspieler, die Regisseure und Produzenten in Wirklichkeit waren. Zwar kannte er sie nicht persönlich, doch die Schauspieler und Techniker liebten den Klatsch. Celestine stellte Fragen und lachte gern.

Langsam sollte sich etwas tun. Er mußte um halb sechs aufstehen, um einen Werbespot für eine Bank zu drehen. Inzwischen war er für solche gutbezahlten Nebenjobs ziemlich gefragt. Und da Nicola schwanger war, würde er derlei Arbeiten noch öfter annehmen müssen. Es würde nicht leicht sein, außerdem noch Zeit fürs Drehbuchschreiben zu finden, jene Arbeit, die er eigentlich machen wollte. Langsam wurde ihm klar, daß er, falls er in seinem Alter noch etwas Bleibendes schaffen wollte, sich weit ernsthafter als bisher darum kümmern mußte. Doch wenn er an seine Pläne dachte, von denen er kaum jemandem erzählte – etwa über Land nach Indonesien zu fahren und dabei Proust zu lesen ... und andere, eher »innere« Vorhaben –, fühlte er Scham in sich aufkommen, als wäre es unreif oder obszön, derlei Hoffnungen zu hegen; als wäre es dafür in gewisser Weise bereits zu spät.

Er rückte mit dem Stuhl um den Tisch herum, bis er neben Celestine saß. Er versuchte erneut, sie zu küssen.

Sie stand auf und streckte die Hände aus. »Wollen wir tanzen?«

Er schaute sie überrascht an. »Tanzen?«

»Das bringt dich in Schwung. Oder ... tanzt du etwa nicht?«

»Eigentlich nicht.«

»Warum nicht?«

»Warum nicht? Weil wir immer so getanzt haben.« Er schloß die Augen und nickte mit dem Kopf, als versuchte er mit der Stirn einen Nagel einzuschlagen.

Sie schleuderte ihre Schuhe von sich.

»Wir haben immer so getanzt. Ich zeig's dir.« Sie blickte ihn an. »Zieh den aus.«

»Was denn?«

»Dieses dumme Ding.«

Sie zog seinen Schal fort, schob die Stühle an die Wand, legte einen Walzer von Chopin auf, nahm seine Hand und legte die andere Hand auf seinen Rücken. Er blickte selbst dann noch auf ihre tanzenden Füße, wenn er darauf trat, aber sie beklagte sich nicht. Sanft, doch mit festem Griff, drehte sie ihn im Zimmer herum, bis ihm schwindlig wurde und ihr Haar ihn im Gesicht kitzelte. Und so oft er aufsah, schaute sie ihm in die Augen. Jedesmal, wenn sie das Zimmer durchquert hatten, trabte sie stets aufs neue amüsiert mit ihm zurück, fest entschlossen, ihm das Tanzen beizubringen, und zutiefst davon überzeugt, daß es zu seinem Nutzen sein würde.

»Du brauchst noch ein wenig Übung«, sagte sie schließlich. Keuchend und lachend fiel er in einen Sessel. »Doch wer weiß, nach einer Woche könntest du vielleicht schon als Gigolo arbeiten.«

Es war Mitternacht. Celestine kam nackt aus dem Bad, eine Zigarette in der Hand. Sie stieg ins Bett und legte sich neben ihn. Er mußte daran denken, wie die Firma in New York einmal eine weiße Limousine zum Flughafen geschickt hatte. Während er Whisky trank, fernsah und die Limo über den Hudson nach Manhattan fuhr, hatte er sich nichts sehnlicher gewünscht, als daß seine Freunde ihn sehen könnten.

Sie fiel wie wild über ihn her, und die Erde bebte – entweder das oder die beiden Einzelbetten, in deren Mitte er lag, rutschten auseinander. Er streckte die Arme aus, um sie zusammenzuhalten, doch mit jedem neuen Ruck wurde sein Kopf tiefer in den Spalt zwischen den Betten gezwängt. Er glaubte, ihm würden die Ohren abgerissen. Jeden Augenblick würden sie beide krachend auf dem Boden landen.

Er rollte sie hinüber auf eines der Betten. Dann setzte er sich auf und zeigte ihr, was beinahe passiert wäre. Sie fing an zu lachen; sie konnte nicht aufhören.

Der Gaszähler tickte; sie döste. Nie hatte er neben einem schöneren Gesicht gelegen. Er fragte sich, was Nicola in jener Nacht neben Celestines Vater gedacht haben mochte. Zuneigung, Aufmerksamkeit, ernste Gespräche, Ehrlichkeit, Ablenkung. Gab er ihr das? Konnten sie das einander geben – und ein Kind erwarten?

Celestine stieß ihn an und versuchte, ihm etwas ins Ohr zu flüstern.

»Was willst du?« fragte er. Dann »quatsch… nein… nein.«

»Doch, Bill.«

Er hielt sich für jemanden, der alles ausprobieren würde. Ein blaues Auge wäre jedenfalls eine eindeutige Botschaft an ihren

Vater. Sie lächelte, als er die Hand hob.

»Ich habe deine Schläge verdient.«

»Die hat niemand verdient.«

»Doch … ich schon.«

In jener Nacht pries er in dem eisigen Zimmer ihre Schönheit und ihren Verstand; er tat alles, worum sie ihn bat und so oft sie es wollte – noch nie hatte er so lange geküßt –, bis er vergaß, wo er war, wer sie beide waren, bis es nichts mehr gab, was sie wollten, und nur noch seliger Frieden herrschte.

Er stand auf und zog sich an. Er zitterte. Er wollte sich waschen, er roch nach ihr, aber ein kaltes Bad würde er nicht über sich bringen.

»Warum gehst du?« Sie sprang auf und hielt ihn fest. »Bleib, bleib, ich bin noch nicht fertig mit dir.«

Er zog seinen Mantel an und ging ins Wohnzimmer. Ohne sich noch einmal umzusehen, eilte er nach draußen und lief die Treppen hinunter, zog an der Haustür und rechnete damit, die kühle, feuchte Nachtluft zu spüren. Doch die Tür blieb zu. Er hatte es vergessen: Die Tür war abgeschlossen. Er stand einfach nur da.

Wieder oben hatte sie sich den Pelzmantel übergeworfen und schaute aus dem Fenster.

»Den Schlüssel«, sagte er.

»Ein alter Mann«, rief sie lachend. »Das bist du.«

Sie begleitete ihn barfuß die Treppe hinunter. Als sie die Tür aufschloß, murmelte er: »Wirst du deinem Vater sagen, daß du mich kennengelernt hast?«

»Warum das denn?«

Er berührte ihr Gesicht. Sie zuckte zurück. »Du solltest das behandeln lassen«, sagte er. »Ich habe ihn einmal getroffen. Er kennt meine Frau.«

»Ich sehe ihn kaum noch«, sagte sie.

Sie streckte die Arme aus, und sie tanzten einige Schritte durch den Flur. Diesmal kam er besser zurecht. Er ging hinaus auf die Straße. Taxis fuhren an ihm vorbei, aber er ließ sie fahren. Er ging weiter. Der Regen tröstete ihn. Er warf den Kopf in den Nacken und sah zum Himmel auf, und ihm war, als könnte er das Glück nicht verstehen, als würde alles herunterkommen, als könne nichts begriffen, sondern nur gelebt werden.

Thomas Mann
Der Bajazzo

Nach allem zum Schluß und als würdiger Ausgang, in der Tat, alles dessen ist es nun der Ekel, den mir das Leben – mein Leben –, den mir ›alles das‹ und ›das Ganze‹ einflößt, dieser Ekel, der mich würgt, mich aufjagt, mich schüttelt und wieder niederwirft und der mir vielleicht über kurz oder lang einmal die notwendige Schwungkraft geben wird, die ganze lächerliche und nichtswürdige Angelegenheit überm Knie zu zerbrechen und mich auf und davon zu machen. Sehr möglich immerhin, daß ich es noch diesen und den anderen Monat treibe, daß ich noch ein Viertel- oder Halbjahr fortfahre zu essen, zu schlafen und mich zu beschäftigen, – in derselben mechanischen, wohlgeregelten und ruhigen Art, in der mein äußeres Leben während dieses Winters verlief und die mit dem wüsten Auflösungsprozeß meines Innern in entsetzlichem Widerstreite stand. Scheint es nicht, daß die inneren Erlebnisse eines Menschen desto stärker und angreifender sind, je degagierter, weltfremder und ruhiger er äußerlich lebt? Es hilft nichts: man muß leben; und wenn du dich wehrst, ein Mensch der Aktion zu sein, und dich in die friedlichste Einöde zurückziehst, so werden die Wechselfälle des Daseins dich innerlich überfallen, und du wirst deinen Charakter in ihnen zu bewähren haben, seiest du nun ein Held oder ein Narr.

Ich habe mir dies reinliche Heft bereitet, um meine ›Geschichte‹ darin zu erzählen: warum eigentlich? Vielleicht, um überhaupt etwas zu tun zu haben? Aus Lust am Psychologischen vielleicht und um mich an der Notwendigkeit alles dessen zu laben? Die Notwendigkeit ist so tröstlich! Vielleicht auch, um auf Augenblicke eine Art von Überlegenheit über mich selbst und etwas wie Gleichgültigkeit zu genießen? – Denn Gleichgültigkeit, ich weiß, das wäre eine Art von Glück.

1

Sie liegt so weit dahinten, die kleine, alte Stadt mit ihren schmalen, winkeligen und giebeligen Straßen, ihren gotischen Kirchen und Brunnen, ihren betriebsamen, soliden und einfachen Menschen und dem großen, altersgrauen Patrizierhause, in dem ich aufgewachsen bin.

Das lag inmitten der Stadt und hatte vier Generationen von vermögenden und angesehenen Kaufleuten überdauert. »Ora et labora« stand über der Haustür, und wenn man von der weiten, steinernen Diele, um die sich oben eine Galerie aus weißlackiertem Holze zog, die breite Treppe hinangestiegen war, so mußte man noch einen weitläufigen Vorplatz und eine kleine, dunkle Säulenhalle durchschreiten, um durch eine der hohen, weißen Türen in das Wohnzimmer zu gelangen, wo meine Mutter am Flügel saß und spielte.

Sie saß im Dämmerlicht, denn vor den Fenstern befanden sich schwere, dunkelrote Vorhänge; und die weißen Götterfiguren der Tapete schienen plastisch aus ihrem blauen Hintergrund hervorzutreten und zu lauschen auf diese schweren, tiefen Anfangstöne eines Chopin'schen Notturnos, das sie vor allem liebte und stets sehr langsam spielte, wie um die Melancholie eines jeden Akkordes auszugenießen. Der Flügel war alt und hatte an Klangfülle eingebüßt, aber mit dem Pianopedal, welches die hohen Töne so verschleierte, daß sie an mattes Silber erinnerten, konnte man die seltsamsten Wirkungen erzielen.

Ich saß auf dem massigen, steiflehnigen Damastsofa und lauschte und betrachtete meine Mutter. Sie war klein und zart gebaut und trug meistens ein Kleid aus weichem, hellgrauem Stoff. Ihr schmales Gesicht war nicht schön, aber es war unter dem gescheitelten, leichtgewellten Haar von schüchternem Blond wie ein stilles, zartes, verträumtes Kinderantlitz, und wenn sie, den Kopf ein wenig zur Seite geneigt, am Klaviere saß, so glich sie den kleinen, rührenden Engeln, die sich auf alten Bildern oft zu Füßen der Madonna mit der Gitarre bemühen.

Als ich klein war, erzählte sie mir mit ihrer leisen und zurückhaltenden Stimme oft Märchen, wie sonst niemand sie kannte; oder sie legte auch einfach ihre Hände auf meinen Kopf, der in ihrem Schoße lag, und saß schweigend und unbeweglich. Mich dünkt, das waren die glücklichsten und friedevollsten Stunden meines Lebens. – Ihr Haar wurde nicht grau, und sie schien mir nicht älter zu werden; ihre Gestalt ward nur beständig zarter und ihr Gesicht schmaler, stiller und verträumter.

Mein Vater aber war ein großer und breiter Herr in feinem schwarzen Tuchrock und weißer Weste, auf der ein goldenes Binokel hing. Zwischen seinen kurzen, eisgrauen Koteletten trat das Kinn, das wie die Oberlippe glattrasiert war, rund und stark hervor, und zwischen seinen Brauen standen stets zwei tiefe, senkrechte Falten. Es war ein mächtiger Mann von großem Einfluß auf die öffentlichen Angelegenheiten; ich habe Menschen ihn mit fliegendem Atem und leuchtenden Augen verlassen sehen und andere, die gebrochen und ganz verzweifelt waren. Denn es geschah zuweilen, daß ich und auch wohl meine Mutter und meine beiden älteren Schwestern solchen Szenen beiwohnten; vielleicht, weil mein Vater mir Ehrgeiz einflößen wollte, es so weit in der Welt zu bringen wie er; vielleicht auch, wie ich argwöhne, weil er eines Publikums bedurfte. Er hatte eine Art, an seinen Stuhl gelehnt und die eine Hand in den Rockaufschlag geschoben, dem beglückten oder vernichteten Menschen nachzublicken, die mich schon als Kind diesen Verdacht empfinden ließ.

Ich saß in einem Winkel und betrachtete meinen Vater und meine Mutter, wie als ob ich wählte zwischen beiden und mich bedächte, ob in träumerischem Sinnen oder in Tat und Macht das Leben besser zu verbringen sei. Und meine Augen verweilten am Ende auf dem stillen Gesicht meiner Mutter.

Nicht daß ich in meinem äußeren Wesen ihr gleich gewesen wäre, denn meine Beschäftigungen waren zu einem großen Teile durchaus nicht still und geräuschlos. Ich denke an eine davon, die ich dem Verkehr mit Altersgenossen und ihren Arten von Spiel mit Leidenschaft vorzog und die mich noch jetzt, da ich beiläufig dreißig Jahre zähle, mit Heiterkeit und Vergnügen erfüllt.

Es handelte sich um ein großes und wohlausgestattetes Puppentheater, mit dem ich mich ganz allein in meinem Zimmer einschloß, um die merkwürdigsten Musikdramen darauf zur Aufführung zu bringen. Mein Zimmer, das im zweiten Stocke lag und in dem zwei dunkle Vorfahrenporträts mit Wallensteinbärten hingen, ward verdunkelt und eine Lampe neben das Theater gestellt; denn die künstliche Beleuchtung erschien zur Erhöhung der Stimmung erforderlich. Ich nahm unmittelbar vor der Bühne Platz, denn ich war der Kapellmeister, und meine linke Hand ruhte auf einer großen runden Pappschachtel, die das einzige sichtbare Orchesterinstrument ausmachte.

Es trafen nunmehr die mitwirkenden Künstler ein, die ich selbst mit Tinte und Feder gezeichnet, ausgeschnitten und mit Holzleisten versehen hatte, so daß sie stehen konnten. Es waren Herren in Überziehern und Zylindern und Damen von großer Schönheit.

»Guten Abend«, sagte ich, »meine Herrschaften! Wohlauf allerseits? Ich bin bereits zur Stelle, denn es waren noch einige Anordnungen zu treffen. Aber es wird an der Zeit sein, sich in die Garderoben zu begeben.«

Man begab sich in die Garderoben, die hinter der Bühne lagen, und man kehrte bald darauf gänzlich verändert und als bunte Theaterfiguren zurück, um sich durch das Loch, das ich in den Vorhang geschnitten hatte, über die Besetzung des Hauses zu unterrichten. Das Haus war in der Tat nicht übel besetzt, und ich gab mir das Klingelzeichen zum Beginn der Vorstellung, worauf ich den Taktstock erhob und ein Weilchen die große Stille genoß, die dieser Wink hervorrief. Alsbald jedoch ertönte auf eine neue Bewegung hin der ahnungsvoll dumpfe Trommelwirbel, der den Anfang der Ouvertüre bildete und den ich mit der linken Hand auf der Pappschachtel vollführte, – die Trompeten, Klarinetten und Flöten, deren Toncharakter ich mit dem Munde auf unvergleichliche Weise nachahmte, setzten ein, und die Musik spielte fort, bis bei einem machtvollen Crescendo der Vorhang emporrollte und in dunklem Wald oder prangendem Saal das Drama begann.

Es war vorher in Gedanken entworfen, mußte aber im einzelnen improvisiert werden, und was an leidenschaftlichen und süßen Gesängen erscholl, zu denen die Klarinetten trillerten und die Pappschachtel grollte, das waren seltsame, volltönende Verse, die voll großer und kühner Worte steckten und sich zuweilen reimten, einen verstandesmäßigen Inhalt jedoch selten ergaben. Die Oper aber nahm ihren Fortgang, während ich mit der linken Hand trommelte, mit dem Munde sang und musizierte und mit der Rechten nicht nur die darstellenden Figuren, sondern auch alles übrige aufs umsichtigste dirigierte, so daß nach den Aktschlüssen begeisterter Beifall erscholl, der Vorhang wieder und wieder sich öffnen mußte und es manchmal nötig war, daß der Kapellmeister sich auf seinem Sitze wendete und auf stolze zugleich und geschmeichelte Art in die Stube hinein dankte.

Wahrhaftig, wenn ich nach solch einer anstrengenden Aufführung mit heißem Kopf mein Theater zusammenpackte, so erfüllte mich eine glückliche Mattigkeit, wie ein starker Künstler sie empfinden muß, der ein Werk, an das er sein bestes Können gesetzt, siegreich vollendete. – Dieses Spiel blieb bis zu meinem dreizehnten oder vierzehnten Jahre meine Lieblingsbeschäftigung.

Wie verging doch meine Kindheit und Knabenzeit in dem großen Hause, in dessen unteren Räumen mein Vater seine Geschäfte leitete, während oben meine Mutter in einem Lehnsessel träumte oder leise und nachdenklich Klavier spielte und meine beiden Schwestern, die zwei und drei Jahre älter waren als ich, in der Küche und an den Wäscheschränken hantierten? Ich erinnere mich an so weniges.

Feststeht, daß ich ein ungeheuer muntrer Junge war, der bei seinen Mitschülern durch bevorzugte Herkunft, durch mustergültige Nachahmung der Lehrer, durch tausend Schauspielerstückchen und durch eine Art überlegener Redensarten sich Respekt und Beliebtheit zu verschaffen wußte. Beim Unterricht aber erging es mir übel, denn ich war zu tief beschäftigt damit, die Komik aus den Bewegungen der Lehrer herauszufinden, als daß ich auf das übrige hätte aufmerksam sein können, und zu Hause war mir der Kopf zu voll von Opernstoffen, Versen und buntem Unsinn, als daß ich ernstlich imstande gewesen wäre, zu arbeiten.

»Pfui«, sagte mein Vater, und die Falten zwischen seinen Brauen vertieften sich, wenn ich ihm nach dem Mittagessen mein Zeugnis ins Wohnzimmer gebracht und er das Papier, die Hand im Rockaufschlag, durchlesen hatte. – »Du machst mir wenig Freude, das ist wahr. Was soll aus dir werden, wenn du die Güte haben willst, mir das zu sagen? Du wirst im Leben niemals an die Oberfläche gelangen.«

Das war betrübend; allein es hinderte nicht, daß ich bereits nach dem Abendessen den Eltern und Schwestern ein Gedicht vorlas, das ich während des Nachmittags geschrieben. Mein Vater lachte dabei, daß sein Pincenez auf der weißen Weste hin und her sprang. – »Was für Narrenpossen!« rief er einmal über das andere. Meine Mutter aber zog mich zu sich, strich mir das Haar aus der Stirn und sagte: »Es ist gar nicht schlecht, mein Junge, ich finde, daß ein paar hübsche Stellen darin sind.«

Später, als ich noch ein wenig älter war, erlernte ich auf eigene Hand eine Art von Klavierspiel. Ich begann damit, in Fis-Dur Akkorde zu greifen, weil ich die schwarzen Tasten besonders reizvoll fand, suchte mir Übergänge zu anderen Tonarten und gelangte allmählich, da ich lange Stunden am Flügel verbrachte, zu einer gewissen Fertigkeit im takt- und melodielosen Wechsel von Harmonien, wobei ich in dies mystische Gewoge so viel Ausdruck legte wie nur immer möglich.

Meine Mutter sagte: »Er hat einen Anschlag, der Geschmack verrät.« Und sie veranlaßte, daß ich Unterricht erhielt, der während eines halben Jahres fortgesetzt wurde, denn ich war wirklich nicht dazu angetan, den gehörigen Fingersatz und Takt zu erlernen. – Nun, die Jahre vergingen, und ich wuchs trotz der Sorgen, die mir die Schule bereitete, ungemein fröhlich heran. Ich bewegte mich heiter und beliebt im Kreise meiner Bekannten und Verwandten, und ich war gewandt und liebenswürdig aus Lust daran, den Liebenswürdigen zu spielen, obgleich ich alle diese Leute, die trocken und phantasielos waren, aus einem Instinkt heraus zu verachten begann.

4

Eines Nachmittags, als ich etwa achtzehn Jahre alt war und an der Schwelle der hohen Schulklassen stand, belauschte ich ein kurzes Zwiegespräch zwischen meinen Eltern, die im Wohnzimmer an dem runden Sofatisch beisammensaßen und nicht wußten, daß ich im anliegenden Speisezimmer tatenlos im Fenster lag und über den Giebelhäusern den blassen Himmel betrachtete. Als ich meinen Namen verstand, trat ich leise an die weiße Flügeltür, die halb offenstand.

Mein Vater saß in seinen Sessel zurückgelehnt, ein Bein über das andere geschlagen, und hielt mit der einen Hand das Börsenblatt auf den Knien, während er mit der anderen langsam zwischen den Koteletten sein Kinn streichelte. Meine Mutter saß auf dem

Sofa und hatte ihr stilles Gesicht über eine Stickerei geneigt. Die Lampe stand zwischen beiden.

Mein Vater sagte: »Ich bin der Meinung, daß wir ihn demnächst aus der Schule entfernen und in ein großangelegtes Geschäft in die Lehre tun.«

»Oh«, sagte meine Mutter ganz betrübt und blickte auf. »Ein so begabtes Kind!«

Mein Vater schwieg einen Augenblick, während er mit Sorgfalt eine Staubfaser von seinem Rocke blies. Dann hob er die Achseln empor, breitete die Arme aus, indem er meiner Mutter beide Handflächen entgegenhielt, und sagte:

»Wenn du annimmst, meine Liebe, daß zu der Tätigkeit eines Kaufmanns keinerlei Begabung gehört, so ist diese Auffassung eine irrige. Andererseits bringt es der Junge, wie ich zu meinem Leidwesen mehr und mehr erkennen muß, auf der Schule schlechterdings zu nichts. Seine Begabung, von der du sprichst, ist eine Art von Bajazzobegabung, wobei ich mich beeile, hinzuzufügen, daß ich dergleichen durchaus nicht unterschätze. Er kann liebenswürdig sein, wenn er Lust hat, er versteht es, mit den Leuten umzugehen, sie zu amüsieren, ihnen zu schmeicheln, er hat das Bedürfnis, ihnen zu gefallen und Erfolge zu erzielen; mit derartiger Veranlagung hat bereits mancher sein Glück gemacht, und mit ihr ist er angesichts seiner sonstigen Indifferenz zum Handelsmann größeren Stils relativ geeignet.«

Hier lehnte mein Vater sich befriedigt zurück, nahm eine Zigarette aus dem Etui und setzte sie langsam in Brand.

»Du hast sicherlich recht«, sagte meine Mutter und blickte wehmütig im Zimmer umher. »Ich habe nur oftmals geglaubt und gewissermaßen gehofft, es könne einmal ein Künstler aus ihm werden … Es ist wahr, auf sein musikalisches Talent, das unausgebildet geblieben ist, darf wohl kein Gewicht gelegt werden; aber hast du bemerkt, daß er sich neuerdings, seitdem er die kleine Kunstausstellung besuchte, ein wenig mit Zeichnen beschäftigt? Es ist gar nicht schlecht, dünkt mich …«

Mein Vater blies den Rauch von sich, setzte sich im Sessel zurecht und sagte kurz:

»Das alles ist Clownerie und Blague. Im übrigen kann man, wie billig, ihn selbst ja nach seinen Wünschen fragen.«

Nun, was sollte wohl ich für Wünsche haben? Die Aussicht auf Veränderung meines äußeren Lebens wirkte durchaus erheiternd auf mich, er erklärte sich ernsten Angesichts bereit, die Schule zu verlassen, um Kaufmann zu werden, und trat in das große Holzgeschäft des Herrn Schlievogt, unten am Fluß, als Lehrling ein.

5

Die Veränderung war ganz äußerlich, das versteht sich. Mein Interesse für das große Holzgeschäft des Herrn Schlievogt war ungemein geringfügig, und ich saß auf meinem Drehsessel unter der Gasflamme in dem engen und dunklen Kontor so fremd und abwesend wie ehemals auf der Schulbank. Ich hatte weniger Sorgen nunmehr; darin bestand der Unterschied.

Herr Schlievogt, ein beleibter Mensch mit rotem Gesicht und grauem, hartem Schifferbart, kümmerte sich wenig um mich, da er sich meistens in der Sägemühle aufhielt, die ziemlich weit von Kontor und Lagerplatz entfernt lag, und die Angestellten des Geschäftes behandelten mich mit Respekt. In freundschaftlichem Verkehr stand ich nur mit einem von ihnen, einem begabten und vergnügten jungen Menschen aus guter Familie, den ich auf der Schule bereits gekannt hatte und der übrigens Schilling hieß. Er mokierte sich gleich mir über alle Welt, legte jedoch nebenher ein eifriges Interesse für den Holzhandel an den Tag und verfehlte an keinem Tage, den bestimmten Vorsatz zu äußern, auf irgendeine Weise ein reicher Mann zu werden.

Ich meinesteils erledigte mechanisch meine notwendigen Angelegenheiten, um im übrigen auf dem Lagerplatz zwischen den Bretterstapeln und den Arbeitern umherzuschlendern, durch das hohe Holzgitter den Fluß zu betrachten, an dem dann und wann ein Güterzug vorüberrollte, und dabei an eine Theateraufführung oder an ein Konzert zu denken, dem ich beigewohnt, oder an ein Buch, das ich gelesen.

Ich las viel, las alles, was mir erreichbar war, und meine Eindrucksfähigkeit war groß. Jede dichterische Persönlichkeit verstand ich mit dem Gefühl, glaubte in ihr mich selbst zu erkennen und dachte und empfand so lange in dem Stile eines Buches, bis ein neues seinen Einfluß auf mich ausgeübt hatte. In meinem Zimmer, in dem ich ehemals mein Puppentheater aufgebaut hatte, saß ich nun mit einem Buch auf den Knien und blickte zu den beiden Vorfahrenbildern empor, um den Tonfall der Sprache nachzugenießen, der ich mich hingegeben hatte, während ein unfruchtbares Chaos von halben Gedanken und Phantasiebildern mich erfüllte …

Meine Schwestern hatten sich kurz nacheinander verheiratet, und ich ging, wenn ich nicht im Geschäft war, oft ins Wohnzimmer hinunter, wo meine Mutter, die ein wenig kränkelte und deren Gesicht stets kindlicher und stiller wurde, nun meistens ganz einsam saß. Wenn sie mir Chopin vorgespielt und ich ihr einen neuen Einfall von Harmonieverbindung gezeigt hatte, fragte sie mich wohl, ob ich zufrieden in meinem Berufe und glücklich sei …

Kein Zweifel, daß ich glücklich war.

Ich war nicht viel älter als zwanzig Jahre, meine Lebenslage war nichts als provisorisch, und der Gedanke war mir nicht fremd, daß ich ganz und gar nicht gezwungen sei, mein Leben bei Herrn Schlievogt oder in einem Holzgeschäfte noch größeren Stils zu verbringen, daß ich mich eines Tages frei machen könne, um die giebelige Stadt zu verlassen und irgendwo in der Welt meinen Neigungen zu leben: gute und feingeschriebene Romane zu lesen, ins Theater zu gehen, ein wenig Musik zu machen …

Glücklich? Aber ich speiste vorzüglich, ich ging aufs beste gekleidet, und früh bereits, wenn ich etwa während meiner Schulzeit gesehen hatte, wie arme und schlecht gekleidete Kameraden sich gewohnheitsmäßig duckten und mich und meinesgleichen mit einer Art schmeichlerischer Scheu willig als Herren und Tonangebende anerkannten, war ich mir mit Heiterkeit bewußt gewesen, daß ich zu den Oberen, Reichen, Beneideten gehörte, die nun einmal das Recht haben, mit wohlwollender Verachtung auf die Armen, Unglücklichen und Neider hinabzublicken. Wie sollte ich nicht glücklich sein? Mochte alles seinen Gang gehen. Fürs erste hatte es seinen Reiz, sich fremd, überlegen und heiter unter diesen Verwandten und Bekannten zu bewegen, über deren Begrenztheit ich mich mokierte, während ich ihnen, aus Lust daran, zu gefallen, mit gewandter Liebenswürdigkeit begegnete und mich wohlgefällig in dem unklaren Respekte sonnte, den alle diese Leute vor meinem Sein und Wesen erkennen ließen, weil sie mit Unsicherheit etwas Oppositionelles und Extravagantes darin vermuteten.

6

Es begann eine Veränderung mit meinem Vater vor sich zu gehen. Wenn er um vier Uhr zu Tische kam, so schienen die Falten zwischen seinen Brauen täglich tiefer, und er schob nicht mehr mit einer imposanten Gebärde die Hand in den Rockaufschlag, sondern zeigte ein gedrücktes, nervöses und scheues Wesen. Eines Tages sagte er zu mir:
»Du bist alt genug, die Sorgen, die meine Gesundheit untergraben, mit mir zu teilen. Übrigens habe ich die Verpflichtung, dich mit ihnen bekannt zu machen, damit du dich über deine künftige Lebenslage keinen falschen Erwartungen hingibst. Du weißt, daß die Heiraten deiner Schwestern beträchtliche Opfer gefordert haben. Neuerdings hat die Firma Verluste erlitten, welche geeignet waren, das Vermögen erheblich zu reduzieren. Ich bin ein alter Mann, fühle mich entmutigt und glaube nicht, daß an der Sachlage Wesentliches zu ändern sein wird. Ich bitte dich, zu bemerken, daß du auf dich selbst gestellt sein wirst...«
Dies sprach er zwei Monate etwa vor seinem Tode. Eines Tages

fand man ihn gelblich, gelähmt und lallend in dem Armsessel seines Privatkontors, und eine Woche darauf nahm die ganze Stadt an seinem Begräbnis teil.

Meine Mutter saß zart und still auf dem Sofa an dem runden Tische im Wohnzimmer, und ihre Augen waren meist geschlossen. Wenn meine Schwestern und ich uns um sie bemühten, so nickte sie vielleicht und lächelte, worauf sie fortfuhr, zu schweigen und regungslos, die Hände im Schoße gefaltet, mit einem großen, fremden und traurigen Blick eine Götterfigur der Tapete zu betrachten. Wenn die Herren in Gehröcken kamen, um über den Verlauf der Liquidation Bericht zu erstatten, so nickte sie gleichfalls und schloß aufs neue die Augen.

Sie spielte nicht mehr Chopin, und wenn sie hie und da leise über den Scheitel strich, so zitterte ihre blasse, zarte und müde Hand. Kaum ein halbes Jahr nach meines Vaters Tode legte sie sich nieder, und sie starb, ohne einen Wehelaut, ohne einen Kampf um ihr Leben …

Nun war das alles zu Ende. Was hielt mich eigentlich am Orte? Die Geschäfte waren erledigt worden, gehe es gut oder schlecht, es ergab sich, daß auf mich ein Erbteil von ungefähr hunderttausend Mark gefallen war, und das genügte, um mich unabhängig zu machen – von aller Welt, um so mehr, als man mich aus irgendeinem gleichgültigen Grunde für militäruntüchtig erklärt hatte.

Nichts verband mich länger mit den Leuten, zwischen denen ich aufgewachsen war, deren Blicke mich stets fremder und erstaunter betrachteten und deren Weltanschauung zu einseitig war, als daß ich geneigt gewesen wäre, mich ihr zu fügen. Zugegeben, daß sie mich richtig kannten, und zwar als ausgemacht unnützlichen Menschen, so kannte auch ich mich. Aber skeptisch und fatalistisch genug, um – mit dem Worte meines Vaters – meine »Bajazzobegabung« von der heiteren Seite zu nehmen, und fröhlich gewillt, das Leben auf meine Art zu genießen, fehlte mir nichts an Selbstzufriedenheit.

Ich erhob mein kleines Vermögen, und beinahe ohne mich zu

verabschieden, verließ ich die Stadt, um mich vorerst auf Reisen zu begeben.

7

Dieser drei Jahre, die nun folgten und in denen ich mich mit begieriger Empfänglichkeit tausend neuen, wechselnden, reichen Eindrücken hingab, erinnere ich mich wie eines schönen, fernen Traumes. Wie lange ist es her, daß ich bei den Mönchen auf dem Simplon zwischen Schnee und Eis ein Neujahrsfest verbrachte; daß ich zu Verona über die Piazza Erbe schlenderte; daß ich vom Borgo San Spirito aus zum ersten Male unter die Kolonnaden von Sankt Peter trat und meine eingeschüchterten Augen sich auf dem ungeheuren Platze verloren; daß ich vom Corso Vittorio Emanuele über das weißschimmernde Neapel hinabblickte und fern im Meere die graziöse Silhouette von Capri in blauem Dunst verschwimmen sah ... Es sind in Wirklichkeit sechs Jahre und nicht viel mehr.

Oh, ich lebte vollkommen vorsichtig und meinen Verhältnissen entsprechend: in einfachen Privatzimmern, in wohlfeilen Pensionen; – bei dem häufigen Ortswechsel aber, und weil es mir anfangs schwerfiel, mich meiner gutbürgerlichen Gewohnheiten zu entwöhnen, waren größere Ausgaben gleichwohl nicht zu vermeiden. Ich hatte mir für die Zeit meiner Wanderungen fünfzehntausend Mark meines Kapitals ausgesetzt; diese Summe freilich ward überschritten.

Übrigens befand ich mich wohl unter den Leuten, mit denen ich unterwegs hier und da in Berührung kam, uninteressierte und sehr interessante Existenzen oft, denen ich allerdings nicht wie meiner ehemaligen Umgebung ein Gegenstand des Respektes war, aber von denen ich auch keine befremdeten Blicke und Fragen zu befürchten hatte.

Mit meiner Art von gesellschaftlicher Begabung erfreute ich mich in Pensionen zuweilen aufrichtiger Beliebtheit bei der übrigen

Reisegesellschaft, – wobei ich mich einer Szene im Salon der Pension Minelli zu Palermo erinnere. In einem Kreise von Franzosen verschiedenen Alters hatte ich am Pianino von ungefähr begonnen, mit großem Aufwand von tragischem Mienenspiel, deklamierendem Gesang und rollenden Harmonien ein Musikdrama »von Richard Wagner« zu improvisieren, und ich hatte soeben unter ungeheurem Beifall geschlossen, als ein alter Herr auf mich zueilte, der beinahe kein Haar mehr auf dem Kopfe hatte und dessen weiße, spärliche Koteletten auf seine graue Reisejoppe hinabflatterten. Er ergriff meine beiden Hände und rief mit Tränen in den Augen:

»Aber das ist erstaunlich! Das ist erstaunlich, mein teurer Herr! Ich schwöre Ihnen, daß ich mich seit dreißig Jahren nicht mehr so köstlich unterhalten habe! Ah, Sie gestatten, daß ich Ihnen aus vollem Herzen danke, nicht wahr! Aber es ist nötig, daß Sie Schauspieler oder Musiker werden!«

Es ist wahr, daß ich bei solchen Gelegenheiten etwas von dem genialen Übermut eines großen Malers empfand, der im Freundeskreise sich herbeiließ, eine lächerliche zugleich und geistreiche Karikatur auf die Tischplatte zu zeichnen. Nach dem Diner aber begab ich mich allein in den Salon zurück und verbrachte eine einsame und wehmütige Stunde damit, dem Instrumente getragene Akkorde zu entlocken, in die ich die Stimmung zu legen glaubte, die der Anblick Palermos in mir erweckte.

Ich hatte von Sizilien aus Afrika ganz flüchtig berührt, war alsdann nach Spanien gegangen, und dort, in der Nähe von Madrid, auf dem Lande war es, im Winter, an einem trüben, regnerischen Nachmittage, als ich zum ersten Male den Wunsch empfand, nach Deutschland zurückzukehren, – und die Notwendigkeit obendrein. Denn abgesehen davon, daß ich begann, mich nach einem ruhigen, geregelten und ansässigen Leben zu sehnen, war es nicht schwer, mir auszurechnen, daß bis zu meiner Ankunft in Deutschland bei aller Einschränkung zwanzigtausend Mark verausgabt sein würden.

Ich zögerte nicht allzulange, den langsamen Rückweg durch

Frankreich anzutreten, auf den ich bei längerem Aufenthalt in einzelnen Städten annähernd ein halbes Jahr verwendete, und ich erinnere mich mit wehmütiger Deutlichkeit des Sommerabends, an dem ich in den Bahnhof der mitteldeutschen Residenzstadt einfuhr, die ich mir beim Beginn meiner Reise bereits ausersehen hatte, – ein wenig unterrichtet nunmehr, mit einigen Erfahrungen und Kenntnissen versehen und ganz voll von einer kindlichen Freude, mir hier, in meiner sorglosen Unabhängigkeit und gern meinen bescheidenen Mitteln gemäß, nun ein ungestörtes und beschauliches Dasein gründen zu können.

Damals war ich fünfundzwanzig Jahre alt.

8

Der Platz war nicht übel gewählt. Es ist eine ansehnliche Stadt, noch ohne allzu lärmenden Großstadttrubel und allzu anstößiges Geschäftstreiben, mit einigen ziemlich beträchtlichen alten Plätzen andererseits und einem Straßenleben, das weder der Lebhaftigkeit noch zum Teile der Eleganz entbehrt. Die Umgebung besitzt mancherlei angenehme Punkte; aber ich habe stets die geschmackvoll angelegte Promenade bevorzugt, die sich auf dem ›Lerchenberge‹ hinzieht, einem schmalen und langgestreckten Hügel, an den ein großer Teil der Stadt sich lehnt und von dem man einen weiten Ausblick über Häuser, Kirchen und den weich geschlängelten Fluß hinweg ins Freie genießt. An einigen Punkten, und besonders, wenn an schönen Sommernachmittagen eine Militärkapelle konzertiert und Equipagen und Spaziergänger sich hin und her bewegen, wird man dort an den Pincio erinnert. – Aber ich werde diese Promenade noch zu erwähnen haben …

Niemand glaubt, mit welchem umständlichen Vergnügen ich mir das geräumige Zimmer herrichtete, das ich nebst anstoßender Schlafkammer etwa inmitten der Stadt, in belebter Gegend gemietet hatte. Die elterlichen Möbel waren zwar zum größten

Teil in den Besitz meiner Schwestern übergegangen, indessen war mir immerhin zugefallen, was ich gebrauchte: stattliche und gediegene Dinge, die zusammen mit meinen Büchern und den beiden Vorfahrenporträts eintrafen; vor allem aber der alte Flügel, den meine Mutter für mich bestimmt hatte.

In der Tat, als alles aufgestellt und geordnet war, als die Photographien, die ich auf Reisen gesammelt, alle Wände sowie den schweren Mahagonischreibtisch und die bauchige Kommode schmückten, und als ich mich, fertig und geborgen, in einem Lehnsessel am Fenster niederließ, um abwechselnd die Straßen draußen und meine neue Wohnung zu betrachten, war mein Behagen nicht gering. Und dennoch – ich habe diesen Augenblick nicht vergessen –, dennoch regte sich neben Zufriedenheit und Vertrauen sacht etwas anderes in mir, irgendein kleines Gefühl von Ängstlichkeit und Unruhe, das leise Bewußtsein irgendeiner Art von Empörung und Auflehnung meinerseits gegen eine drohende Macht ... der leicht bedrückende Gedanke, daß meine Lage, die bislang niemals mehr als etwas Vorläufiges gewesen war, nunmehr zum ersten Male als definitiv und unabänderlich betrachtet werden mußte ...

Ich verschweige nicht, daß diese und ähnliche Empfindungen sich hie und da wiederholten. Aber sind die gewissen Nachmittagsstunden überhaupt zu vermeiden, in denen man hinaus in die wachsende Dämmerung und vielleicht in einen langsamen Regen blickt und das Opfer trübseherischer Anwandlungen wird? In jedem Falle stand fest, daß meine Zukunft vollkommen gesichert war. Ich hatte die runde Summe von achtzigtausend Mark der städtischen Bank vertraut, die Zinsen betrugen – mein Gott, die Zeiten sind schlecht! – etwa sechshundert Mark für das Vierteljahr und gestatteten mir also, anständig zu leben, mich mit Lektüre zu versehen, hier und da ein Theater zu besuchen, – ein bißchen leichteren Zeitvertreibs nicht ausgeschlossen.

Meine Tage vergingen fortab in Wirklichkeit dem Ideale gemäß, das von jeher mein Ziel gewesen war. Ich erhob mich etwa um zehn Uhr, frühstückte und verbrachte die Zeit bis zum Mittage am Klavier und mit der Lektüre einer literarischen Zeitschrift oder eines Buches. Dann schlenderte ich die Straße hinauf zu dem kleinen Restaurant, in dem ich mit Regelmäßigkeit verkehrte, speiste und machte darauf einen längeren Spaziergang durch die Straßen, durch eine Galerie, in die Umgegend, auf den Lerchenberg. Ich kehrte nach Hause zurück und nahm die Beschäftigungen des Vormittags wieder auf: ich las, musizierte, unterhielt mich manchmal sogar mit einer Art von Zeichenkunst oder schrieb mit Sorgfalt einen Brief. Wenn ich mich nach dem Abendessen nicht in ein Theater oder ein Konzert begab, so hielt ich mich im Café auf und las bis zum Schlafengehen die Zeitungen. Der Tag aber war gut und schön gewesen, er hatte einen beglückenden Inhalt gehabt, wenn mir am Klaviere ein Motiv gelungen war, das mir neu und schön erschien, wenn ich aus der Lektüre einer Novelle, aus dem Anblick eines Bildes eine zarte und anhaltende Stimmung davongetragen hatte ...

Übrigens unterlasse ich es nicht, zu sagen, daß ich in meinen Dispositionen mit einer gewissen Idealität zu Werke ging und daß ich mit Ernst darauf bedacht war, meinen Tagen so viel ›Inhalt‹ zu geben wie nur immer möglich. Ich speiste bescheiden, hielt mir in der Regel nur einen Anzug, kurz, schränkte meine leiblichen Bedürfnisse mit Vorsicht ein, um andererseits in der Lage zu sein, für einen guten Platz in der Oper oder im Konzert einen hohen Preis zu zahlen, mir neue literarische Erscheinungen zu kaufen, diese oder jene Kunstausstellung zu besuchen ...

Die Tage aber verstrichen, und es wurden Wochen und Monate daraus, – Langeweile? Ich gebe zu: es ist nicht immer ein Buch zur Hand, das einer Reihe von Stunden den Inhalt verschaffen könnte; übrigens hast du ohne jedes Glück versucht, auf dem Klavier zu phantasieren, du sitzest am Fenster, rauchst Zigaretten, und unwiderstehlich beschleicht dich ein Gefühl der Abneigung von aller Welt und dir selbst; die Ängstlichkeit befällt dich wieder, die übelbekannte Ängstlichkeit, und du springst auf und machst dich davon, um dir auf der Straße mit dem heiteren Achselzucken des Glücklichen die Berufs- und Arbeitsleute zu betrachten, die geistig und materiell zu unbegabt sind für Muße und Genuß.

9

Ist ein Siebenundzwanzigjähriger überhaupt imstande, an die endgültige Unabänderlichkeit seiner Lage, und sei diese Unabänderlichkeit nur zu wahrscheinlich, im Ernste zu glauben? Das Zwitschern eines Vogels, ein winziges Stück Himmelsblau, irgendein halber und verwischter Traum zur Nacht, alles ist geeignet, plötzliche Ströme von vager Hoffnung in sein Herz zu ergießen und es mit der festlichen Erwartung eines großen, unvorhergesehenen Glückes zu erfüllen… Ich schlenderte von einem Tag in den anderen, – beschaulich, ohne ein Ziel, beschäftigt mit dieser oder jener kleinen Hoffnung, handele es sich auch nur um den Tag der Herausgabe einer unterhaltenden Zeitschrift, mit der energischen Überzeugung, glücklich zu sein, und hin und wieder ein wenig müde vor Einsamkeit.

Wahrhaftig, die Stunden waren nicht gerade selten, in denen ein Unwille über Mangel an Verkehr und Gesellschaft mich ergriff, – denn ist es nötig, diesen Mangel zu erklären? Mir fehlte jede Verbindung mit der guten Gesellschaft und den ersten und zweiten Kreisen der Stadt; um mich bei der goldenen Jugend als fêtard einzuführen, gebrach es mir bei Gott an Mitteln, – und andererseits die Boheme? Aber ich bin ein Mensch von Erziehung, ich trage saubere Wäsche und einen heilen Anzug, und ich finde schlechterdings keine Lust darin, mit ungepflegten jungen Leuten an absinthklebrigen Tischen anarchistische Gespräche zu führen. Um kurz zu sein: es gab keinen bestimmten Gesellschaftskreis, dem ich mit Selbstverständlichkeit angehört hätte, und die Bekanntschaften, die sich auf eine oder die andere Weise von selbst ergaben, waren selten, oberflächlich und kühl, – durch mein eigenes Verschulden, wie ich zugebe, denn ich hielt mich auch in solchen Fällen mit einem Gefühl der Unsicherheit zurück und mit dem unangenehmen Bewußtsein, nicht einmal einem verbummelten Maler auf kurze, klare und Anerkennung erweckende Weise sagen zu können, wer und was ich eigentlich sei.

Übrigens hatte ich ja wohl mit der ›Gesellschaft‹ gebrochen und auf sie verzichtet, als ich mir die Freiheit nahm, ohne ihr in irgendeiner Weise zu dienen, meine eigenen Wege zu gehen, und wenn ich, um glücklich zu sein, der ›Leute‹ bedurft hätte, so mußte ich mir erlauben, mich zu fragen, ob ich in diesem Falle nicht zur Stunde damit beschäftigt gewesen wäre, mich als Geschäftsmann größeren Stils gemeinnützlich zu bereichern und mir den allgemeinen Neid und Respekt zu verschaffen.

Indessen – indessen! Die Tatsache bestand, daß mich meine philosophische Vereinsamung in viel zu hohem Grade verdroß und daß sie am Ende durchaus nicht mit meiner Auffassung von ›Glück‹ übereinstimmen wollte, mit meinem Bewußtsein, meiner Überzeugung, glücklich zu sein, deren Erschütterung doch – es bestand kein Zweifel – schlechthin unmöglich war. Nicht glücklich sein, unglücklich sein: aber war das überhaupt denkbar? Es war undenkbar, und mit diesem Entscheid war die Frage erledigt, bis aufs neue Stunden kamen, in denen mir dieses Für-sich-Sitzen, diese Zurückgezogenheit und Außerhalbstellung nicht in der Ordnung, durchaus nicht in der Ordnung erscheinen wollte und mich zum Erschrecken mürrisch machte.

›Mürrisch‹ – war das eine Eigenschaft des Glücklichen? Ich erinnerte mich meines Lebens daheim in dem beschränkten Kreise, in dem ich mich mit dem vergnügten Bewußtsein meiner genial-artistischen Veranlagung bewegt hatte, – gesellig, liebenswürdig, die Augen voll Heiterkeit, Mokerie und überlegenem Wohlwollen für alle Welt, im Urteil der Leute ein wenig verwunderlich und dennoch beliebt. Damals war ich glücklich gewesen, trotzdem ich in dem großen Holzgeschäfte des Herrn Schlievogt hatte arbeiten müssen; und nun? Und nun? …

Aber ein über die Maßen interessantes Buch ist erschienen, ein neuer französischer Roman, dessen Ankauf ich mir gestattet habe und den ich, behaglich im Lehnsessel, mit Muße genießen werde. Dreihundert Seiten, wieder einmal, voll Geschmack, Blague und auserlesener Kunst! Ah, ich habe mir mein Leben zu meinem Wohlgefallen eingerichtet! Bin ich vielleicht nicht glücklich? Eine Lächerlichkeit, diese Frage, und weiter nichts…

10

Wieder einmal ist ein Tag zu Ende, ein Tag, dem nicht abzusprechen ist, Gott sei Dank, daß er Inhalt hatte; der Abend ist da, die Vorhänge des Fensters sind geschlossen, auf dem Schreibtische brennt die Lampe, es ist beinahe schon Mitternacht. Man könnte zu Bette gehen, aber man verharrt halb liegend im Lehnsessel, und die Hände im Schoße gefaltet, blickt man zur Decke empor, um mit Ergebenheit das leise Graben und Zehren irgendeines halb unbestimmten Schmerzes zu verfolgen, der nicht hat verscheucht werden können.

Vor ein paar Stunden noch habe ich mich der Wirkung eines großen Kunstwerkes hingegeben, einer dieser ungeheuren und grausamen Schöpfungen, welche mit dem verderbten Pomp eines ruchlos genialen Dilettantismus rütteln, betäuben, peinigen, beseligen, niederschmettern… Meine Nerven beben noch, meine Phantasie ist aufgewühlt, seltene Stimmungen wogen in mir auf und nieder, Stimmungen von Sehnsucht, religiöser Inbrunst, Triumph, mystischem Frieden, – und ein Bedürfnis ist dabei, das sie stets aufs neue emportreibt, das sie heraustreiben möchte: das Bedürfnis, sie zu äußern, sie mitzuteilen, sie zu zeigen, »etwas daraus zu machen« …

Wie, wenn ich in der Tat ein Künstler wäre, befähigt, mich in Ton, Wort oder Bildwerk zu äußern, – am liebsten, aufrichtig gesprochen, in allem zu gleicher Zeit? – Aber es ist wahr, daß ich allerhand vermag! Ich kann, zum guten Beispiel, mich am Flügel niederlassen, um mir im stillen Kämmerlein meine schönen

Gefühle vollauf zum besten zu geben, und das sollte mir billig genügen; denn wenn ich, um glücklich zu sein, der ›Leute‹ bedürfte, – zugegeben dies alles! Allein gesetzt, daß ich auch auf den Erfolg ein wenig Wert legte, auf den Ruhm, die Anerkennung, das Lob, den Neid, die Liebe? … Bei Gott! Schon wenn ich mich an die Szene in jenem Salon zu Palermo erinnere, so muß ich zugeben, daß ein ähnlicher Vorfall in diesem Augenblick für mich eine unvergleichlich wohltuende Ermunterung bedeuten würde.

Wohlüberlegt, ich kann nicht umhin, mir diese sophistische und lächerliche Begriffsunterscheidung zu gestehen: die Unterscheidung zwischen innerem und äußerem Glück! – Das ›äußere Glück‹, was ist das eigentlich? – Es gibt eine Art von Menschen, Lieblingskinder Gottes, wie es scheint, deren Glück das Genie und deren Genie das Glück ist, Lichtmenschen, die mit dem Widerspiel und Abglanz der Sonne in ihren Augen auf eine leichte, anmutige und liebenswürdige Weise durchs Leben tändeln, während alle Welt sie umringt, während alle Welt sie bewundert, belobt, beneidet und liebt, weil auch der Neid unfähig ist, sie zu hassen. Sie aber blicken darein wie die Kinder, spöttisch, verwöhnt, launisch, übermütig, mit einer sonnigen Freundlichkeit, sicher ihres Glückes und Genies, und als könne das alles durchaus nicht anders sein …

Was mich betrifft, ich leugne die Schwäche nicht, daß ich zu diesen Menschen gehören möchte, und es will mich, gleichviel ob mit Recht oder Unrecht, immer aufs neue bedünken, als hätte ich einstmals zu ihnen gehört: vollkommen »gleichviel«, denn seien wir ehrlich: es kommt darauf an, für was man sich hält, für was man sich gibt, für was man die Sicherheit hat, sich zu geben!

Vielleicht verhält es sich in Wirklichkeit nicht anders, als daß ich auf dieses ›äußerliche Glück‹ verzichtet habe, indem ich mich dem Dienst der ›Gesellschaft‹ entzog und mir mein Leben ohne die ›Leute‹ einrichtete. An meiner Zufriedenheit aber damit ist, wie selbstverständlich, in keinem Augenblick zu zweifeln, kann nicht gezweifelt werden, darf nicht gezweifelt werden; – denn, um es zu wiederholen, und zwar mit einem verzweifelten Nachdruck zu wiederholen: Ich will und muß glücklich sein! Die Auffassung des ›Glückes‹ als eine Art von Verdienst, Genie, Vornehmheit, Liebenswürdigkeit, die Auffassung des ›Unglücks‹ als etwas Häßliches, Lichtscheues, Verächtliches und mit einem Worte Lächerliches ist mir zu tief eigentlich, als daß ich mich selbst noch zu achten vermöchte, wenn ich unglücklich wäre.

Wie dürfte ich mir gestatten, unglücklich zu sein? Welche Rolle müßte ich vor mir spielen? Müßte ich nicht als eine Art von Fledermaus oder Eule im Dunkeln hocken und neidisch zu den ›Lichtmenschen‹ hinüberblinzeln, den liebenswürdigen Glücklichen? Ich müßte sie hassen, mit jenem Haß, der nichts ist als eine vergiftete Liebe, – und mich verachten!

»Im Dunkeln hocken!« Ah, und mir fällt ein, was ich seit manchem Monat hin und wieder über meine ›Außerhalbstellung‹ und ›philosophische Vereinsamung‹ gedacht und gefühlt habe! Und die Angst meldet sich wieder, die übelbekannte Angst! Und das Bewußtsein irgendeiner Art von Empörung gegen eine drohende Macht …

– Unzweifelhaft, daß sich ein Trost fand, eine Ablenkung, eine Betäubung für dieses Mal und ein anderes und wiederum ein nächstes. Aber es kehrte wieder, alles dies, es kehrte tausendmal wieder im Laufe der Monate und der Jahre.

11

Es gibt Herbsttage, die wie ein Wunder sind. Der Sommer ist vorüber, draußen hat längst das Laub zu vergilben begonnen, und in der Stadt hat tagelang bereits der Wind um alle Ecken gepfiffen, während in den Rinnsteinen unreinliche Bäche sprudelten. Du hast dich darein ergeben, du hast dich sozusagen am Ofen bereit gesetzt, um den Winter über dich ergehen zu lassen; eines Morgens aber beim Erwachen bemerkst du mit ungläubigen Augen, daß ein schmaler Streif von leuchtendem Blau zwischen den Fenstervorhängen hindurch in dein Zimmer blitzt. Ganz erstaunt springst du aus dem Bette, du öffnest das Fenster, eine Woge von zitterndem Sonnenlicht strömt dir entgegen, und zugleich vernimmst du durch alles Straßengeräusch hindurch ein geschwätziges und munteres Vogelgezwitscher, während es dir nicht anders ist, als atmetest du mit der frischen und leichten Luft eines Oktobertages die unvergleichlich süße und verheißungsvolle Würze ein, die sonst den Winden des Mai gehört. Es ist Frühling, es ist ganz augenscheinlich Frühling, dem Kalender zum Trotz, und du wirfst dich in die Kleider, um unter dem schimmernden Himmel durch die Straßen und ins Freie zu eilen …

Ein so unverhoffter und merkwürdiger Tag erschien vor nunmehr etwa vier Monaten – wir stehen augenscheinlich am Anfang des Februar –, und an diesem Tage sah ich etwas ausnehmend Hübsches. Vor neun Uhr am Morgen hatte ich mich aufgemacht, und ganz erfüllt von einer leichten und freudigen Stimmung, von einer unbestimmten Hoffnung auf Veränderungen, Überraschungen und Glück schlug ich den Weg zum Lerchenberge ein. Ich stieg am rechten Ende den Hügel hinan, und ich verfolgte seinen ganzen Rücken der Länge nach, indem ich mich stets auf der Hauptpromenade am Rande und an der niedrigen Steinrampe hielt, um auf dem ganzen Wege, der wohl eine kleine halbe Stunde in Anspruch nimmt, den Ausblick über die leicht terrassenförmig abfallende Stadt und den Fluß frei zu haben, dessen Schlingungen in der Sonne blinkten und hinter dem die Landschaft mit Hügeln und Grün im Sonnendunst verschwamm.

Es war noch beinahe menschenleer hier oben. Die Bänke jenseits des Weges standen einsam, und hie und da blickte zwischen den Bäumen eine Statue hervor, weißschimmernd vor Sonne, während doch ein welkes Blatt dann und wann langsam darauf niedertaumelte. Die Stille, der ich horchte, während ich im Wandern den Blick auf das lichte Panorama zur Seite gerichtet hielt, blieb ungestört, bis ich das Ende des Hügels erreicht hatte und der Weg sich zwischen alten Kastanien zu senken begann. Hier jedoch klang hinter mir Pferdegestampf und das Rollen eines

Wagens auf, der sich in raschem Trabe näherte und dem ich an der Mitte etwa des Abstieges Platz machen mußte. Ich trat zur Seite und blieb stehen.

Es war ein kleiner, ganz leichter und zweirädriger Jagdwagen, bespannt mit zwei großen, blanken und lebhaft schnaubenden Füchsen. Die Zügel hielt eine junge Dame von neunzehn vielleicht oder zwanzig Jahren, neben der ein alter Herr von stattlichem und vornehmem Äußern saß, mit weißem à la russe aufgebürstetem Schnurrbart und dichten, weißen Augenbrauen. Ein Bedienter in einfacher, schwarz-silberner Livree dekorierte den Rücksitz.

Das Tempo der Pferde war bei Beginn des Abstieges zum Schritt verzögert worden, da das eine von ihnen nervös und unruhig schien. Es hatte sich weit seitwärts von der Deichsel entfernt, drückte den Kopf auf die Brust und setzte seine schlanken Beine mit einem so zitternden Widerstreben, daß der alte Herr, ein wenig besorgt, sich vorbeugte, um mit seiner elegant behandschuhten Linken der jungen Dame beim Straffziehen der Zügel behilflich zu sein. Die Lenkung schien ihr nur vorübergehend und halb zum Scherze anvertraut worden, wenigstens sah es aus, als ob sie das Kutschieren mit einer Art von kindlicher Wichtigkeit und Unerfahrenheit zugleich behandelte. Sie machte eine kleine, ernsthafte und indignierte Kopfbewegung, während sie das scheuende und stolpernde Tier zu beruhigen suchte.

Sie war brünett und schlank. Auf ihrem Haar, das überm Nacken zu einem festen Knoten gewunden war und das sich ganz leicht und lose um Stirn und Schläfen legte, so daß einzelne lichtbraune Fäden zu unterscheiden waren, saß ein runder, dunkelfarbiger Strohhut, geschmückt ausschließlich mit einem kleinen Arrangement von Bandwerk. Übrigens trug sie eine kurze, dunkelblaue Jacke und einen schlichtgearbeiteten Rock aus hellgrauem Tuch.

In ihrem ovalen und feingeformten Gesicht, dessen zartbrünetter Teint von der Morgenluft frisch gerötet war, bildeten das Anziehendste sicherlich die Augen: ein Paar schmaler und langgeschnittener Augen, deren kaum zur Hälfte sichtbare Iris blitzend schwarz war und über denen sich außerordentlich gleichmäßige und wie mit der Feder gezeichnete Brauen wölbten. Die Nase war vielleicht ein wenig lang, und der Mund, dessen Lippenlinien jedenfalls klar und fein waren, hätte schmaler sein dürfen. Im Augenblicke aber wurde ihm durch die schimmernd weißen und etwas voneinander entfernt stehenden Zähne ein Reiz gegeben, die das junge Mädchen bei den Bemühungen um das Pferd energisch auf die Unterlippe drückte und mit denen sie das fast kindlich runde Kinn ein wenig emporzog.

Es wäre ganz falsch, zu sagen, daß dieses Gesicht von auffallender und bewunderungswürdiger Schönheit gewesen sei. Es besaß den Reiz der Jugend und der fröhlichen Frische, und dieser Reiz war gleichsam geglättet, stillgemacht und veredelt durch wohlhabende Sorglosigkeit, vornehme Erziehung und luxuriöse Pflege; es war gewiß, daß diese schmalen und blitzenden Augen, die jetzt mit verwöhnter Ärgerlichkeit auf das störrische Pferd blickten, in der nächsten Minute wieder den Ausdruck sicheren und selbstverständlichen Glückes annehmen würden. – Die Ärmel der Jacke, die an den Schultern weit und bauschig waren, umspannten ganz knapp die schlanken Handgelenke, und niemals habe ich einen entzückenderen Eindruck von auserlesener Eleganz empfangen als durch die Art, mit der diese schmalen, unbekleideten, mattweißen Hände die Zügel hielten! –

Ich stand am Wege, von keinem Blicke gestreift, während der Wagen vorüberfuhr, und ich ging langsam weiter, als er sich wieder in Trab setzte und rasch verschwand. Was ich empfand, war Freude und Bewunderung; aber irgendein seltsamer und stechender Schmerz meldete sich zur gleichen Zeit, ein herbes und drängendes Gefühl von – Neid? von Liebe? – ich wagte es nicht auszudenken –, von Selbstverachtung?

Während ich schreibe, kommt mir die Vorstellung eines armseligen Bettlers, der vor dem Schaufenster eines Juweliers in den kostbaren Schimmer eines Edelsteinkleinods starrt. Dieser Mensch wird es in seinem Inneren nicht zu dem klaren Wunsche bringen, das Geschmeid zu besitzen; denn schon der Gedanke an diesen Wunsch wäre eine lächerliche Unmöglichkeit, die ihn vor sich selbst zum Gespött machen würde.

12

Ich will erzählen, daß ich infolge eines Zufalles diese junge Dame nach Verlauf von acht Tagen bereits zum zweiten Male sah, und zwar in der Oper. Man gab Gounods ›Margarethe‹, und kaum hatte ich den hellerleuchteten Saal betreten, um mich zu meinem Parkettplatze zu begeben, als ich sie zur Linken des alten Herrn in einer Proszeniumsloge der anderen Seite gewahrte. Nebenbei stellte ich fest, daß mich lächerlicherweise ein kleiner Schreck und etwas wie Verwirrung dabei berührte und daß ich aus irgendeinem Grunde meine Augen hinwandern ließ. Erst beim Beginn der Ouvertüre entschloß ich mich, die Herrschaften ein wenig eingehender zu betrachten.

Der alte Herr, in streng geschlossenem Gehrock mit schwarzer Schleife, saß mit einer ruhigen Würde in seinen Sessel zurückgelehnt und ließ die eine der braunbekleideten Hände leicht auf dem Sammet der Logenbrüstung ruhen, während die andere hie und da langsam über den Bart oder über das kurzgehaltene ergraute Haupthaar strich. Das junge Mädchen dagegen – seine Tochter, ohne Zweifel – saß interessiert und lebhaft vorgebeugt, beide Hände, in denen sie ihren Fächer hielt, auf dem Sammetpolster. Dann und wann machte sie eine kurze Kopfbewegung, um das lockere, lichtbraune Haar ein wenig von der Stirn und den Schläfen zurückzuwerfen.

Sie trug eine ganz leichte Bluse aus heller Seide, in deren Gürtel ein Veilchensträußchen steckte, und ihre schmalen Augen blitzten in der scharfen Beleuchtung noch schwärzer als vor acht Tagen. Übrigens machte ich die Beobachtung, daß die Mundhaltung, die ich damals an ihr bemerkt hatte, ihr überhaupt eigentümlich war: in jedem Augenblicke setzte sie ihre weißen, in kleinen, regelmäßigen Abständen schimmernden Zähne auf die Unterlippe und zog das Kinn ein wenig empor. Diese unschuldige Miene, die von gar keiner Koketterie zeugte, der ruhig und fröhlich zugleich umherwandernde Blick ihrer Augen, ihr zarter und weißer Hals, welcher frei war und um den sich ein schmales Seidenband von der Farbe der Taille schmiegte, die Bewegung, mit der sie sich hie und da an den alten Herrn wandte, um ihn auf irgend etwas im Orchester, am Vorhang, in einer Loge aufmerksam zu machen, – alles brachte den Eindruck einer unsäglich feinen und lieblichen Kindlichkeit hervor, die jedoch nichts in irgendeinem Grade Rührendes und ›Mitleid‹-Erregendes an sich hatte. Es war eine vornehme, abgemessene und durch elegantes Wohlleben sicher und überlegen gemachte Kindlichkeit, und sie legte ein Glück an den Tag, dem nichts Übermütiges, sondern eher etwas Stilles eignete, weil es selbstverständlich war. Gounods geistreiche und zärtliche Musik war, wie mich dünkte, keine falsche Begleitung zu diesem Anblick, und ich lauschte ihr, ohne auf die Bühne zu achten und ganz und gar hingegeben an eine milde und nachdenkliche Stimmung, deren Wehmut ohne diese Musik vielleicht schmerzlicher gewesen wäre. In der Pause aber bereits, die dem ersten Akte folgte, erhob sich von seinem Parkettplatz ein Herr von, sagen wir einmal: siebenundzwanzig bis dreißig Jahren, welcher verschwand und gleich darauf mit einer geschickten Verbeugung in der Loge meiner Aufmerksamkeit erschien. Der alte Herr streckte ihm alsbald die Hand entgegen, und auch die junge Dame reichte ihm mit einem freundlichen Kopfnicken die ihre, die er mit Anstand an seine Lippen führte, worauf man ihn nötigte, Platz zu nehmen.

Ich erkläre mich bereit, zu bekennen, daß dieser Herr den unvergleichlichsten Hemdeinsatz besaß, den ich in meinem Leben erblicken durfte. Er war vollkommen bloßgelegt, dieser Hemdeinsatz, denn die Weste war nichts als ein schmaler, schwarzer Streifen, und die Frackjacke, die nicht früher als weit unterhalb des Magens durch einen Knopf geschlossen wurde, war von den

Schultern aus in ungewöhnlich weitem Bogen ausgeschnitten. Der Hemdeinsatz aber, der an dem hohen und scharf zurückgeschlagenen Stehkragen durch eine breite, schwarze Schleife abgeschlossen wurde und auf dem in gemessenen Abständen zwei große, viereckige und ebenfalls schwarze Knöpfe standen, war von blendendem Weiß, und er war bewunderungswürdig gestärkt, ohne darum der Schmiegsamkeit zu ermangeln, denn in der Gegend des Magens bildete er auf angenehme Art eine Vertiefung, um sich dann wiederum zu einem gefälligen und schimmernden Buckel zu erheben.

Es versteht sich, daß dieses Hemd den größten Teil der Aufmerksamkeit für sich verlangte; der Kopf aber, seinerseits, der vollkommen rund war und dessen Schädel eine Decke ganz kurzgeschorenen, hellblonden Haares überzog, war geschmückt mit einem rand- und bandlosen Binokel, einem nicht zu starken, blonden und leicht gekräuselten Schnurrbart und auf der einen Wange mit einer Menge von kleinen Mensurschrammen, die sich bis zur Schläfe hinaufzogen. Übrigens war dieser Herr ohne Fehler gebaut und bewegte sich mit Sicherheit.

Ich habe im Verlaufe des Abends – denn er verblieb in der Loge – zwei Positionen an ihm beobachtet, die ihm besonders eigentümlich schienen. Gesetzt nämlich, daß die Unterhaltung mit den Herrschaften ruhte, so saß er, ein Bein über das andere geschlagen und das Fernglas auf den Knien, mit Bequemlichkeit zurückgelehnt, senkte das Haupt und schob den ganzen Mund heftig hervor, um sich in die Betrachtung seiner beiden Schnurrbartenden zu versenken, gänzlich hypnotisiert davon, wie es schien, und indem er langsam und still den Kopf von der einen Seite nach der anderen wandte. In einer Konversation, andernfalls, mit der jungen Dame begriffen, änderte er aus Ehrerbietung die Stellung seiner Beine, lehnte sich jedoch noch weiter zurück, wobei er mit beiden Händen seinen Sessel erfaßte, erhob das Haupt so weit wie immer möglich und lächelte mit ziemlich weit geöffnetem Mund in liebenswürdiger und bis zu einem gewissen Grade überlegener Weise auf seine junge Nachbarin

nieder. Diesen Herrn mußte ein wundervoll glückliches Selbst-
bewußtsein erfüllen ...

Im Ernste gesprochen, ich weiß dergleichen zu schätzen. Keiner
seiner Bewegungen, und sei ihre Nonchalance immerhin gewagt
gewesen, folgte eine peinliche Verlegenheit; er war getragen von
Selbstgefühl. Und warum sollte dies anders sein? Es war klar: er
hatte, ohne sich vielleicht besonders hervorzutun, seinen korrek-
ten Weg gemacht, er würde denselben bis zu klaren und nützli-
chen Zielen verfolgen, er lebte im Schatten des Einverständnis-
ses mit aller Welt und in der Sonne der allgemeinen Achtung.
Mittlerweile saß er dort in der Loge und plauderte mit einem jungen Mädchen, für dessen reinen und köstlichen Reiz er vielleicht
nicht unzugänglich war und dessen Hand er in diesem Falle sich
guten Mutes erbitten konnte. Wahrhaftig, ich spüre keine Lust,
irgendein mißächtliches Wort über diesen Herrn zu äußern!

Ich aber, ich meinesteils? Ich saß hier unten und mochte aus der
Entfernung, aus dem Dunkel heraus grämlich beobachten, wie
jenes kostbare und unerreichliche Geschöpf mit diesem Nichts-
würdigen plauderte und lachte! Ausgeschlossen, unbeachtet,
unberechtigt, fremd, hors ligne, deklassiert, Paria, erbärmlich vor
mir selbst ...

Ich blieb bis zum Ende, und ich traf die drei Herrschaften in der
Garderobe wieder, wo man sich beim Umlegen der Pelze ein
wenig aufhielt und mit diesem oder jenem ein paar Worte wechselte, hier mit einer Dame, dort mit einem Offizier ... Der junge
Herr begleitete Vater und Tochter, als sie das Theater verließen,
und ich folgte ihnen in einem kleinen Abstande durch das
Vestibül.

Es regnete nicht, es standen ein paar Sterne am Himmel, und
man nahm keinen Wagen. Gemächlich und plaudernd schritten
die drei vor mir her, der ich sie in scheuer Entfernung verfolgte,
– niedergedrückt, gepeinigt von einem stechend schmerzlichen,
höhnischen, elenden Gefühl ... Man hatte nicht weit zu gehen;
kaum war eine Straße zurückgelegt, als man vor einem stattlichen
Hause mit schlichter Fassade stehenblieb, und gleich darauf ver-

schwanden Vater und Tochter nach herzlicher Verabschiedung von ihrem Begleiter, der seinerseits beschleunigten Schrittes davonging.

An der schweren, geschnitzten Tür des Hauses war der Name »Justizrat Rainer« zu lesen.

13

Ich bin entschlossen, diese Niederschrift zu Ende zu führen, obgleich ich vor innerem Widerstreben in jedem Augenblicke aufspringen und davonlaufen möchte. Ich habe in dieser Angelegenheit so bis zur Erschlaffung gegraben und gebohrt! Ich bin alles dessen so bis zur Übelkeit überdrüssig! …

Es sind nicht völlig drei Monate, daß mich die Zeitungen über einen ›Basar‹ unterrichteten, der zu Zwecken der Wohltätigkeit im Rathause der Stadt arrangiert worden war, und zwar unter Beteiligung der vornehmen Welt. Ich las diese Annonce mit Aufmerksamkeit, und ich war gleich darauf entschlossen, den Basar zu besuchen. Sie wird dort sein, dachte ich, vielleicht als Verkäuferin, und in diesem Falle wird nichts mich abhalten, mich ihr zu nähern. Ruhig überlegt, bin ich ein Mensch von Bildung und guter Familie, und wenn mir dieses Fräulein Rainer gefällt, so ist es mir bei solcher Gelegenheit so wenig wie dem Herrn mit dem erstaunlichen Hemdeinsatz verwehrt, sie anzureden, ein paar scherzhafte Worte mit ihr zu wechseln …

Es war ein windiger und regnerischer Nachmittag, als ich mich zum Rathause begab, vor dessen Portal ein Gedränge von Menschen und Wagen herrschte. Ich bahnte mir einen Weg in das Gebäude, erlegte das Eintrittsgeld, gab Überzieher und Hut in Verwahrung und gelangte mit einiger Anstrengung die breite, mit Menschen bedeckte Treppe hinauf ins erste Stockwerk und in den Festsaal, aus dem mir ein schwüler Dunst von Wein, Speisen, Parfüms und Tannengeruch, ein wirrer Lärm von Gelächter, Gespräch, Musik, Ausrufen und Gongschlägen entgegendrang.

Der ungeheuer hohe und weite Raum war mit Fahnen und Gir-
landen buntfarbig geschmückt, und an den Wänden wie in der
Mitte zogen sich die Buden hin, offene Verkaufsstellen sowohl
wie geschlossene Verschläge, deren Besuch phantastisch mas-
kierte Herren aus vollen Lungen empfahlen. Die Damen, die
ringsumher Blumen, Handarbeiten, Tabak und Erfrischungen
aller Art verkauften, waren gleichfalls in verschiedener Weise
kostümiert. Am oberen Ende des Saales lärmte auf einer mit
Pflanzen besetzten Estrade die Musikkapelle, während in dem
nicht breiten Gange, den die Buden frei ließen, ein kompakter
Zug von Menschen sich langsam vorwärts bewegte.

Ein wenig frappiert von dem Geräusch der Musik, der Glücks-
häfen, der lustigen Reklame, schloß ich mich dem Strome an, und
noch war keine Minute vergangen, als ich vier Schritte links vom
Eingange die junge Dame erblickte, die ich hier suchte. Sie hielt
in einer kleinen, mit Tannenlaub bekränzten Bude Weine und
Limonaden feil und war als Italienerin gekleidet: mit dem bunten Rock, der weißen, rechtwinkligen Kopfbedeckung und dem
kurzen Mieder der Albanerinnen, dessen Hemdärmel ihre zarten
Arme bis zu den Ellbogen entblößt ließen. Ein wenig erhitzt lehnte sie seitwärts am Verkaufstisch, spielte mit ihrem bunten Fächer
und plauderte mit einer Anzahl von Herren, die rauchend die
Bude umstanden und unter denen ich mit dem ersten Blicke den
Wohlbekannten gewahrte; ihr zunächst stand er am Tische, vier
Finger jeder Hand in den Seitentaschen seines Jacketts.

Ich drängte langsam vorüber, entschlossen, zu ihr zu treten, sobald
eine Gelegenheit sich böte, sobald sie weniger in Anspruch
genommen wäre. – Ah! Es sollte sich erweisen nunmehr, ob ich
noch über einen Rest von fröhlicher Sicherheit und selbstbe-
wußter Gewandtheit verfügte oder ob die Morosität und die halbe Verzweiflung meiner letzten Wochen berechtigt gewesen war!
Was hatte mich eigentlich angefochten? Woher angesichts dieses
Mädchens dies peinigende und elende Mischgefühl aus Neid,
Liebe, Scham und gereizter Bitterkeit, das mir auch nun wieder,
ich bekenne es, das Gesicht erhitzte? Freimut! Liebenswürdig-

keit! Heitere und anmutige Selbstgefälligkeit, zum Teufel, wie sie einem begabten und glücklichen Menschen geziemt! Und ich dachte mit einem nervösen Eifer der scherzhaften Wendung, dem guten Worte, der italienischen Anrede nach, mit der ich mich ihr zu nähern beabsichtigte…

Es währte eine gute Weile, bis ich in der schwerfällig vorwärts schiebenden Menge den Weg um den Saal zurückgelegt hatte, – und in der Tat: als ich mich aufs neue bei der kleinen Weinbude befand, war der Halbkreis von Herren verschwunden, und nur der Wohlbekannte lehnte noch am Schanktische, indem er sich aufs lebhafteste mit der jungen Verkäuferin unterhielt. Nun wohl, so mußte ich mir erlauben, diese Unterhaltung zu unterbrechen… Und mit einer kurzen Wendung verließ ich den Strom und stand am Tische.

Was geschah? Ah, nichts! Beinahe nichts! Die Konversation brach ab, der Wohlbekannte trat einen Schritt zur Seite, indem er mit allen fünf Fingern sein rand- und bandloses Binokel erfaßte und mich zwischen diesen Fingern hindurch betrachtete, und die junge Dame ließ einen ruhigen und prüfenden Blick über mich hingleiten, – über meinen Anzug bis auf die Stiefel hinab. Dieser Anzug war keineswegs neu, und diese Stiefel waren vom Straßenkot besudelt, ich wußte das. Überdies war ich erhitzt, und mein Haar war sehr möglicherweise in Unordnung. Ich war nicht kühl, nicht frei, nicht auf der Höhe der Situation. Das Gefühl, daß ich, ein Fremder, Unberechtigter, Unzugehöriger, hier störte und mich lächerlich machte, befiel mich. Unsicherheit, Hilflosigkeit, Haß und Jämmerlichkeit verwirrten mir den Blick, und mit einem Worte, ich führte meine munteren Absichten aus, indem ich mit finster zusammengezogenen Brauen, mit heiserer Stimme und auf kurze, beinahe grobe Weise sagte:

»Ich bitte um ein Glas Wein.«

Es ist vollkommen gleichgültig, ob ich mich irrte, als ich zu bemerken glaubte, daß das junge Mädchen einen raschen und spöttischen Blick zu ihrem Freunde hinüberspielen ließ. Schweigend wie er und ich gab sie mir den Wein, und ohne den Blick zu erheben, rot und verstört vor Wut und Schmerz, eine unglückliche und lächerliche Figur, stand ich zwischen diesen beiden, trank ein paar Schlucke, legte das Geld auf den Tisch, verbeugte mich fassungslos, verließ den Saal und stürzte ins Freie.

Seit diesem Augenblicke ist es zu Ende mit mir, und es fügt der Sache bitterwenig hinzu, daß ich ein paar Tage später in den Journalen die Verkündigung fand:

»Die Verlobung meiner Tochter Anna mit Herrn Assessor Dr. Alfred Witznagel beehre ich mich ergebenst anzuzeigen. Justizrat Rainer.«

14

Seit diesem Augenblick ist es zu Ende mit mir. Mein letzter Rest von Glücksbewußtsein und Selbstgefälligkeit ist zu Tode gehetzt zusammengebrochen, ich kann nicht mehr, ja, ich bin unglücklich, ich gestehe es ein, und ich sehe eine klägliche und lächerliche Figur in mir! – Aber ich halte das nicht aus! Ich gehe zugrunde! Ich werde mich totschießen, sei es heute oder morgen! Meine erste Regung, mein erster Instinkt war der schlaue Versuch, das Belletristische aus der Sache zu ziehen und mein erbärmliches Übelbefinden in ›unglückliche Liebe‹ umzudeuten: eine Albernheit, wie sich von selbst versteht. Man geht an keiner unglücklichen Liebe zugrunde. Eine unglückliche Liebe ist eine Attitüde, die nicht übel ist. In einer unglücklichen Liebe gefällt man sich. Ich aber gehe daran zugrunde, daß es mit allem Gefallen an mir selbst so ohne Hoffnung zu Ende ist!

Liebte ich, wenn endlich einmal diese Frage erlaubt ist, liebte ich dieses Mädchen denn eigentlich? – Vielleicht ... aber wie und warum? War diese Liebe nicht eine Ausgeburt meiner längst schon gereizten und kranken Eitelkeit, die beim ersten Anblick dieser unerreichbaren Kostbarkeit peinigend aufbegehrt war und Gefühle von Neid, Haß und Selbstverachtung hervorgebracht hatte, für die dann die Liebe bloß Vorwand, Ausweg und Rettung war?

Ja, das alles ist Eitelkeit! Und hat mich nicht mein Vater schon einst einen Bajazzo genannt?

Ach, ich war nicht berechtigt, ich am wenigsten, mich seitab zu setzen und die ›Gesellschaft‹ zu ignorieren, ich, der ich zu eitel bin, ihre Miß- und Nichtachtung zu ertragen, der ich ihrer und ihres Beifalls nicht zu entraten vermag! – Aber es handelt sich nicht um Berechtigung? Sondern um Notwendigkeit? Und mein unbrauchbares Bajazzotum hätte für keine soziale Stellung getaugt? Nun wohl, eben dieses Bajazzotum ist es, an dem ich in jedem Falle zugrunde gehen mußte.

Gleichgültigkeit, ich weiß, das wäre eine Art von Glück ... Aber ich bin nicht imstande, gleichgültig gegen mich zu sein, ich bin nicht imstande, mich mit anderen Augen anzusehen als mit denen der ›Leute‹, und ich gehe an bösem Gewissen zugrunde, – erfüllt von Unschuld ... Sollte das böse Gewissen denn niemals etwas anderes sein als eiternde Eitelkeit? –

Es gibt nur ein Unglück: das Gefallen an sich selbst einbüßen. Sich nicht mehr zu gefallen, das ist das Unglück, – ah, und ich habe das stets sehr deutlich gefühlt! Alles übrige ist Spiel und Bereicherung des Lebens, in jedem anderen Leiden kann man so außerordentlich mit sich zufrieden sein, sich so vorzüglich ausnehmen. Die Zwietracht erst mit dir selbst, das böse Gewissen im Leiden, die Kämpfe der Eitelkeit erst sind es, die dich zu einem kläglichen und widerwärtigen Anblick machen ...

Ein alter Bekannter erschien auf der Bildfläche, ein Herr namens Schilling, mit dem ich einst in dem großen Holzgeschäfte des Herrn Schlievogt gemeinschaftlich der Gesellschaft diente. Er berührte in Geschäften die Stadt und kam, mich zu besuchen, – ein ›skeptisches Individuum‹, die Hände in den Hosentaschen, mit einem schwarzgeränderten Pincenez und einem realistisch duldsamen Achselzucken. Er traf des Abends ein und sagte: »Ich bleibe ein paar Tage hier.« – Wir gingen in eine Weinstube.

Er begegnete mir, als sei ich noch der glückliche Selbstgefällige, als den er mich gekannt hatte, und in dem guten Glauben, mir

nur meine eigene fröhliche Meinung entgegenzubringen, sagte
er:

»Bei Gott, du hast dir dein Leben angenehm eingerichtet, mein
Junge! Unabhängig, was? frei! Eigentlich hast du recht, zum Teufel! Man lebt nur einmal, wie? Was geht einen im Grunde das
übrige an? Du bist der Klügere von uns beiden, das muß ich sagen.
Übrigens, du warst immer ein Genie ...« Und wie ehemals fuhr
er fort, mich bereitwilligst anzuerkennen und mir gefällig zu sein,
ohne zu ahnen, daß ich meinerseits voll Angst war, zu mißfallen.
Mit verzweifelten Anstrengungen bemühte ich mich, den Platz
zu behaupten, den ich in seinen Augen einnahm, nach wie vor
auf der Höhe zu erscheinen, glücklich und selbstzufrieden zu
erscheinen, – umsonst! Mir fehlte jedes Rückgrat, jeder gute
Mut, jede Kontenance, ich kam ihm mit einer matten Verlegenheit, einer geduckten Unsicherheit entgegen, – und er erfaßte
das mit unglaublicher Schnelligkeit! Es war entsetzlich, zu sehen,
wie er, der vollkommen bereit gewesen war, mich als glücklichen
und überlegenen Menschen anzuerkennen, begann, mich zu
durchschauen, mich erstaunt anzusehen, kühl zu werden, überlegen zu werden, ungeduldig und widerwillig zu werden und mir
schließlich seine Verachtung mit jeder Miene zu zeigen. Er brach
früh auf, und am nächsten Tage belehrten mich ein paar flüchtige Zeilen darüber, daß er dennoch genötigt gewesen sei, abzu-
reisen.

Es ist Tatsache, alle Welt ist viel zu angelegentlich mit sich selbst
beschäftigt, als daß man ernstlich eine Meinung über einen anderen zu haben vermöchte; man akzeptiert mit träger Bereitwillig-
keit den Grad von Respekt, den du die Sicherheit hast, vor dir
selber an den Tag zu legen. Sei, wie du willst, lebe, wie du willst,
aber zeige kecke Zuversicht und kein böses Gewissen, und niemand wird moralisch genug sein, dich zu verachten. Erlebe es
andererseits, die Einigkeit mit dir zu verlieren, die Selbstgefälligkeit einzubüßen, zeige, daß du dich verachtest, und blindlings
wird man dir recht geben. – Was mich betrifft, ich bin verloren ...

Ich höre auf zu schreiben, ich werfe die Feder fort, – voll Ekel, voll Ekel! – Ein Ende machen: aber wäre das nicht beinahe zu heldenhaft für einen ›Bajazzo‹? Es wird sich ergeben, fürchte ich, daß ich weiterleben, weiteressen, schlafen und mich ein wenig beschäftigen werde und mich allgemach dumpfsinnig daran gewöhnen, eine ›unglückliche und lächerliche Figur‹ zu sein.

Mein Gott, wer hätte es gedacht, wer hätte es denken können, daß es ein solches Verhängnis und Unglück ist, als ein ›Bajazzo‹ geboren zu werden! …

Madeleine Bourdouxhe
Gilles' Frau

Wenn man unglücklich ist, vergeht die Zeit wie im Flug, auch wenn im allgemeinen etwas anderes behauptet wird. Es gibt keine markanten Ereignisse, die die verstrichene Zeit gliedern würden, kein Tag unterscheidet sich durch irgendeine Freude von einem anderen. Es gibt nur immer dasselbe Elend.

Jetzt ist es schon Herbst, denkt Elisa. Seit fast einem Jahr lebt sie nun ohne Gilles' Liebe ... Sie hat das Gefühl, die zurückliegende Zeit wäre nur ein einziger, endlos langer Tag.

Verwundert blickt sie in den Garten. Die ersten Fröste legen einen weißen Schleier über die nackte Erde, und die Bäume verlieren ihre Blätter. Die schönen nördlichen Nebel hüllen morgens die Landschaft ein, sie verlassen langsam die Erde, um schon bald zurückzukehren und ein abendliches Licht auszugießen. Im Garten gibt es keine Blumen mehr, nur die großen runden, in die Höhe geschossenen Lauchstengel stehen noch vor dem Zaun.

Jetzt ist es schon Herbst! Und sie hat das Gefühl, gar nicht gelebt zu haben. Sie wendet sich vom Fenster ab und geht ein wenig in der Küche herum: der Tisch und die Stühle, die Treppe zu den Schlafzimmern, links der Herd und das Büfett – dies bildet den Rahmen für ihr Leben. Was bedeutet es schon, daß die Jahreszeiten kommen und gehen. Heute herrscht nur noch diese Trübsal, die kein Ende nehmen will ... Seit Monaten wartet sie darauf, daß endlich ein neuer Tag anbricht.

Sie nimmt ihren Gedankengang wieder auf, denkt ihn zu Ende: Jetzt ist es schon Herbst. Wie langsam die Stunden verstreichen! Denn die einzige Zeit, die zählt, ist die Zeit des Herzens.

Elisa war schon lange auf, aber Gilles war immer noch nicht von der Arbeit zurückgekommen; jetzt blieb sie morgens nie mehr bis zu seiner Rückkehr im Bett liegen, wenn er Nachtschicht hatte. Sie ging durch das kleine Zimmer mit den polierten Möbeln und öffnete die Eingangstür. Der Nebel war noch zu dicht, als daß sie Gilles auf der Straße kommen sehen könnte. Sie ging zurück ins Haus, kam mit einem Besen wieder heraus und begann das schmale gepflasterte Trottoir zu fegen. Plötzlich tauchte er dicht neben ihr aus dem Nebel auf: »Ach, Lisa!«

Ohne einen weiteren Gruß ging er ins Haus. Sie folgte ihm.

»Möchtest du gleich essen?«

»Ja, ich werde mich hinterher waschen.«

Sie goß ihm heißen Kaffee ein, setzte sich ihm gegenüber an den Tisch und aß auch selbst ein wenig. Er sagte kein Wort. Wegen der Kälte draußen war das Fenster geschlossen, so daß der Geruch des gebratenen Specks den Raum erfüllte. In diesem ersten Morgenlicht schien alles leer und trostlos. Elisa hatte das Gefühl zu ersticken.

Um das Schweigen zu brechen, sagte sie: »Wir sollten den Lauch, der noch gut ist, bald holen, sonst schießt der auch noch.«

»Na, dann schießt er eben.«

Es war besser, nicht weiter darauf zu beharren, der Tag fing schlecht an. Gestern abend war Gilles recht ruhig gewesen – aber wahrscheinlich hatten ihn bei der Arbeit in der Nacht wieder schlimme Gedanken gequält, und nun mußte sie so lange darunter leiden, bis sie wieder verschwanden oder bis Victorine ihm wieder ein freundliches Wort oder eine Geste gönnte. Sie war fast schon so weit zu hoffen, daß diese Geste oder diese freundlichen Worte nicht lange auf sich warten ließen. Doch diesen Gedanken wischte sie eine Sekunde später wieder weg – beschämt, überhaupt auf eine solche Idee gekommen zu sein. Aber immer diese schlechte Laune, diese Wutanfälle, dieses lastende Schweigen, das sie erstickte und das man nicht einfach ganz unbeschwert brechen durfte.

Denn in der letzten Zeit bedeutete es für Gilles keine Erleichterung mehr, sich bei Elisa auszusprechen. Victorine hatte diese kleine Verbesserung schnell wieder zunichte gemacht. So wie es ihr eines Tages in den Sinn gekommen war, Gilles' Begierde zu wecken, hatte sie es sich nun in den Kopf gesetzt, mit jemand anderem etwas anzufangen.

Lucien Maréchal hatte ein Tabak- und Zigarrengeschäft in der Stadt. Sie würde Lucien heiraten und mit gepflegten Händen, die mit einem goldenen Reif und einem silbernen Perlenring geschmückt wären, ihren Kunden die kleinen Zedernkistchen offerieren.

»Wünschen Sie Claro, Cogetama oder Voltigeur?« Es war ihr einfach so in den Kopf geschossen. Und es war nicht besonders schwierig: wozu hat man denn seine Weiblichkeit, wenn man nichts damit anfängt?

Und warum auch nicht? Nur keine Hemmungen, du kleines verdorbenes Biest. Für dich ist das Leben ohne Gefahren. Du hast nichts zu verlieren und nichts zu gewinnen. Nichts könnte dich je erheben oder zu Boden werfen. Du bist eine Frau, die weder den Himmel noch die Hölle kennt, eine Frau ohne Seele, ohne Herz, ohne Geist – und eigentlich nicht einmal aus Fleisch und Blut, denn die ungeheure Triebhaftigkeit, die dich auffrißt, bereitet dir weder Leiden noch Genuß.

Es hängt auch mit deiner tragischen Unschuld zusammen, daß du dich trotz allem weiterhin mit Gilles triffst. »Elisas Mann ist ja schließlich ein ganz ansehnlicher Bursche.« Du zwingst dich zu dem Vergnügen, am Arm des schönen blonden Arbeiters durch die Straßen zu gehen. Der Gequälte fragt dich naiv: »Sag, Victorine – liebst du mich?« Und du ziehst in dieser für dich typischen Weise die Augenbrauen hoch und antwortest: »Aber natürlich! Warum denn nicht?«

Dein Körper ist wunderbar gebaut, deine Beine sind lang und weiß, deine Haut ist zarter als die der Arbeiterfrauen. Keine allzu schweren Sorgen, keine allzu heftigen Freuden haben auf deinem Gesicht Spuren hinterlassen – und über deinen Bauch ziehen sich keine Schwangerschaftsstreifen. Dieser nackte Körper, den Gilles neben dem seinen sieht, übertrifft seine kühnsten

Träume, sie ist für ihn ein Geschöpf aus einer anderen Welt. Und du, Victorine, kannst die Liebe ja auch täuschend echt spielen. Doch deine Lider schließen sich nicht und schlagen auch nicht schneller – und deine blicklosen Augen treiben den Mann zur Verzweiflung, auch wenn er gar nicht weiß, warum, und verfolgen ihn, sobald er dich verlassen hat. Ihm fehlen noch die Beweise – und selbst wenn er sie hätte, würde er sie nicht gelten lassen –, doch er empfindet nicht mehr die Befriedigung, die ein Jäger angesichts seiner Beute fühlt.

In der sauberen, traurigen Küche ist das Leben kaum mehr wahrnehmbar. Gilles hat den Speck und die Eier aufgegessen; er bleibt mit gequälten Augen am Tisch sitzen. Deine Schwester Elisa steht am Fenster, ihr Blick verliert sich im nördlichen Nebel, der nach und nach den schwarzen Horizont preisgibt. Sie kann nichts für dich tun – auch nichts gegen dich. Niemand kann etwas für oder gegen dich tun. Durch ihre viel zu große Liebe gelähmt, wartet Elisa. Sie wartet darauf, daß Gilles wieder gesund wird. Sie weiß, daß man sich von Victorine nicht durch einen Kraftakt lösen kann, sondern nur durch Abscheu.

Elisa ging nach oben, um die Mädchen zu holen und in der Küche zu waschen und anzuziehen, damit Gilles, wenn er sich entschließen sollte, ins Bett zu gehen, seine Ruhe hatte. Das Baby würde frühestens in einer Stunde aufwachen.

Als sie wieder nach unten kam, hatte Gilles sich vom Tisch erhoben. Er zog langsam die Schuhe aus und sagte, indem er sie neben den Ofen schleuderte: »Ich gehe nach oben und versuche zu schlafen! Bis nachher.«

Kaum war er aus der Küche, als eins der Zwillingsmädchen das andere mit dem Ellbogen anstieß und sagte: »Er sieht aus, als hätte er heute schlechte Laune.«

Ohne Ankündigung klatschte Elisas Hand auf die Wange des Mädchens. Es fing nicht sofort an zu weinen. Einen Augenblick sahen sich alle drei schweigend an. Elisa war starr vor Schreck über ihr eigenes Verhalten. Dann nahm sie das Kind in die Arme, um es zu trösten: »Weine nicht, mein Liebes – habe ich dir weh getan? Aber du darfst auch nicht so über deinen Vater sprechen ...«

Es war Zeit, in die Schule zu gehen. Der Nebel hatte sich völlig aufgelöst, die weiße Oktobersonne beschien die Straße. Die kleinen Mädchen gingen schweigend neben Elisa her, eine Hand in der ihrer Mutter, mit der anderen hielten sie ihre Mappen aus braunem Tuch. Es spielten sich merkwürdige Dinge ab, sie wußten nicht, was, doch sie spürten, daß sie selbst mit alldem so gut wie nichts zu tun hatten.

Auf dem Rückweg ging Elisa in den Lebensmittelladen. Sie hatte es eilig, deshalb bediente man sie als erste; ihr schien es, als sähen die Leute sie merkwürdig an. Als sie mit ihren Einkäufen hinausging, begann eine der Frauen im Laden etwas zu früh zu sprechen, so daß sie sie noch sagen hörte: »Das ist doch wirklich unerhört ... Und ganz bestimmt weiß sie davon. Das sieht man ihrem Gesicht an ...«

Die Leute wußten Bescheid. Es mußte ja so kommen: es genügte schon, daß jemand sah, wie sie sich auf der Straße ein wenig zu lange verabschiedeten, und die Neugier war geweckt. Vielleicht hatte auch jemand die beiden im Wald gesehen oder hinter einer schmalen Hecke. Im Schutz der Regale, mit denen das Schaufenster dekoriert war, blieb Elisa einen Moment lang stehen – die andere Frau antwortete: »Ich sage nur, wenn sie so etwas mitmacht, dann verdient sie es nicht besser.«

Etwas vornübergebeugt unter der Last der schweren Einkäufe hatte Elisa das große schwarze Tuch fest über der Brust zusammengezogen. Ihr Herz raste, während sie sich langsam an den Hecken, den niedrigen Gartenzäunen und schmalen Backsteinhäusern vorbeischleppte. In ihrem Gesicht war plötzlich etwas erloschen. Sie schob die Küchentür auf, setzte sich breitbeinig auf den nächstbesten Stuhl und ließ die Einkäufe einfach zu Boden gleiten. Sie starrte ins Leere. Schließlich hob sie nacheinander die Einkaufstaschen auf und stellte sie auf den Tisch. Während sie ihr Tuch abnahm, zuckte sie leicht mit den Schultern: verglichen mit all dem anderen war das nun wirklich nicht der Rede wert.

Gegen elf Uhr kam Gilles herunter. Da er nur Socken an den Füßen hatte, hörte Elisa ihn nicht. Erschrocken blieb sie mit dem Geschirrtuch in der Hand stehen und sah ihn an. Er ging etwas in die Knie, um sich in dem kleinen Spiegel zu sehen, der an der Wand hing, und fuhr sich mit der Hand durchs Haar. Er setzte sich, zog die Schuhe an und sagte schließlich: »Es hat keinen Sinn, ich kann einfach nicht schlafen. Ich gehe in die Stadt hinunter. Könnte ja sein, daß sie auf die Idee kommt, um die Mittagszeit bei Maréchal vorbeizugehen ...«

Sie suchte krampfhaft nach einem Grund, um ihn zurückzuhalten. Da sie unter der Tür stand, legte sie instinktiv ihre Hände auf den Türrahmen und versperrte ihm so mit ihren ausgestreckten Armen den Weg.

»Aber Gilles ... Du mußt dich doch ausruhen! Überleg doch, wie du dich fühlen wirst, wenn du heute abend arbeiten gehst!«

»Ich kann sowieso nicht schlafen! Mir ist eingefallen, daß sie ihn heute mittag besuchen könnte. Wenn ich mich nicht selbst davon überzeuge, werde ich verrückt ...«

Sie ließ ihre Arme herunterfallen und spürte, wie sein großer Körper sie streifte, als er an ihr vorbeiging, ohne anzuhalten.

Zwei Stunden später kam er nach Hause.

»Ich habe mich die ganze Zeit in der Nähe von Maréchals Laden aufgehalten«, sagte er, »und als ich sicher war, daß sie nicht mehr kommen würde, bin ich gegangen. Ich hätte sie auch direkt in ihrem Laden abholen können, dann hätte ich sie wohl gesehen. Aber ich hätte nicht gewußt, was sie vorhat. Und jetzt kann ich wenigstens einmal sicher sein, daß sie nicht lügt, wenn sie mir morgen sagt, sie sei heute mittag nicht bei Maréchal gewesen.«

Elisa war blaß geworden. Ach, warum hatte er Victorine nicht in den Laden gehen sehen ... Warum war er nicht noch gequälter nach Hause gekommen, voller Wut, aber bald so weit, daß er von Victorine genug hatte ... Nun triumphierte er, war besänftigt, fast liebevoll: »Sag, Lisa, willst du immer noch, daß ich dir den Lauch herausreiße, bevor ich nach oben gehe?«

Und morgen oder in ein paar Tagen würde Victorine, was immer sie auch sonst vorhatte, sich schon wieder die Worte und Gesten einfallen lassen, um Gilles in Atem zu halten, damit er für sie in Reichweite blieb, falls es sie wieder nach ihm gelüstete.

»Laß nur«, antwortete sie nach einer kurzen Pause. »Geh lieber schlafen… Du brauchst deinen Schlaf, du mußt heute nacht arbeiten.«

»Ja, da hast du recht. Jetzt kann ich vielleicht einschlafen.«

Er ging nach oben. Sie wandte sich wieder ihren Pflichten zu.

Sie war am Fenster stehengeblieben, um ein wenig Atem zu schöpfen. Gedankenverloren ließ sie ihren Blick über den Gartenzaun hinaus auf die Wiese schweifen, wo ihre Augen einigen sich bewegenden Flecken folgten, ohne sie wirklich zu sehen. Soldaten, die an einem Manöver teilnahmen, robbten durch das Gras. Einer von ihnen lag ganz in der Nähe des Gartens. Er hatte sich Elisa zugewandt und lächelte ihr zu. Ihre Blicke begegneten sich. Er warf ihr eine Kußhand zu, wahrscheinlich um sich ein wenig die Zeit zu vertreiben. Da sie keinerlei Reaktion zeigte und ihr Gesicht ungerührt blieb, zog er einen vorwurfsvollen Flunsch. Von weitem konnte man seinen Körper kaum erkennen, denn seine Kleidung hatte beinahe die Farbe der Erde und des schon rötlich verfärbten Grases; man sah nur sein junges Gesicht unter dem zurückgeschobenen Helm. Sie lächelte auch. Dann richtete er sich ein wenig auf, so daß sein zarter Körper, der genauso knabenhaft wirkte wie sein Gesicht, sich von der Erde abhob. Seine Ausrüstung aus Stoff und Leder war viel zu schwer für ihn. Durch Gesten gab er ihr zu verstehen, er hätte gern, daß sie neben ihm im Gras läge. Er zeigte mit dem Finger auf sie, wies auf das Gras neben sich, lachte und deutete eine Umarmung an.

Elisa wandte sich vom Fenster ab. Sie spürte, wie sich ihre Brüste unter dem Stoff ihres Kleides spannten, und schlug die Hände vors Gesicht. In ihr hatte nichts anderes Platz als das Bild des Mannes, der im Zimmer über ihr schlief.

Leise stieg sie die Treppenstufen hinauf und blieb vor ihm stehen. Er hatte sich nicht ausgezogen. Der große, kräftige Körper lag entspannt auf den Decken. Unter dem blauen Drillich seiner engen Hose zeichnete sich sein angewinkeltes Bein in seiner ganzen Länge bis zur Leiste ab. Als sei er mitten in der Bewegung eingeschlafen, hielten seine großen Hände sich am Hemdkragen fest, wo sich zwischen zwei braunen, fast schwarzen Aureolen ein Büschel roten Haars zeigte. Der kräftige Kiefer mit dunklen Schatten von seinem Eintagesbart entspannte sich manchmal ein wenig, um sich sofort wieder zu verkrampfen. Das kräftige blonde Haar war in Strähnen aus der blassen Stirn gestrichen, auf der sich zarte rote Flecken zeigten.

Elisa hatte ihn noch niemals so eingehend betrachtet, ihn noch nie so geliebt und begehrt wie jetzt, mit einer solch tragischen Leidenschaft, mit solch tiefer Verzweiflung in jeder einzelnen Faser ihres Körpers. Sie lehnte unbeweglich mit dem Rücken an der Wand, ihre Haut war feucht, die Brustwarzen hart.

Schließlich schlich sie geräuschlos auf Zehenspitzen wieder hinunter.

Vom Küchenfenster aus sah sie Männer mit Gewehren in der Hand, die gebückt den Hügel hinaufliefen; sie erreichten den Gipfel und verschwanden auf dem Abhang der anderen Seite. Im Gras neben dem Gartenzaun lag niemand mehr, doch es war niedergedrückt. Der junge Soldat war wieder bei seinen Kameraden. Sie hatten den Kind-Mann gerufen, er war nun nicht mehr von den übrigen zu unterscheiden und hatte mit ihnen das Kriegsspiel wiederaufgenommen.

In der Umgebung war Ruhe eingekehrt. Nur von Zeit zu Zeit durchbrachen mit rauher Stimme gerufene Befehle die nachmittägliche Stille.

Elisa schloß das Fenster, rollte das Wachstuch zusammen, mit dem der Tisch bedeckt war, und begann das Suppengemüse für den Abend zu putzen.

Es war schon lange dunkel. Die Kinder lagen im Bett, und Gilles las nach beendetem Mahl die Abendzeitung. Elisa schmierte seine Brote, belegte drei davon mit Rührei, drei mit rohem Speck. Sie wickelte sie ein und reichte sie ihm. Gilles verließ das Haus. Um Elisa herum erstarb alles.

Sie blieb eine Zeitlang untätig sitzen und ertrug ihre Einsamkeit. Von Zeit zu Zeit hörte sie auf der Straße die zuerst lauter und dann wieder leiser werdenden Schritte eines Arbeiters auf dem Weg in die Fabrik. Manchmal gingen sie zu zweit oder dritt, und ihre Worte drangen gedämpft zu ihr herein. Auch andere Frauen waren in dieser Nacht ohne ihre Männer. Doch sie hatten noch den Geschmack eines herzlichen Abschiedskusses auf ihren Lippen, spürten auf ihren Brüsten noch die zärtliche, naive Liebkosung – von einer treuen und liebenden, fast freundschaftlichen Hand, die im Moment des Abschieds ihre Bluse streift. Mitten in der Nacht wachten sie vielleicht auf und merkten, daß der Platz an ihrer Seite leer war, doch konnten sie sicher sein, daß sie im Morgengrauen die heimgekehrten Männer wieder in ihre Arme schließen würden, wie sie selbst es früher auch getan hatte.

Ausgehungerte, aber sorglose Körper, die im Licht der ersten Morgensonne ihre Begierde stillen würden.

Elisa schlang die Arme um ihre Brust und senkte den Kopf. Eine einsame Nacht, ein Morgen ohne Hoffnung. Ein einziger langer Tag ohne einen neuen Morgen. »Mir ist eingefallen, daß sie ihn heute mittag besuchen könnte«... »Ich hätte sie auch direkt an ihrem Laden abholen können, dann hätte ich sie wohl gesehen«... »Ich sage nur, wenn sie so etwas mitmacht, dann verdient sie es nicht besser«... »Wenn ich mich nicht selbst davon überzeuge, werde ich noch verrückt.«

Sie hob den Kopf wieder und seufzte. Dann brachte sie die Küche ein wenig in Ordnung, löschte die Lampe und stieg die Treppe hinauf.

Vor dem Schlafzimmerfenster blieb sie lange stehen. In der Dunkelheit sah sie undeutlich die hügelige Wiesenlandschaft und in der Ferne ein großes Viereck leerer Nacht. Weiter hinten leuchteten verschwommene Lichter, und die Hochöfen ließen den Himmel rötlich schimmern. Die Fabriksirene heulte, um einer Schicht den Feierabend anzukündigen: Gilles begann jetzt mit der Arbeit.

Richard Ford
Great Falls

Dies ist keine glückliche Geschichte. Ich warne Sie.

Mein Vater war ein Mann namens Jack Russell, und als ich noch ein Junge war, dreizehn oder vierzehn, wohnten wir mit meiner Mutter in einem Haus östlich von Great Falls, Montana, in der Nähe der Stadt Highwood und der Highwood-Berge und des Missouri. Das Land ist flach, baumlose Terrassen bis zum Fluß hinunter, und dort wird nur Weizen angebaut. Mein Vater aber war nie Farmer gewesen, er war in der Nähe von Tacoma in Washington aufgewachsen, und sein Vater hatte bei Boeing gearbeitet.

Er – mein Vater – war Sergeant bei der Air Force gewesen und hatte seinen Abschied in Great Falls genommen. Und statt nach Tacoma zurückzuziehen, wohin meine Mutter gerne wollte, hatte er einen Ziviljob bei der Air Force angenommen. Er arbeitete an Flugzeugen, was er sehr gerne tat. Und er hatte ein Haus außerhalb der Stadt gemietet. Es gehörte einem Farmer, der es nicht leerstehen lassen wollte.

Das Haus selbst steht jetzt nicht mehr – ich bin noch einmal dagewesen. Aber die Doppelreihe russischer Olivenbäume und zwei der Ställe stehen noch im Unkraut. Es war ein einfaches zweistöckiges Haus mit einer Vorderveranda und ohne Garage für die Autos. Zu der Zeit fuhr ich jeden Tag mit dem Schulbus nach Great Falls, und mein Vater fuhr mit seinem Wagen zur Arbeit, während meine Mutter zu Hause blieb.

Meine Mutter war eine große hübsche Frau, schlank, mit schwarzem Haar und ein wenig scharfen Gesichtszügen. Manchmal sah es so aus, als lächelte sie, wenn sie gar nicht lächelte. Sie war in Wallace, Idaho, aufgewachsen und hatte in Spokane ein Jahr lang ein College besucht, war dann an die Küste gezogen, wo sie Jack Russell getroffen hatte. Sie war zwei Jahre älter als er, und sie heiratete ihn, weil er, wie sie mir sagte, jung war und wundervoll aussah und weil sie glaubte, sie könnten zusammen die Kleinstadt hinter sich lassen und sich in der Welt umschauen – was sie, glaube ich, auch eine Zeitlang taten. Das war das Leben, das sie wollte, bevor sie wußte, was sie sonst noch wollte, und bevor sie überhaupt an die Zukunft dachte.

Wenn mein Vater nicht an Flugzeugen arbeitete, ging er jagen oder fischen, und er konnte beides sehr gut. Fischen hatte er, wie er sagte, in Island gelernt, und Enten jagen auf den verschiedenen Stützpunkten der Air Force im Norden, auf denen er stationiert war. Und während dieser Zeit – es war 1960 – nahm er mich mit auf das, was er seine »Expeditionen« nannte. Selbst damals dachte ich schon, daß dies Gelegenheiten waren, von denen andere Jungen nur träumen konnten. Und obwohl ich damals wenig wußte, glaube ich, daß das richtig war.

Es ist wahr, daß mein Vater keine Grenzen kannte. Im Frühjahr gingen wir meistens zum Judith River Basin im Osten und kampierten am Flußufer, und er fing dann hundert Fische an einem Wochenende und manchmal noch mehr. Von morgens bis abends tat er nichts anderes, und es fiel ihm nicht schwer. Als Köder benutzte er Maiskörner auf einem Nr.-4-Haken an einer Darmschnur, und er ließ ihn, mit Schrotkugeln beschwert, an den stillen, tiefen Stellen des Flusses auf den Grund sinken, und er fing Fische. Und meistens Fische von guter Größe, weil er den Judith River gut kannte und Gefühl für den Köder hatte, auch wenn er tiefer unten lag.

Bei der anderen Sache, die er mochte, bei der Entenjagd, war es dasselbe. Wenn die Enten aus dem Norden einfielen, meistens um die Oktobermitte, nahm er mich mit, und wir bauten ein Versteck und einen mit Weizenstroh verkleideten Anstand an einem der verlandeten Flußarme oder Sumpfteiche, die er unten am Missouri kannte und in denen das Wasser so flach war, daß man darin waten konnte. Wir setzten die Lockenten auf der dem Wind abgewandten Seite unseres Anstands ab und streuten Maiskörner von ihnen bis vor die Stelle, an der wir standen. Abends, wenn er von der Arbeit auf dem Stützpunkt zurückkam, fuhren wir hinaus und saßen in unserem Anstand, bis die Vögel einfielen, um die Nacht hier zu verbringen. Sie landeten zwischen den Lockenten – mein Vater versuchte nie, sie zu rufen. Und nach einer Weile, manchmal dauerte es eine Stunde, und dann war es schon ganz dunkel, fanden die Enten den Mais, und der ganze Schwarm, manchmal sechzig, schwamm langsam auf uns zu. Wenn er meinte, daß sie dicht genug herangekommen waren, sagte mein Vater: »Licht, Jackie«, und ich stand auf und ließ einen Auto-Suchscheinwerfer aufleuchten und auf den Teich fallen, und er stand neben mir auf und schoß alle Enten, die da waren, die auf dem Wasser, wenn er sie da erwischen konnte, aber auch die, die gerade aufflogen oder schon in der Luft waren. Er hatte eine Modell-11-Remington mit einem langen Magazin, das zehn Patronen faßte, und mit so vielen Schüssen und indem er flach über die Wasseroberfläche schoß statt auf sie hinunter, konnte er in zwanzig Sekunden dreißig Enten töten oder verwunden. Ich erinnere mich genau an den Knall dieses Gewehres und das Aufblitzen des Mündungsfeuers über dem Wasser in der Dunkelheit, ein Schuß nach dem anderen, nicht einmal so schnell, sondern ruhig und gemessen, so daß er so viele Enten wie möglich treffen konnte.

Die Enten, die er schoß, und auch die Fische, die er fing, verkaufte mein Vater. Es war gegen das Gesetz, Wild zu verkaufen, und es ist noch heute verboten. Einige behielt er für uns, aber die meisten – die Fische auf Eis gelegt und die Enten noch naß in großen Maissäcken – brachte er zum Great Northern Hotel hinunter, das damals noch in der Second Street in Great Falls stand. Er verkaufte sie dort an einen schwarzen Lebensmittellieferanten, der sie für seine wohlhabenden Kunden und für die Zuggäste im Speisewagen erwarb. Wir fuhren im Plymouth meines Vaters an die Rückseite des Hotels – das war immer nach dem Dunkelwerden – vor eine Laderampe aus Beton mit einer erleuchteten Tür. Es war in der Nähe des Bahnhofs, und manchmal konnte ich von dort aus die Personenzüge sehen, die da hielten, das Licht in den Wagen war gelb und warm, die Zuggäste trugen Anzüge, und sie wollten alle weit fort von Montana – Milwaukee oder Chicago oder New York City, für mich unvorstellbare Orte. Ich war ein Junge von vierzehn Jahren, und mein Vater verkaufte in der kalten Dunkelheit Enten und Fische, mit denen man nicht handeln durfte.

Der Aufkäufer war ein großer gebeugter Mann in weißer Jacke, den mein Vater »Professor Ente« oder »Professor Fisch« nannte, und der Professor sprach meinen Vater mit »Sarge« an. Er zahlte einen Vierteldollar für das Pfund Fisch, zehn Pennies für Weißfisch, einen Dollar für eine Stockente, zwei für eine Nonnenoder eine Ringelgans und vier für eine Kanadagans. Es hat Tage gegeben, an denen mein Vater hundert Dollar für Fische einsteckte und im Herbst oft mehr als das für Enten und Gänse. Wenn er seine Beute verkauft hatte, fuhren wir in die 10th Avenue und gingen in eine Bar in der Nähe des Luftstützpunktes, ›The Mermaid‹, und dort trank er mit Freunden, und sie lachten über Geschichten vom Jagen und Fischen, während ich am Flipperautomaten spielte oder Geld an die Musikbox verschwendete.

Es war ein solcher Abend, als die unglücklichen Dinge geschahen. Es war im späten Oktober. Ich erinnere mich, weil Halloween bevorstand, und in den Fenstern der Häuser, an denen ich jeden Tag im Bus nach Great Falls vorbeifuhr, waren Kürbislaternen zu sehen, und manche Leute hatten Vogelscheuchen auf Stühlen in ihre Vorgärten gesetzt.

Mein Vater und ich hatten an einem toten Arm des Smith River, oberhalb der Einmündung in den Missouri, Enten geschossen. Er hatte dreißig Enten erlegt, und wir waren zum Great Northern Hotel gefahren und hatten sie da verkauft. Zwei hatte er in seinem Maissack behalten. Und als wir vom Hotel wegfuhren, sagte er plötzlich: »Laß uns heut abend gleich zurückfahren, Jackie. Ich scheiß auf die Typen im ›Mermaid‹. Ich mach uns die Enten

154

auf dem Grill zurecht. Wir machen heut abend mal was anderes.«
Er lächelte mich seltsam an. Das war etwas, das er sonst nie gesagt
hatte, und auch der Ton war ungewöhnlich für ihn. Er mochte
das ›Mermaid‹, und meiner Mutter – soweit ich es beurteilen
konnte – machte es nichts aus, wenn er hinging.
»Hört sich gut an«, sagte ich.
»Wir überraschen deine Mutter mal«, sagte er. »Sie wird sich
freuen.«
Wir fuhren auf dem Highway 87 an dem Luftstützpunkt vorbei,
wo die Flugzeuge in die Nacht starteten. In der Dunkelheit
leuchteten die grünen und roten Punkte auf den Landebahnen,
der Scheinwerfer auf dem Tower wanderte über den Himmel und
fing Flugzeuge ein, die über dem flachen Land nach Kanada oder
Alaska und zum Pazifik hin verschwanden.
»Junge, Junge«, sagte mein Vater – einfach so aus der Dunkelheit heraus. Ich sah ihn an, er hatte die Augen zusammenge-
kniffen und schien über etwas nachzudenken. »Weißt du, Jackie«,
sagte er, »deine Mutter hat mal was zu mir gesagt, was ich nie
vergessen hab. Sie hat gesagt: ›An gebrochenem Herzen ist noch
nie jemand gestorben.‹ Das war einige Zeit bevor du geboren
wurdest. Wir wohnten unten in Texas, und wir hatten irgendeinen großen Streit, und da sagte sie das. Ich weiß nicht, warum.«
Er schüttelte den Kopf.
Er suchte mit der Hand unter seinem Sitz herum und fand eine
Flasche Whiskey, die er in das Scheinwerferlicht des hinter uns
fahrenden Wagens hielt, um zu sehen, ob noch etwas drin war.
Dann schraubte er den Verschluß ab und trank einen Schluck und
hielt mir die Flasche hin. »Trink was, mein Sohn«, sagte er.
»Irgendwas Gutes muß man haben im Leben.« Und ich merkte,
daß etwas nicht stimmte. Nicht wegen des Whiskeys, denn ich
hatte schon ab und zu etwas getrunken, und er wußte das, sondern wegen seiner Stimme, in der etwas lag, das ich nicht erkannte und dessen Bedeutung ich nicht verstand, obwohl ich mir
sicher war, daß es etwas zu bedeuten hatte.
Ich nahm einen Schluck und gab ihm die Flasche zurück. Ich

hielt den Whiskey im Mund, bis er nicht mehr brannte und ich ihn in kleinen Schlückchen hinunterbringen konnte. Als wir in die Straße nach Highwood einbogen, sanken die Lichter von Great Falls hinter uns unter den Horizont, und ich konnte die kleinen weißen Lichter von Farmen erkennen, die in großen Abständen in der Dunkelheit brannten.

»Machst du dir Sorgen über irgendwas, Jackie?« sagte mein Vater. »Machst du dir Sorgen über Mädchen? Machst du dir Sorgen über dein zukünftiges Sexleben? Hat es damit zu tun?« Er sah mich an und dann wieder auf die Straße.

»Ich mach mir darüber keine Sorgen«, sagte ich.

»Worüber dann?« sagte mein Vater. »Was gibt's sonst noch?«

»Ich mach mir Sorgen darüber, daß du stirbst, bevor ich sterb«, sagte ich, obwohl ich es furchtbar fand, das auszusprechen. »Oder Mutter. Darüber mach ich mir Sorgen.«

»Es wär'n Wunder, wenn wir das nicht täten«, sagte mein Vater, die Flasche in derselben Hand, mit der er steuerte. Das hatte er schon vorher manchmal gemacht. »Die Dinge im Leben gehen viel zu schnell an einem vorbei, Jackie. Mach dir darüber keine Sorgen. Wenn ich du wär, würd ich mir Sorgen machen, daß wir's nicht tun.« Er lächelte mich an, und es war nicht das besorgte, nervöse Lächeln von vorher, sondern ein Lächeln, das zeigte, daß er sich freute. Und ich kann mich nicht daran erinnern, daß er mich jemals wieder so anlächelte.

Wir fuhren hinter Highwood weiter auf die flachen Feldwege hinaus auf unser Haus zu. Draußen auf der Prärie sah ich ein sich bewegendes Licht, wo der Farmer, der uns das Haus vermietet hatte, sein Feld für den Winterweizen eggte. »Damit hat er zu lang gewartet«, sagte mein Vater, nahm noch einen Schluck und warf die Flasche aus dem Fenster. »Er wird den Weizen verlieren«, sagte er, »die Kälte wird ihn ruinieren.« Ich antwortete nicht, aber ich dachte, daß er vom Farmen nichts verstand und daß es ein Zufall sein würde, wenn er recht behielte. Er verstand was von Flugzeugen und vom Jagen und Angeln, und das, schien mir, war alles.

»Ich respektier deine Privatsphäre«, sagte er dann, und ich verstand überhaupt nicht, warum er das sagte. Ich bin nicht einmal sicher, ob er es überhaupt gesagt hat, vielleicht ist das nur in meiner Erinnerung. Nur Wörter. Aber ich weiß noch, daß ich gesagt habe: »Das ist schon in Ordnung. Danke.«

Wir fuhren nicht direkt die Geraldine Road auf unser Haus zu. Statt dessen fuhr mein Vater eine Meile weiter, bog dann ab, fuhr noch eine Meile und bog wieder ab, so daß wir aus einer anderen Richtung nach Hause kamen. »Ich halt mal eben an und versuch, was zu hören«, sagte er. »Die Gänse sollten jetzt schon in den Stoppelfeldern sein.« Wir hielten an, und er stellte den Motor und die Lichter ab, und wir kurbelten die Autofenster herunter und horchten. Es war acht Uhr, und es wurde kälter, obwohl es ein trockener Tag war. Aber ich konnte nichts hören, nur den Wind, der leicht über das Stoppelfeld ging, keinen Laut von einer Gans. Obwohl ich den Whiskey im Atem meines Vaters roch und in meinem, den abgestellten Motor ticken hörte und das Atmen meines Vaters, das Geräusch hörte, das wir auf den Autositzen machten, unsere Kleidung, unsere Füße, fast das Schlagen unserer Herzen. Und ich konnte draußen die gelben Lichter in unserem Haus sehen, die durch die Olivenbäume schienen. Es war wie ein Schiff auf See. »Bei Gott, ich hör sie«, sagte mein Vater. Er hatte den Kopf aus dem Fenster gestreckt. »Aber sie sind sehr hoch. Sie werden hier nicht runterkommen, Jackie. Die fliegen hoch oben, die Jungs. Sie sind längst woanders.«

Ein Wagen war neben der Straße unter den Bäumen geparkt, die dort als Windbrecher standen, neben einer alten Dreschmaschine, die ein Farmer da verrosten ließ. Das Mondlicht glänzte im Chrom der Schlußlichter. Es war ein Pontiac, ein zweitüriges Coupé. Mein Vater sagte nichts dazu, und ich auch nicht, aber aus verschiedenen Gründen, wie ich jetzt glaube.

Die Lampe über der Haustür brannte, und drinnen war Licht, unten und oben. Meine Mutter hatte einen Kürbiskopf auf der Veranda, und das Glockenspiel, das sie neben die Tür gehängt hatte, klingelte leise. Mein Hund Major kam aus der Nissenhütte und blieb im Licht der Scheinwerfer stehen, als wir heranrollten.

»Wir wollen doch mal sehen, was hier los ist«, sagte mein Vater, als er die Tür öffnete und schnell ausstieg. Er sah auf mich im Wagen zurück, und seine Augen waren groß und die Lippen aufeinandergepreßt.

Wir gingen durch die Seitentür hinein und die Kellertreppe hinauf in die Küche, und da stand ein Mann – ein Mann, den ich noch nie gesehen hatte, ein junger Mann mit blondem Haar, der vielleicht zwanzig oder fünfundzwanzig war. Er war groß und trug ein kurzärmeliges Hemd und beigefarbene Hosen mit Bügelfalten. Er stand auf der anderen Seite des Frühstückstisches, und seine Fingerspitzen berührten gerade die hölzerne Tischplatte. Seine blauen Augen waren auf meinen Vater gerichtet, der sein Jagdzeug anhatte.

»Hallo«, sagte mein Vater.

»Hallo«, sagte der junge Mann und sonst nichts. Aus irgendeinem Grund sah ich seine Arme an. Sie waren lang und blaß. Sie sahen aus wie die Arme eines jungen Mannes, wie meine. Seine kurzen Ärmel waren sauber aufgerollt, und ich sah das untere Ende einer kleinen grünen Tätowierung darunter hervorgucken. Auf dem Tisch stand ein Glas Whiskey, aber keine Flasche.

»Wie heißt du?« sagte mein Vater. Er stand unter der hellen Deckenleuchte in der Küche. Seine Stimme klang, als würde er gleich loslachen.

»Woody«, sagte der junge Mann und räusperte sich. Er sah mich an, dann berührte er das Glas Whiskey, nur den Rand. Er war nicht nervös, das merkte ich. Er schien vor nichts Angst zu haben.

»Woody«, sagte mein Vater und sah auf das Glas mit dem Whiskey. Dann guckte er mich an, seufzte und schüttelte den Kopf.

»Wo ist Mrs. Russell, Woody? Du bist doch nicht hier, um mein Haus auszurauben, oder?«

Woody lächelte. »Nein«, sagte er. »Oben. Ich glaube, sie ist nach oben gegangen.«

»Gut«, sagte mein Vater, »oben ist gut.« Und er ging sofort hinaus, kam aber noch einmal zurück und blieb in der Tür stehen.
»Jackie, du und Woody, ihr geht raus und wartet auf mich. Bleibt
da, ich komm gleich raus.« Er sah Woody auf eine Art an, wie ich
von ihm nie hätte angesehen werden wollen, ein Blick, als wollte er ihn genau taxieren. »Ich nehm an, das ist dein Wagen«, sagte er.

»Der Pontiac.« Woody nickte.

»Okay. Gut«, sagte mein Vater. Dann ging er wieder hinaus und
die Treppe hinauf. In dem Augenblick begann das Telefon im
Wohnzimmer zu läuten. Ich hörte meine Mutter oben sagen: »Wer
ist da?« Und mein Vater sagte: »Ich bin's. Jack.« Und ich entschied mich, nicht ans Telefon zu gehen. Woody sah mich an, und
ich merkte, daß er nicht wußte, was er machen sollte. Weglaufen,
vielleicht. Aber er war keiner, der vor irgendwas weglief. Obwohl
ich dachte, daß er wahrscheinlich tun würde, was ich sagte, wenn
ich's ihm sagte.

»Komm, wir gehen mal raus«, sagte ich.

Und er sagte: »In Ordnung.«

Woody und ich gingen hinaus und blieben im Licht der Lampe
über der Tür stehen. Ich hatte meine wollene Jacke an, aber
Woody war kalt, und er stand mit den Händen in den Taschen
und nackten Armen da und trat von einem Fuß auf den anderen.
Einmal sah ich hinauf, und meine Mutter kam ans Fenster und
guckte auf Woody und mich herunter. Woody blickte nicht auf,
aber ich sah sie. Ich winkte ihr zu, und sie winkte zurück und
lächelte. Sie trug ein kobaltblaues Kleid. Das Telefon klingelte
noch eine Minute und hörte dann auf.

Woody zog eine Zigarette aus der Hemdtasche und steckte sie
sich an. Rauch schoß aus seiner Nase heraus in die kalte Luft,
und er schnüffelte, sah auf den Boden um sich herum und warf
sein Streichholz auf den Kies. Sein blondes Haar war nach hinten gekämmt und an den Seiten sauber geschnitten. Ich konnte
sein Rasierwasser riechen, es war ein süßer Limonengeruch. Und
zum ersten Mal fielen mir seine Schuhe auf. Sie waren zweifar-

big, schwarz mit weißem Oberteil und schwarzen Schnürbändern. Sie guckten unter seinen weitgeschnittenen Hosen heraus und waren lang und poliert und glänzend, als hätte er sich auf irgendwas Wichtiges vorbereitet. Sie sahen aus wie Schuhe, die ein Country-Sänger tragen würde, oder ein Vertreter. Er war gutaussehend, aber nur so wie jemand, den man neben sich im Kaufhaus bemerkte und dann gleich wieder vergaß.

»Mir gefällt's hier draußen«, sagte Woody. Er hielt den Kopf gesenkt, sah auf seine Schuhe hinunter. »Hier stört einen nichts. Ich wette, man könnte bis Chicago gucken, wenn die Welt keine Kugel wäre. Die Great Plains fangen hier an.«

»Ich weiß nicht«, sagte ich.

Woody sah mich an, er hielt die Zigarette in der hohlen Hand. »Spielst du Football?«

»Nein«, sagte ich. Ich dachte daran, ihn nach etwas über meine Mutter zu fragen. Aber ich wußte nicht, was.

»Ich *hab* was getrunken«, sagte Woody, »aber ich bin nicht betrunken.«

In dem Moment wurde der Wind stärker, und von hinter dem Haus hörte ich Major einmal von weit weg bellen, ich konnte den Bewässerungsgraben im Feld riechen und hörte das Wasser in ihm zischen. Er zog sich dreißig Kilometer weit vom Highwood Creek bis zum Missouri hinunter. Das war nichts, was Woody kannte, nichts, das er hören oder riechen konnte. Er kannte nichts von dem, was hier war. Ich hörte aus dem Haus, wie mein Vater die Wörter sagte: »Das ist ja ein Witz«, dann das Geräusch einer Schublade, die aufgezogen und geschlossen wurde, und einer Tür, die zufiel. Dann nichts mehr.

Woody drehte sich um und sah in die Dunkelheit, dorthin, wo das schwache Licht von Great Falls am Horizont stand, und wir konnten beide die blinkenden Positionslampen eines herunterkommenden Flugzeugs sehen, das zur Landung ansetzte.

»Ich bin mal auf dem Flughafen von Los Angeles an meinem Bruder vorbeigelaufen und hab ihn nicht erkannt«, sagte Woody und starrte in die Nacht. »Er hat *mich* aber erkannt. Er hat gesagt, he, Brüderchen, bist du mir böse oder was? Ich war ihm überhaupt nicht böse. Wir mußten beide lachen.«

Woody wandte sich um und sah auf das Haus. Er hatte die Hände immer noch in den Taschen, die Zigarette zwischen den Zähnen, die Arme angespannt. Ich sah jetzt, daß es dickere, kräftigere Arme waren, als ich gedacht hatte. Eine Vene schlängelte sich auf jedem der beiden Arme nach unten. Ich fragte mich, was Woody wußte und ich nicht. Nicht über meine Mutter – darüber wußte ich nichts und wollte auch nichts wissen –, sondern über eine Menge anderer Dinge, über das Leben draußen im Dunkeln, warum er hier herausgekommen war, über Flughäfen, sogar über mich. Er war gar nicht so viel älter als ich, das wußte ich. Aber Woody war eine Sache, und ich war eine andere. Und ich fragte mich, wie ich je so werden konnte wie er, denn das schien mir wirklich nicht schlecht zu sein.

»Wußtest du, daß deine Mutter schon mal verheiratet war?« sagte Woody.

»Ja«, sagte ich. »Das wußte ich.«

»Das passiert heutzutage allen«, sagte er. »Sie können's gar nicht erwarten, sich scheiden zu lassen.«

»Tja«, sagte ich.

Woody ließ seine Zigarette auf den Kies fallen und tippte sie mit der Spitze seines schwarzweißen Schuhs aus. Er sah mich an und lächelte so, wie er im Haus gelächelt hatte, ein Lächeln, das sagen wollte, er wüßte etwas, das er nicht verriet, ein Lächeln, das einem ein schlechtes Gefühl geben sollte, weil man nicht Woody war und nie so sein konnte.

Da kam mein Vater aus dem Haus. Er trug immer noch seine karierte Jagdjacke und seine Wollmütze, aber sein Gesicht war weiß wie Schnee, so weiß, wie ich nur je das Gesicht eines Menschen gesehen habe. Es war seltsam. Ich dachte, daß er vielleicht drinnen hingefallen war, denn er sah so zerschlagen aus, als hätte er sich selbst irgendwie verletzt.

Meine Mutter trat hinter ihm aus der Tür und blieb im Licht der Lampe oben auf der Treppe stehen. Sie trug das kobaltblaue

Kleid, das ich durch das Fenster gesehen hatte, ein Kleid, das sie vorher noch nie getragen hatte, und darüber hatte sie einen Mantel gezogen, und sie trug einen Koffer. Sie blickte mich an und schüttelte leise den Kopf, so daß nur ich es sehen konnte. Sie wollte mir sagen, daß es keine gute Idee sei, jetzt zu reden.

Mein Vater ging mit den Händen in den Taschen auf Woody zu. Er sah mich nicht einmal an. »Was machst du?« sagte er und stellte sich sehr dicht vor Woody hin. Seine Jacke berührte Woodys Hemd.

»Ich bin in der Air Force«, sagte Woody. Er sah mich an und dann meinen Vater. Es muß ihm klargewesen sein, daß mein Vater sehr erregt war.

»Ist das heute dein freier Tag?« sagte mein Vater. Er trat noch ein wenig dichter an Woody heran, die Hände immer noch in den Taschen. Er stieß Woody mit der Brust an, und Woody schien nichts dagegen tun zu wollen, daß mein Vater ihn herumstieß.

»Nein«, sagte er und schüttelte den Kopf.

Ich sah meine Mutter an. Sie stand einfach da, sah zu. Es war, als hätte ihr jemand einen Befehl gegeben, und sie gehorchte. Sie lächelte mich nicht an, obwohl sie, glaube ich, über mich nachdachte. Es war ein komisches Gefühl.

»Was ist los mit dir?« sagte mein Vater Woody ins Gesicht, direkt ins Gesicht – seine Stimme war belegt, als wäre es für ihn plötzlich schwer geworden zu reden. »Was um Himmels willen ist mit dir los? Verstehst du überhaupt nichts?« Mein Vater zog einen Revolver aus der Tasche und stieß Woody den Lauf unter das Kinn, in das Weiche hinter der Kinnlade, so daß sich Woodys ganzes Gesicht emporreckte, aber seine Arme blieben an den Seiten, die Hände offen. »Ich weiß nicht, was ich mit dir machen soll«, sagte mein Vater. »Ich weiß einfach nicht, was ich mit dir machen soll. Ich weiß wirklich nicht.«

Aber ich glaubte, daß es das war, was er eigentlich wollte, er wollte Woody da so halten, bis etwas Wichtiges geschah oder bis er das Ganze einfach vergessen konnte.

Mein Vater zog den Hammer des Revolvers zurück und stieß den

Lauf noch härter unter Woodys Kinn, er atmete ihm ins Gesicht – meine Mutter stand im Licht der Lampe und beobachtete die beiden und mich, der ich die beiden beobachtete. So muß eine halbe Minute vorbeigegangen sein.

Und dann sagte meine Mutter: »So, Jack, jetzt hör auf damit. Jetzt ist es genug.«

Mein Vater starrte Woody ins Gesicht, als wollte er, daß Woody sich überlegte, irgendwas zu tun – sich bewegen oder umdrehen oder irgendwas, um diesem ein Ende zu machen –, und mein Vater würde dem dann wieder ein Ende machen. Die Augen meines Vaters waren eng zusammengezogen, er knirschte mit den Zähnen, seine Lippen waren in einem wütenden Knurren verzogen, das fast einem Lächeln ähnelte. »Du bist verrückt, nicht?« sagte er. »Du bist ein gottverdammt verrückter Mann. Liebst du sie auch? Liebst du sie, verrückter Mann? Tust du's? Sagst du, du liebst sie? Sag, du liebst sie! Sag, du liebst sie, damit ich dein verdammtes Gehirn in die Wolken jagen kann.«

»Okay«, sagte Woody. »Nein. Ist in Ordnung.«

»Er liebt mich nicht, Jack. Gott noch mal«, sagte meine Mutter. Sie schien so ruhig. Sie sah mich an und schüttelte wieder den Kopf. Ich glaub nicht, daß sie glaubte, mein Vater würde Woody erschießen. Und ich glaub auch nicht, daß Woody es glaubte. Niemand glaubte das, scheint mir, außer meinem Vater selbst. Ich glaub, er glaubte es und suchte nach einem Weg, es zu tun.

Plötzlich drehte sich mein Vater um und starrte meine Mutter wütend an, seine Augen glänzten und bewegten sich schnell hin und her, aber den Revolver hielt er weiter an Woodys Kinn. Ich glaub, er hatte Angst, Angst, daß er etwas falsch machte und alles durcheinanderbrachte und, was noch schlimmer war, nichts dabei erreichte.

»Du gehst«, schrie er sie an. »Deshalb hast du gepackt. Verschwinde. Geh!«

»Jackie muß morgen früh in die Schule«, sagte meine Mutter in ihrer normalen Stimme. Und ohne noch ein Wort zu einem von uns zu sagen, ging sie mit dem Koffer in der Hand aus dem Schein der Lampe hinaus, um die Veranda herum und verschwand in Richtung auf die Olivenbäume, die in zwei Reihen auf die Weizenfelder zuliefen.

Mein Vater sah sich nach mir um, als erwartete er, daß ich mit meiner Mutter zu Woodys Auto gehen würde. Aber ich hatte daran gar nicht gedacht – wenn ich es auch später tat. Später dachte ich, daß ich mit ihr hätte gehen sollen und daß die Dinge zwischen ihnen dann anders gelaufen wären. Aber so ist es nicht gewesen.

»Du bist sicher, daß du jetzt hier wegkommst, was, Mister?« sagte mein Vater in Woodys Gesicht. Er war selbst verrückt, in dem Augenblick. Jeder wär verrückt geworden. Ihm muß es so vorgekommen sein, als entglitte ihm alles.

»Ich würd gerne«, sagte Woody. »Ich würd gern hier wegkommen.«

»Und ich würd gern einen Weg finden, dir was zu tun«, sagte mein Vater und blinzelte. »Aber ich weiß nicht, wie.« Wir hörten alle, wie die Tür von Woodys Wagen zugeschlagen wurde. »Hältst du mich für einen Dummkopf?« sagte mein Vater.

»Nein«, sagte Woody, »dafür halt ich Sie nicht.«

»Denkst du, du bist wichtig?«

»Nein«, sagte Woody. »Bin ich nicht.«

Mein Vater blinzelte wieder. Er schien in dem Moment jemand anderes zu werden, jemand, den ich nicht kannte. »Woher kommst du?«

Und Woody schloß die Augen. Er atmete ein, dann aus, dann seufzte er. Es schien so, als wäre diese Frage irgendwie das Schlimmste, etwas, mit dem er nicht gerechnet hatte.

»Chicago«, sagte Woody. »Vorstadt von Chicago.«

»Leben deine Eltern noch?« sagte mein Vater, und die ganze Zeit hielt er immer noch die blaue Magnum unter Woodys Kinn gepreßt.

»Ja«, sagte Woody. »Ja, sie leben noch.«

»Um so schlimmer«, sagte mein Vater. »Um so schlimmer, daß sie erfahren werden, was du bist. Ich glaub allerdings nicht, daß du ihnen noch was bedeutest. Wahrscheinlich schon lange nicht mehr. Ich bin sicher, daß sie wünschen, du wärst tot. Du weißt das vielleicht nicht. Aber ich weiß es. Ich kann ihnen aber nicht helfen. Dich muß jemand anders umbringen. Ich hab keine Lust, noch weiter an dich denken zu müssen. Das wär's, glaub ich.«

Mein Vater ließ den Revolver sinken, stand da und sah Woody an. Er trat nicht zurück, er stand nur da und wartete auf irgendwas, ich weiß nicht, was. Woody blieb einen Moment stehen, dann blickte er unsicher zu mir herüber. Und ich weiß, daß ich die Augen niederschlug. Das war alles, was ich tun konnte. Obwohl ich mich entsinne, daß ich mich fragte, ob es ihm das Herz gebrochen hatte und was das alles hier für ihn bedeutete. Nicht, was es mir oder meiner Mutter oder meinem Vater bedeutete. Sondern ihm, da er mir irgendwie draußen zu stehen schien, derjenige, der bald einsam sein würde, der etwas getan hatte, von dem er bald wünschen würde, er hätte es nie getan, und der niemand hatte, der ihm sagen würde, es sei schon in Ordnung, er vergebe ihm, daß so was eben passiere in der Welt.

Woody trat einen Schritt zurück, sah meinen Vater und mich wieder an, als wollte er etwas sagen, machte dann einen Schritt zur Seite und ging von uns weg auf das Haus zu, wo das Glockenspiel in der frischen kalten Luft klingelte.

Mein Vater, die große Pistole in der Hand, sah mich an. »Kommt dir das blöd vor?« sagte er. »All das? Rumschreien und drohen und sich wie ein Verrückter aufführen? Würd mich nicht wundern, wenn's dir so vorkäme. Du solltest bei so was eigentlich gar nicht zusehen. Tut mir leid. Ich weiß nicht, was ich jetzt machen soll.«

»Das kommt schon wieder in Ordnung«, sagte ich. Und ich ging zur Straße hinaus. Woodys Wagen wurde hinter den Olivenbäumen angelassen. Ich blieb stehen und sah zu, wie er rückwärts herausrollte, die roten Schlußlichter von den Auspuffschwaden verwischt. Ich konnte ihre Köpfe drinnen sehen, dahinter das Licht der Scheinwerfer. Als sie auf der Straße waren, berührte Woody kurz die Bremse, und einen Moment sah ich, daß sie redeten, sie hatten die Köpfe einander zugewandt, sie nickten. Woodys Kopf und der meiner Mutter. So saßen sie ein paar Sekunden lang da, dann fuhren sie langsam davon. Und ich fragte mich, was sie da zu besprechen hatten, was so wichtig war, daß sie auf der Stelle anhalten und es sagen mußten. Sagte sie: *Ich liebe dich?* Sagte sie: *Damit hab ich nicht gerechnet?* Sagte sie: *Das hab ich schon immer gewollt?* Oder sagte sie: *Das tut mir alles sehr leid?* oder *Das alles bedeutet mir nichts mehr?* Das sind Dinge, die man nicht wissen kann, wenn man nicht bei ihnen war. Und ich war nicht bei ihnen und wollte nicht bei ihnen sein. Es schien nicht richtig, bei ihnen zu sein. Ich hörte die Tür zuschlagen, mein Vater war ins Haus gegangen. Und ich wandte mich von der Straße ab, auf der ich noch immer ihre Schlußlichter verschwinden sehen konnte, und ging ins Haus zurück, wo ich nun mit meinem Vater allein sein sollte.

Die Dinge gehen selten mit einem Knall zu Ende. Am nächsten Morgen fuhr ich wie immer mit dem Bus zur Schule und mein Vater mit dem Wagen zum Luftstützpunkt. Wir hatten nicht viel über all das geredet, was geschehen war. Harte Worte sind in einem Sinn alle gleich. Man kann sie sich selbst ausdenken, und meistens stimmt es. Ich glaube, wir hatten beide das Gefühl, uns in einem Nebel zu bewegen. Noch konnten wir nicht durch ihn hindurchsehen, aber wir hofften, daß er sich nach einer Weile, vielleicht schon bald, heben würde – und dann würden wir wieder klar sehen, würden etwas wissen.
In der dritten Stunde bekam ich in der Schule eine Notiz, auf der stand, daß ich ab Mittag entschuldigt war und meine Mutter in einem Motel an der 10th Avenue South – nicht weit von der Schule entfernt – treffen und mit ihr essen sollte.
Es war ein grauer Tag in Great Falls an jenem Tag. Die Blätter waren schon von den Bäumen gefallen und die Berge östlich der Stadt von tiefhängenden Wolken verdeckt. Die Nacht war klar und kalt gewesen, aber heute lag Regen in der Luft. Der Winter schien im Ernst beginnen zu wollen. In ein paar Tagen würde überall Schnee liegen.

Das Motel, in dem meine Mutter abgestiegen war, nannte sich »Tropicana« und befand sich am Rande des öffentlichen Golf- platzes der Stadt. Auf dem Schild vor dem Empfangsgebäude war ein Neonpapagei, und die Motelhäuschen bildeten ein U hinter dem kleinen weißen Büro. Nur vor zwei der Häuschen standen Autos, und vor dem meiner Mutter war keins. Ich fragte mich, ob Woody hier sein würde oder ob er auf dem Luftstützpunkt war. Auch fragte ich mich, ob mein Vater ihm dort begegnen würde, und wenn ja, was sie sagen würden.

Ich ging zu Haus 9. Die Tür stand offen, aber ein Bitte-nicht- stören-Schild hing an der Türklinke. Ich sah durch die Fliegen- gittertür, und meine Mutter saß drinnen allein auf dem Bett. Der Fernseher lief, aber sie sah mich an. Sie trug das kobaltblaue Kleid, das sie am Abend zuvor angehabt hatte. Sie lächelte mich an, und ich mochte es sehr, wie sie in dem Augenblick aussah, durch das Fliegengitter, im Schatten. Ihre Gesichtszüge erschie- nen nicht mehr so scharf wie vorher. Sie wirkte, wie sie so dasaß, entspannt und zufrieden, und ich hatte das Gefühl, daß wir mit- einander auskommen würden, egal, was geschehen war. Ich war nicht wütend auf sie – ich war eigentlich nie wütend auf sie gewe- sen.

Sie beugte sich vor und stellte den Fernseher ab. »Komm rein, Jackie«, sagte sie, und ich stieß die Gittertür auf und ging hin- ein. »Prächtig hier drin, was?« Meine Mutter sah sich in dem Raum um. Ihr Koffer lag geöffnet an der Tür zum Bad, in das man hinein- und durch dessen Fenster man auf den Golfplatz sehen konnte. Da spielten drei Männer unter dem milchigen Himmel. »Allein zu sein, kann auch eine Last werden, manch- mal«, sagte sie und griff hinunter, um ihre hochhackigen Schuhe anzuziehen. »Ich hab letzte Nacht nicht gut geschlafen. Du?« »Nein«, sagte ich, obwohl ich ganz gut geschlafen hatte. Ich woll- te sie fragen, wo Woody war, aber mir wurde in dem Moment klar, daß er fort war und nicht zurückkommen würde, daß sie ihn gar nicht in ihre Pläne einbezog und es ihr gleichgültig war, wo er sich aufhielt oder sich je aufhalten würde.

»Ich würd von dir gern was Nettes hören«, sagte sie. »Hast du was für mich übrig?«

»Ja«, sagte ich. »Ich bin froh, dich zu sehen.«

»Das *ist* nett«, sagte sie und nickte. Sie hatte jetzt beide Schuhe an.

»Hast du Lust, was essen zu gehen? Wir könnten in die Cafeteria drüben auf der anderen Straßenseite gehen. Da gibt's was Warmes.«

»Nein«, sagte ich. »Ich hab jetzt keinen Hunger.«

»Okay«, sagte sie und lächelte mich wieder an. Und, wie ich schon gesagt habe, ich fand, sie sah wirklich gut aus. Sie war auf eine Art hübsch, wie ich sie vorher nie gesehen hatte, als ob etwas, in dessen Griff sie gewesen war, sie losgelassen hätte. Als könnte sie nun anders sein. Sogar zu mir.

»Weißt du«, sagte sie, »manchmal fällt mir irgendwas ein, was ich mal gemacht hab. Irgendwas. Vor Jahren in Idaho, oder sogar letzte Woche. Und es ist, als hätte ich's gelesen. Wie 'ne Geschichte. Komisch, nicht?«

»Ja«, sagte ich. Und es erschien mir wirklich komisch, denn ich war mir sicher, daß ich den Unterschied zwischen dem, was geschehen war, und dem, was nicht geschehen war, erkennen konnte und immer erkennen können würde.

»Manchmal«, sagte sie und faltete die Hände im Schoß und starrte aus dem kleinen Seitenfenster ihres Häuschens auf den Parkplatz und die geschwungene Reihe der anderen Häuser. »Manchmal vergesse ich sogar einen Augenblick lang völlig, wie das Leben ist. Ganz und gar.« Sie lächelte. »Das ist gar nicht mal so schlecht. Vielleicht bin ich krank. Glaubst du, daß ich nur krank bin und wieder gesund werd?«

»Nein. Ich weiß nicht«, sagte ich. »Vielleicht. Hoffentlich.« Ich sah aus dem Badfenster auf die drei Männer, die mit den Schlägern in den Händen den Golfkurs hinuntergingen.

»Ich kann mich im Moment schlecht mitteilen«, sagte meine Mutter. »Tut mir leid.« Sie räusperte sich, und dann schwieg sie fast eine Minute lang, während ich nur dastand. »Ich *werde* dir aber alles beantworten, was du fragen willst. Frag mich, und ich werd dir die Wahrheit sagen, ob's mir paßt oder nicht. Okay? Das werd ich. Du brauchst mir nicht mal zu trauen. Das spielt keine Rolle mehr zwischen uns. Wir sind jetzt beide erwachsen.«

Und ich sagte: »Warst du schon mal verheiratet?«

Meine Mutter sah mich komisch an. Ihre Augen wurden eng, und einen Moment sah sie so aus, wie ich an sie gewöhnt war – mit scharfem Gesicht und die Lippen zusammengepreßt. »Nein«, sagte sie. »Wer hat dir das gesagt? Das ist nicht wahr. Ich war nicht schon einmal verheiratet. Hat Jack dir das gesagt? Hat dein Vater das gesagt? So was zu sagen, ist schrecklich. So schlimm bin ich nicht gewesen.«

»Er hat das nicht gesagt.«

»Oh, natürlich hat er das«, sagte meine Mutter. »Er kann die Dinge einfach nicht ruhen lassen, wenn alles sowieso schon schlimm genug ist.«

»Ich wollte das wissen«, sagte ich. »Ich hab nur gerade daran gedacht. Ist nicht wichtig.«

»Ist es auch nicht«, sagte meine Mutter. »Ich hätte achtmal heiraten können. Es tut mir nur leid, daß er dir so was gesagt hat. Manchmal ist er nicht gerade großherzig.«

»Er hat das nicht gesagt«, sagte ich. Aber ich hatte es oft genug gesagt, und mir war es egal, ob sie mir glaubte oder nicht. Es stimmte, um Vertrauen ging es zwischen uns nicht in erster Linie. Und außerdem weiß ich heute sowieso, daß man irgendwann aufhört, daran zu glauben, es könne über irgend etwas die ganze Wahrheit geben.

»Ist das alles, was du wissen willst?« fragte meine Mutter. Sie schien wütend zu sein, aber nicht auf mich. Nur auf die Dinge im allgemeinen. Und ich fühlte mit ihr. »Dein Leben ist deine Sache, Jackie«, sagte sie. »Manchmal jagt dir der Gedanke, wie sehr es deine Sache ist, eine Todesangst ein. Da willst du nur wegrennen.«

»Ja, vielleicht«, sagte ich.

»Ich will kein so häusliches Leben, das ist alles.« Sie sah mich an, aber ich sagte nichts. Ich verstand nicht, was sie damit meinte, aber ich wußte, daß ich nichts sagen konnte, was das Leben, das sie von jetzt an führen würde, ändern könnte. Und ich sagte nichts mehr.

Nach einer Weile überquerten wir die 10th Avenue und aßen in der Cafeteria. Als sie bezahlte, sah ich, daß sie den silbernen Geldscheinclip meines Vaters in der Handtasche hatte, mit einer Menge von Scheinen darin. Und ich begriff, daß er sie an dem Tag schon getroffen hatte und ich das ruhig wissen konnte. Es war ihnen egal. Wir waren in dieser Geschichte alle auf uns allein angewiesen.

Als wir wieder auf die Straße traten, war es kälter und windig. Die Auspuffgase waren in der kalten Luft zu sehen, und einige Fahrer hatten schon das Licht eingeschaltet, obwohl es erst zwei Uhr nachmittags war. Meine Mutter hatte sich ein Taxi rufen lassen, und wir standen da und warteten darauf. Ich wußte nicht, wohin sie fahren wollte, aber ich würde nicht mit ihr fahren.

»Dein Vater will nicht, daß ich zurückkomme«, sagte sie, als wir am Rinnstein standen. Es war einfach eine Tatsache, sie wollte damit nicht die Hoffnung ausdrücken, daß ich mit ihm reden und für sie eintreten würde. Aber ich wünschte mir in dem Moment, ich hätte sie am Abend vorher nicht gehen lassen. Man kann die Dinge in Ordnung bringen, indem man einfach bleibt; aber in die Nacht hinauszugehen und nicht zurückzukommen, ist sehr gefährlich, und alles kann außer Kontrolle geraten.

Das Taxi kam. Sie küßte und umarmte mich sehr fest, dann stieg sie mit ihrem kobaltblauen Kleid und ihren hohen Hacken und ihrem kurzen Mantel in den Wagen. Ich roch ihr Parfüm an meinen Wangen, als ich dastand und ihr zusah: »Ich hatte früher vor mehr Dingen Angst als jetzt«, sagte sie und sah lächelnd zu mir auf. »Jetzt hab ich auch noch 'nen Knoten im Magen.« Und sie schlug die Tür zu, winkte und fuhr davon.

Ich ging zur Schule zurück. Ich dachte daran, den Bus nach Hause zu nehmen, wenn ich bis drei Uhr da war. Ich ging sehr lange die 10th Avenue hinunter, am Missouri entlang, dann in die Stadt hinein. Ich ging am Great Northern Hotel vorbei, wo mein Vater Enten und Gänse und alle Arten von Fisch verkauft hatte. Im Bahnhof hielten keine Personenzüge, und die Laderampe erschien mir klein. Vor ihr standen in einer Reihe Mülleimer, und die Tür war zu und abgeschlossen.

Als ich auf die Schule zuging, dachte ich, daß mein Leben sich plötzlich gewendet hatte und daß ich vielleicht auf lange Zeit nicht wissen würde, wie oder auf welche Weise. Vielleicht würde ich es sogar nie wissen. Es war etwas, das mit einem geschah – das wußte ich –, und nun war es mit mir auf diese Weise geschehen. Und als ich an dem Nachmittag in Great Falls weiter die kalte Straße hinunterlief, gingen mir Fragen durch den Kopf, Fragen wie diese: Warum wollte mein Vater nicht, daß meine Mutter zurückkam? Warum blieb Woody mit mir in der Kälte vor dem Haus stehen und riskierte es, umgebracht zu werden? Warum sagte er mir, daß meine Mutter schon mal verheiratet gewesen war, obwohl sie's nicht war? Und meine Mutter selbst – warum tat sie, was sie tat?

Fünf Jahre später ging mein Vater nach Ely, Nevada, um den Ölstreik, der den Luftstützpunkt lahmgelegt hatte, zu überbrücken, und starb in einem Unfall. Und in den Jahren seit der Zeit habe ich meine Mutter ab und zu getroffen – hier und dort, mit dem einen oder anderen Mann –, und ich kann zumindest sagen, daß wir uns noch kennen. Aber ich habe auf diese Fragen nie eine Antwort gefunden, habe auch nie jemanden nach seinen Antworten gefragt. Obwohl sie – die Antwort – vielleicht ganz einfach ist: es ist das schlechte Leben, irgendeine Kälte in uns allen, eine Hilflosigkeit, die uns dazu bringt, das Leben, wenn es rein und einfach ist, mißzuverstehen, und sie läßt unsere Existenz wie eine Grenze zwischen zwei Bereichen des Nichts erscheinen und macht uns zu nichts mehr und nichts weniger als Tieren, die einander auf der Straße begegnen – wachsam, mitleidlos, ohne Geduld oder Sehnsucht.

Anna Banti
Felicina

Die Namen der Wochentage haben durch die Betonung auf immer den gleichen Silben noch stets ein Gesicht bekommen, ja sogar viele Gesichter, je nach Land, Epoche und Wetter. Im Oktober 1880 hatte ein Freitag die zu heiteren Vergleichen anregende Miene, wie sie die Gunst eines klaren Herbstes und der Umstand, daß in Florenz Markttag war, den Einwohnern einer kleinen Stadt in der Toskana bieten konnten. ›Kühle Luft und warmer Sonnenschein‹, hieß es an jenem Morgen, als man die Fensterläden öffnete und ins Freie trat; tatsächlich redeten fast alle so oder ähnlich. Wer aus den Straßen auf einen Platz kam, merkte auch, daß es windig war, aber nur beiläufig; denn in der großen Ebene unterhalb der Calvana-Berge herrscht immer Wind, und die nackten weißen Steinplatten auf dem Boden können weder ein Staubkorn noch einen Grassamen festhalten. Bürger und Bauern waren in aller Hergottsfrühe aufgestanden, um den Zug um sechs Uhr fünfundvierzig nehmen zu können und rechtzeitig zum Markt und für die Wochenendbesorgungen in Florenz zu sein. Eine Stunde Bahnfahrt und, während sich die Fensterscheiben in den Dampfwolken trübten, die rußige Illusion einer großen Reise durch das flache Land, das beim Fahren in einer kleinen Kalesche einen ganz anderen Reiz gehabt hätte. Dann kam Florenz, Lust und Last für die nächsten Nachbarn aus der Provinz. Der Zug fuhr jetzt stockend, und es blieb Zeit, das Schauspiel eines leichten Nebels zu genießen, der von den vertrauten Dachziegeln der großen Kuppel aufstieg. Doch am Mittag schnitt eine kräftige Sonne scharfe Kanten in die Piazza della Signoria, die von schwarzgekleideten Pächtern und Bauern nur so wimmelte. Wenig später saßen Dörfler und Städter lärmend und froh, den häuslichen Verrichtungen für einen Tag entronnen zu sein, in der Trattoria. Frauen waren wenige da, so daß man kein Blatt vor den Mund nahm. Gegen ein Uhr glänzten die Augen, und das Geplauder wurde zähflüssig. Auf dem Tischtuch die zerknüllte Serviette, verstreute Zahnstocher, Apfelschalen und im Glas der letzte Schluck Chianti. Die fast leere Korbflasche schaukelte im Flaschenhalter und ermunterte zur Rückkehr. In dem zu so früher Stunde verlassenen Städtchen verstrich der Tag müßig und gedankenverloren, als hätte ein kurzer, aber intensiver Sommerausflug ihn ausgesogen. Das Café am Markt leer, um elf ebenso wie um zwei. Ein paar ungewohnte Stimmen und die dumpfen Geräusche verunglückter Stöße aus dem Billardraum deuteten auf schüchterne, ungeübte Spieler hin, von der Sorte, die Löcher in das Tuch bohrt; einzelne Garnisonssäbel, mit allzu großer Unbefangenheit zwischen den Stühlen und freien Tischen mitgeschleppt, baumelten in der trägen Leere. Ansonsten war es ein durch und durch weiblicher Tag, wie sich sogar am häuslichen Speiseplan zeigte, welcher vornehmlich aus süßer Kinderkost bestand, wie man sie dem Hausherrn niemals vorgesetzt hätte: Milchreis etwa oder Eierkuchen und, dem Ratschlag des Frauenjournals folgend, womöglich Salat aus Chrysanthemenblüten. Ein freier Tag mit einem Hauch von Unbestimmtheit und Heimlichtuerei, ausgefüllt und aufgelockert von einer ungebundenen Tatkraft oder auch Faulheit, duftend nach winzigen Genugtuungen und symbolischen Racheakten: die Freundin besuchen, die Gigi nicht ausstehen kann, den Kindern einen sonst verbotenen Zeitvertreib gewähren, ein Kaffeestündchen im Freien nur unter Frauen, kleine heimliche Einkäufe; dazu gewisse Träumereien, die sich an anderen Tagen gar nicht einstellten. Nichts Schlimmes natürlich, und doch geleiteten leichte Gewissensbisse und das ängstliche Bestreben, sich zur Ordnung zu rufen, die Damen zum Bahnhof, als die Stunde der Rückkehr ihrer Männer schlug. Gegen sechs Uhr konnte man sie sehen, unbeweglich unter dem Bahnsteigdach, in der Zugluft zwischen dem Wartesaal erster und zweiter Klasse und dem Lampenraum, affektiert und untadelig, die Nase nun züchtig unter den Hutschleier verbannt, die Hände in Glacéhandschuhen über dem Magen gefaltet. Standhaft trugen sie gewisse zwickende Korseletts, zu Ehren der letzten Gefechte des Risorgimento in den Farben Magenta oder Solferino; und eine Spange, romantisch als Page bezeichnet, raffte und hielt die Falten ihrer weiten Röcke zusammen. Die Knaben und Mädchen, in gestärkten Kragen, steifleinenen kurzen Hosen, starren Kleidern und großen Schärpen harrten eine Ewigkeit mit der Rechten fest an der gestrengen Hand ihrer Mutter aus, welche mit der anderen Hand den Rock aufnahm oder den Griff ihres Schirmchens umklammerte, einen Griff in Form einer Schlange, eines Schwans oder eines Jagdhundes. Unter den Wartenden bildeten sich nur wenige Grüppchen und auch nur unter engsten Freundinnen und Verwandten, denn jede saß nach der Entspannung der vergangenen Stunden im Nest des familiären und männlichen Egoismus und brütete die üblichen Raffinessen aus, um sich einzuschmeicheln, zu spionieren und unauffällig die Zähnchen zu zeigen. Als das Ankunftssignal ertönte, versetzte die noch ungewohnte Attraktion der Dampflok die Gemüter unweigerlich in Aufruhr: Man fürchtete sich vor dem gräßlichen Lärm, dem unmenschlichen Luftzug und der teuflischen Stickigkeit des eisernen Atems. Dann sogleich die übliche allgemeine Aufregung, die um sich greifende unnütze Eile und die süße Angst, den Erwarteten nicht rechtzeitig zu entdecken. Hochaufgerichtet und nunmehr aufs äußerste gespannt, hielten die Damen ihren Schirm oder ihren Rockzipfel noch fester, und mit einem Ausdruck der Entschlossenheit reckten sie den Oberkörper ein wenig, so daß sie nun auf ihre Art Abreise, Ankunft und das unbestimmte Verlangen, etwas für sich zu ergattern, verkörperten. Zu guter Letzt deuteten sie im Gedränge drei, vier wankende Schrittchen an und umklammerten die Händchen der Kinder. Dann sahen sie ihren Ehemann: ruhig, gesetzt, mit erloschener Zigarre und mit der etwas heiseren Stimme eines Menschen, der zuviel und zu laut geredet hatte, um das Rattern des Zuges zu übertönen. Die Begegnung versetzte sie in große Aufregung, ganz als wäre sie durch einen glücklichen Zufall zustande gekommen. Sie beteuerten, sie hätten bis eben nach der anderen Seite Ausschau gehalten und sie hätten Angst gehabt, daß er den Zug verpaßt haben könnte; währenddessen schielten sie unauffällig nach der Ledertasche und den Päckchen und waren bemüht, die Abschiedsworte der Reisegefährten und Mitbürger, die noch immer an der Vertraulichkeit der letzten Stunde festhielten, zu unterlaufen und abzukürzen. Solche großspurig und jovial verkündeten Ausrufe wie ›adieu‹, ›auf bald‹, ›darüber reden wir später noch mal‹ und so weiter sind den Ehefrauen, die zuhören, ohne am männlichen Enthusiasmus teilzuhaben oder auch nur dessen Grund zu kennen, stets lästig gewesen – erst recht 1880, als es Sitte war, daß sich die Frau nicht in die Geschäfte ihres Mannes einzumischen hatte. Außerdem begann sich Unmut darüber zu regen, daß man seine Aufmerksamkeit allzusehr teilen mußte. Am Ausgang drängten sich nun die roten und schwarzen Honoratioren des Städtchens sowie einige äußerst begehrenswerte Unbekannte. Alles mußte beobachtet, jede Spur einer Neuheit mußte aufgesogen werden, in aller Eile, und gleichzeitig mußten die eigenen Angelegenheiten geregelt werden, indem anhand kleinster Anzeichen die Stimmung des Hausherrn und womöglich der neueste Stand eines seit Jahren bestehenden Vorhabens erforscht wurde. Eine wahrlich mühselige Aufgabe, und so war es nicht weiter verwunderlich, daß in der plötzlichen Geräumigkeit des Bahnhofsvorplatzes, wo das Gedränge sich auflöste, mehr als eine Dame schmollte. Versprengt und schwankend entfernte sich unter den Bäumen die Gruppe der Junggesellen und Lebemänner. Die Kutscher knallten, nachdem sie den letzten Koffer zurechtgerückt hatten, mit der Peitsche. Das gemeine Volk, Bauern und einfache Leute, hatte seine Pakete und Bündel schon selbst aufgenommen, so wie es das noch heute tut und von jeher getan hat, und ging gemächlich mit dieser Last davon. Das Schauspiel des Zuges aus Florenz war vorbei.

Keineswegs vorbei war dieser Freitag, den wir uns näher anschauen wollen, der siebte Oktober, um genau zu sein. Unter den ankommenden Bürgern war ein Männchen, fröhlich, äußerst zuvorkommend und in schwarzen Kleidern, das eine besondere Heiterkeit hervorzurufen und in aller Augen, bei Männern wie Frauen, einen Funken Verschmitztheit zu entfachen schien. Das Privatleben rückte in den Hintergrund, während im Vordergrund offenbar die fröhliche Eintracht stand, mit der man diesen Mann begutachtete, begleitete und verfolgte. Niemand holte ihn vom Bahnhof ab, und so schloß er sich am Ausgang der Gruppe der größten Spaßvögel und Witzbolde des Städtchens an, die sich ihrerseits mit zweideutiger Herzlichkeit sogleich zu ihm gesellt hatte. Daß er auf der Schwelle stehengeblieben war, um ein schwärzliches langes Elend, das ihn gerade überholte, zu grüßen – habe die Ehre, Herr Studienrat, habe die Ehre –, schien ein ungemein pikanter Vorfall zu sein, und die Eingeweihten stießen sich mit dem Ellbogen an. Die Familienväter beschlossen, sich nicht von dieser Schar zu trennen, und taten so, als folgten sie ihr eher widerwillig, während sich ihre Frauen mit blitzenden Augen und empörten Mündchen auf dem Steinpflaster zwischen Eile und Neugier die Fußgelenke verrenkten. Wahrscheinlich gingen Redensarten und Witze von Ohr zu Ohr, begierig von den Fernerstehenden aufgeschnappt, denn ab und zu brach ein Gelächter los, das die laut gesprochenen Sätze nicht rechtfertigten. Gelegentlich holte der eine oder andere das Männchen ein und redete es an: ›Herr Anwalt, hören Sie…‹, und der Befragte lachte nun ebenfalls, aber auf seine Art, ein bißchen verhalten, als sei er verlegen angesichts einer Gesellschaft und eines Gespräches, die er nicht gewohnt war, die ihn aber dennoch mit Stolz erfüllten. Er ging schnell, den Bauch ein wenig eingezogen, in beflissener Haltung. Da tritt ein hagerer blonder Kerl von hinten an ihn heran, beugt sich dicht zu ihm hinab und faßt ihn mit aufdringlichem Gehabe am Arm. Es ist unverkennbar, daß dieses Benehmen ausdrücklich dem Zweck dient, daß es auch von weitem gesehen werden kann, und daß es den Eindruck von gezierten Gesten und weiblichen Gliedmaßen wecken soll. Er beugt sich mit der Gebärde eines Kurzsichtigen noch tiefer hinab und tut so, als würde er sich mit den Fingern in der Schnur eines Päckchens verheddern, das der Anwalt am Zeigefinger trägt und sanft schaukeln läßt. ›Oh, Poldo, was hast du denn da?‹ Schweigen ringsumher, denn schon haben die Freunde das Augenzwinkern des blassen Spaßvogels aufgeschnappt: Achtung, gleich kommt es! ›Kuchen‹, verkündet das Männchen, ›Kuchen für Felicina.‹ Aber der Ton ist seltsam, weich, beiläufig, hastig – aufgebäumt in einer kleinen prickelnden Welle, die in einer verzerrten Grimasse das kurze nackte Kinn hinabrinnt, und auf die Gesichter der Zuhörer legt sich ein Schleier der Wonne. Jeder kichert nun also, hinter vorgehaltener Hand oder in seinen Bart hinein, wie er kann und muß, denn das ist sein Beitrag zu einem heiligen Erbe der Schwäche und gesellschaftlichen Niedertracht. Der blonde Gianni krönt seine Pflichtübung, indem er die Gelegenheit nutzt, die Szene hinter dem Rücken des Gefoppten mit den Scheinwerfern seiner albinotischen Wimpern anzustrahlen. Nachdem die Falle funktioniert hat, können alle nach Hause gehen.

Nun darf man aber nicht annehmen, daß Frage und Antwort neu gewesen wären, frisch erblüht in der Luft dieses Oktoberabends. Anwalt Leopoldo Lupaccini zu der Auskunft zu veranlassen, was das unweigerlich aus Florenz mitgebrachte Päckchen enthielt, galt schon seit einiger Zeit als äußerst amüsant und war zudem notwendig, um einen Spitznamen zu rechtfertigen, über den sich die Hälfte des Städtchens vor Lachen krümmte: ›Felicina Zuckerkuchen‹. Aber wer war Felicina?

Man könnte bei diesem gutmütigen Namen an eine schlichte Hausfrau denken, die gern sacht ins Herdfeuer bläst, die Farbe der Kohlenglut auf dem Gesicht. Doch nein, niemals ging sie in die Küche, diese Felicina Aquilanti, die sich, wie alle beteuerten, ohne einen Heller in der Tasche mit einem reichen Mann verheiratet hatte.

Als junges Mädchen hatte sie den Tag immer damit begonnen, auf den zinnoberroten Fliesen umherzuschlendern, die das

Dienstmädchen frisch gebohnert hatte. Dabei knabberte sie an einem kleinen Apfel, an einer Pflaume oder an einer trockenen Kastanie, je nach Jahreszeit. Dieses Umherschlendern endete stets auf die gleiche Weise, nämlich mit mehr oder minder langen Aufenthalten am Fenster, hinter der Gardine, von wo aus sie die vorhersehbaren Bewegungen der wenigen Mitmenschen beobachtete, die durch die kleine Straße kamen. Wenn sie so still und gedankenverloren dastand, kam es vor, daß sie an der Innenseite ihrer Wangen nagte, die sie auf diese Weise fast immer wundbiß und betäubte oder daß sie an ihrem Handrücken oder an der Oberseite ihres Handgelenks sog, bis die typischen violetten Flecke kamen. Schließlich setzte sie sich hin, deprimiert von der frühen Stunde und der Einsamkeit, und bitzelte ein paar Handarbeiten aus Spitze, Makramee oder Teneriffa, mit hochkomplizierten, äußerst regelmäßigen Mustern, die von der Feuchtigkeit ihrer verschwitzten Fingerkuppen immer ein wenig geschwärzt waren. In ihrem Eifer atmete sie etwas zu heftig, und ihr Nacken wies zwischen den rötlichen Wänden der Küche Reflexe von altem Talg auf. Sie arbeitete eine halbe Stunde oder etwas länger, dann fiel ihr bei einem Umfassungsstich die Pappunterlage der Spitze in den Schoß, während ihre behutsame Hand lautlos das Schubfach des Beistelltischchens aufzog. Ein Spiel Karten kam zum Vorschein, grau von rechtschaffenem, wächsernem Schmutz, und sogleich offenbarten die kalten Hände beim Mischen und Auslegen eine rasante Behendigkeit. Die Patience dauerte lange und ging nie auf. Außerdem wurde das Mädchen dabei immer von der zittrigen Stimme der Tante unterbrochen, die, mit der Schlafhaube auf dem Kopf und dem weichlichen Gesicht einer Frau, die zuviel im Bett liegt, an der Tür erschien. ›Ich rufe schon seit einer Stunde, und keiner kommt! Die übliche Gefälligkeit, Felicina, das Wasser ist schon heiß.‹ Die ›Gefälligkeit‹ war so ekelerregend, daß das Mädchen für den Rest des Vormittags nichts weiter tat, als niedergeschlagen und lustlos herumzulungern und sich in einer Spiegelscherbe zu betrachten, die es in der Schürzentasche aufbewahrte.

Bei Tisch paßte die lange, traurige Nase von Onkel Notar gut zu
der Besserwisserei der Suppe mit den Großbuchstaben des Alpha-
bets, und beim Herumstochern der Tante in der Soße des Fri-
kandeaus drehte sich ihr beständig der Magen um. Nach dem
Abräumen verhießen die Beine des Mädchens Artigkeit, denn sie
verharrten so lange steif neben denen des Stuhls, bis ein Läuten
der Türglocke oder, zwischen einem Aufstoßen und dem nächsten, auch der Entschluß der Tante, sich für einen Bummel auf
dem Korso oder für den Segen im Dom umzuziehen, frischen
Wind brachten. Trotzdem belebten weder der Besuch noch die
Handgriffe des Kleiderwechsels oder der Spaziergang Felicinas
Gesicht. Es war bleich, wächsern, umrahmt von schwarzem Haar,
das rings um die Stirn zu einem gedämpften gelblichen Rand zu
verblassen schien, als hätte ein Maler die Farbe gemischt und
grundiert. Wie der Impuls in ihren Kopf gelangt war, den armen
Leopoldino verliebt zu machen, diesen kleinen Schüchterling,
der erst kürzlich seine überaus herrische Mutter verloren hatte,
konnte niemand verstehen. Auch deshalb suchten alle nach
einem strategischen Plan, den es nie gegeben hatte.
Die Wahrheit sah anders aus, und wer mit den Gewohnheiten
und dem Alltag dieser Pflegetochter vertraut gewesen wäre und
sie in der Abenddämmerung überrascht hätte, wenn sie gelegentlich allein zu Hause war, eine Viertelstunde sich selbst überlassen, in vier sehr gefährlichen abgeschlossenen Wänden, hätte
sich das denken können. Im Sitzen, mit gesenktem Kopf, sog sie
das Echo der zugeschlagenen Haustür ein und das Wimmeln der
Stille, das ihm folgte. Dann stand sie auf und ging mit feder-
leichtem Schritt umher, der nichts mit ihrem üblichen trägen und
fast schleppenden Gang gemein hatte. Sie machte sich hier und
da ein wenig zu schaffen, rückte die Stühle wieder an die Wand
oder schüttelte einen Zwirnsfaden von sich ab, als wolle sie vor
Augen, die nicht ganz verschwunden waren, Haltung bewahren.
Zu guter Letzt ging sie ans Fenster, allerdings nicht mehr so
gelangweilt wie am Morgen. Diesmal legte sich ein junges Tier
mit ihr hinter der Gardine auf die Lauer, hinterhältig und listiger

versteckt. Die Gardine erzitterte, hob sich, senkte sich. Nie wurden die Fenster geöffnet, auch im Sommer nicht. Wie hinter einer Maske aus weißem Tüll verborgen und hin und wieder für einen Augenblick unverhüllt und starr glänzten Felicinas Augen, nicht aus Neugier, sondern mit dem kalten Feuer einer magnetischen Begierde. Von der Straße aus war hinter der trüben Scheibe etwas wie ein schneeweißer Halo zu erkennen, vom Schwarz der Augenhöhlen durchlöchert und durch das Schwarz des Haares und des Oberteils ihres Kleides betont. Wer sie erblickte, hielt inne und trat zurück, um sie gleich einem Gaukelspiel noch einmal zu sehen. All die Leute, die wohlgemerkt so unwichtig waren, wie die Stadt klein war, hatten keinen Umgang mit der Schicht, der das Mädchen angehörte, geschweige denn Einblick in sein Leben, und sie hätten solches auch nie gesucht; und wären sie ihr, der Bescheidenen mit den harten Gesichtszügen und dem Grundton erdiger Haut, auf der Straße begegnet, hätten sie sie keines Blickes gewürdigt.

Dank dieser ungewollten, doch mit dem unbewußten Instinkt der Heranwachsenden zufällig entdeckten Mittel hatte Felicina seit ihrem fünfzehnten Lebensjahr eine Unmenge kleiner Romanzen oder vielmehr Tändeleien erlebt, aufgekeimt und gewachsen in der trügerischen Stunde, die dem Leuchten der Laternen vorangeht. Sie hatte jedoch nie eine romantische Auswahl getroffen oder aus Berechnung gehandelt, etwa mit dem Blick auf ein späteres Auskommen, sondern nur aus dem Vergnügen heraus, eine Verbindung zu knüpfen, die dann heimlich abgewickelt werden mußte. Die Standesunterschiede störten sie nicht, ja, sie ermutigten sie sogar durch das unbestimmte Gefühl, auf diese Weise mehr im verborgenen und sicheren zu walten. Schmiede- und Bäckergesellen, junge Handwerker und Ladendiener wurden, wenn sie zerstreut nach oben sahen, in den Bann einer magnetischen Blässe gezogen, die in jenen Jahren auch beim einfachen Volk in hoher Gunst stand. Keiner kam auf die Idee, das Mädchen erkennen zu wollen und es in das bürgerliche Umfeld zu stellen, in das es gehörte, zumal die flüchtigen, aber deutlichen Beweise der Zustimmung die Phantasien sogleich befriedigten und ihre Protagonisten ins Reich geheimnisvoller Abenteuer entführten. Hier nun trat das Dienstmädchen des Hauses, das in jungen Jahren Zimmermädchen in einem florentinischen Hotel gewesen war und dem friedlichen Familienleben noch immer nichts abgewinnen konnte, fröhlich und einfältig auf den Plan. Das Bündnis zwischen ihm und Felicina war stillschweigend zustandegekommen, ohne Erklärungen und ohne daß die eine der anderen je mißtraut hätte, so sehr beide auch zum Argwohn neigten. Die Hausgehilfin übergab rasch einen Brief und beschrieb dem jungen Mädchen, sobald sie unter vier Augen Gelegenheit dazu hatte, die Vorzüge des aus der Nähe betrachteten Verehrers: schön, vornehm wie ein Graf und so rücksichtsvoll. Oftmals, wenn es gleich mehrere Aufträge und Tändeleien gab, drohte die Aufregung der Kupplerin gefährlich zu werden. Stillschweigend, verstohlen und rasch ließ sich das junge Mädchen zwischen Tür und Angel Briefe und Beschreibungen geben und ging weg, um sich einzuschließen, nicht im Zimmer, was, wie ihm schien, auffallen konnte, sondern in einer dämmrigen Abstellkammer, dem stets nach Petroleum riechenden Schlupfwinkel von Besen, Eimern und alten Kisten. Das fahle Licht, die schnöden Geräte und der scharfe Geruch waren die eigentliche Atmosphäre ihrer Machenschaften geworden und vermittelten ihr ein unsagbares Gefühl vollkommener und heiterer Sicherheit. Sie antwortete nie schriftlich, sondern trug dem Dienstmädchen unbestimmte, mehrdeutige Nachrichten auf, die dann hinter der Fensterscheibe durch kaum wahrnehmbare althergebrachte Gebärden bekräftigt wurden. So entfalteten sich diese blind eingeführten und mühsam vor dämmrigem Hintergrund entworfenen Geschichten, die Felicina ein weiches Bett hinterlistigen Wohlbefindens boten, ohne das sie sich bald nicht mehr wohlfühlen sollte.

Doch als sie etwa zwanzig war, kam Leopoldino: eine schnelle Verlobung, dann die Hochzeit. Die Leute, die das Mädchen zu den schlichten, farblosen Hausfrauen gerechnet hatten, die schwer zu verheiraten sind, zwinkerten sich zu und erklärten übereinstimmend, das sei einzig und allein ein Winkelzug des Notars gewesen. Doch nein, zum Notar war Anwalt Lupaccini, um die dreißig, Rechtsbeistand der Nonnen und sehr gottesfürchtig, ausschließlich aus eigenem Antrieb gegangen, um den Heiratsantrag zu machen und Felicina endlich aus der Nähe zu sehen. Wo hatte er sie entdeckt? An ihrem dämmrigen Fenster wohl kaum, schließlich war dieser Mann keiner von denen, die die Nase in die Luft recken. Wahrscheinlich eher zwischen dem Geknarre der Sitzbänke im Dom, bei Kerzenlicht, wo plötzlich der Schein einer Votivlampe im Zusammenspiel mit einer bewährten Erfahrung sich dem Mädchen als neue Falle geboten haben mochte, die bei der unerwarteten sonderbaren Beute wie von allein zugeschnappt war. Zurückhaltung und Sprödigkeit der Braut waren nicht gespielt. Die Praktiken einer unverhohlenen Umwerbung trafen sie wahrhaftig völlig unvorbereitet. Nachdem die Erscheinung im Dämmerlicht sich verflüchtigt hatte, nahm eine glanzlose Felicina Aquilanti den Ring, und niemand merkte es.

Jetzt war Felicina die Herrin im eigenen Haus, im Obergeschoß eines alten Palazzo im Zentrum der Stadt. Natürlich hieß es: ›Haben Sie gesehen, wie schön die Aquilanti geworden ist, seit sie geheiratet hat?‹ Aber das traf nicht zu. Sie war dieselbe geblieben in ihrer düsteren, unruhigen Schale. Die edlen Stoffe brachten ihre natürliche Schmollmiene nur besser zur Geltung und überhöhten sie zu melancholischer Verdrossenheit, was damals als nobler Vorzug galt. Ihr Charakter offenbarte, als die erste Verblüffung über den Standeswechsel und über die neugewonnene Unabhängigkeit verflogen war, schnell eine große Faulheit, zunächst geistiger und seelischer Natur, die alsbald dazu neigte, körperlich zu werden. An Freundinnen wie eh und je desinteressiert und nun auch an gesellschaftlichen Bindungen und Verpflichtungen, wurde Felicina in den ersten Monaten nach ihrer Hochzeit mit Leopoldo noch hie und da bei einem Spaziergang oder bei der Mittagsmesse gesehen. Später ging sie mit einem entschuldigenden Verweis auf die Hitze immer seltener aus. Sie blieb lange im Bett, welches Vorrecht sich, von der Gewohnheit schnell entwertet, zur grauen Notwendigkeit einer unbeschäftigten Frau entwickelte. Den Spitzen und dem Flitterwerk der Aussteuer gegenüber gleichgültig, schlüpfte sie nach dem Aufstehen in immer dasselbe Kleid, das in keiner Weise an ihr auffiel: Es war weder schön noch häßlich, weder schmutzig noch sauber. In Gesellschaft ihres Mannes bot sie ein Bild größter Sanftmut, so still und zurückgenommen in den Gesprächen, daß sich der gute Leopoldo neben ihr wie ein Windhund und ein mit allen Wassern gewaschener Schurke vorkam. Wie schon als junges Mädchen legte sie endlose Patiencen, die allerdings immer wieder von einem lautlosen Gähnen unterbrochen wurden, nach welchem ihre feucht gewordenen Augen ein grausames Funkeln und zugleich eine raubtierhafte Härte zeigten. Nachdem sie das Makramee aufgegeben hatte, nahm sie mit kleinen Stichen einen Stoffbezug in Angriff, dessen Farben durch die leichte Verschwitztheit ihrer Hände ein wenig matt geworden waren. Den beiden Frauen, die sie im Haus vorgefunden hatte, war sie weder mit Wohlwollen noch mit Feindseligkeit begegnet, aber wenn sie etwas brauchte, rief sie lieber nach Beppe, dem Diener für alles, Laufburschen der Kanzlei und Stallknecht. Wenn Leopoldo nicht in den Angelegenheiten der verflixten Nonnen und ihrer jahrhundertealten Querelen unterwegs war, hörte Felicina in ihrem Salon, der mit Stickrahmen und Chenillegarnen vollgestopft war, die wegzuräumen sie nicht einen Finger gerührt hatte, durch die Doppeltür die Stimme ihres Mannes, der ein Diktat herunterleierte, oder das Scharren wegrückender Stühle und den ungestümen, wechselnden Rhythmus von Diskussionen, aus denen bei dem Versuch zu überzeugen der leise Ton des Anwalts aufflackerte und von den Gegenstimmen erstickt wurde. ›Was für ein langweiliger Mann‹, schien ihr Gesichtsausdruck zu sagen, doch können wir beschwören, daß ihr Hirn es nicht dachte, denn das paßte hervorragend zu diesem Frauentyp, der das Leben der Männer auch heute noch mit unterwürfigem Respekt absegnet, ohne es zu ergründen. Nach längerem und – herrje! – vielleicht gar geräuschvollem Gähnen und einem Sichräkeln stand sie zuweilen auf und ging die wenigen Schritte zum Fenster. Doch wenn sie dort ankam und sich an das unsagbar breite, pompöse Fensterbrett stellte, hinter die gigantischen Scheiben, die genau auf den Korso, die mondäne Flaniermeile schlechthin, zeigten, wandte sie sich ab und verlagerte das Gewicht ihres Kopfes mit einer trägen und leicht ärgerlichen Bewegung nach hinten, während sie zur Decke aufsah. Diese Geste war zu nichts nütze und hatte keinerlei Bedeutung, doch an dem Tag, da sie nicht mehr von Langeweile diktiert war, erfüllte sie die Kraft eines Instinkts ohne Gedächtnis. So begann Felicinas Gehirn wieder zu arbeiten, und sie merkte es nicht.

Etwa zu dieser Zeit hatte der Klub Animosi fast jeden Abend viele Gäste, und äußerst lebhafte dazu. Viele Damen kamen aus den Septemberferien extra mit der Kutsche zu diesen Abendgesellschaften, an denen nichts Besonderes war außer einer bis dahin ungekannten Atmosphäre prickelnden Lebens. ›Das ist ja wie beim Karneval‹, knurrten die Spieler des Klubs verärgert und mürrisch. Vergeblich wiederholte der Hausherr, ein früherer Spielhöllenbesitzer, seinen altbekannten Scherz: ›Spielen Sie, meine Herrschaften, Müßiggang ist aller Laster Anfang.‹ Niemand achtete auf diesen abgedroschenen Witz, man widmete sich lieber der Konversation. Nach den üblichen Skandalgeschichtchen von untergeordneter Bedeutung wandte man sich in wonniger Vertraulichkeit schnell der neuesten und wichtigsten Affäre zu, die von ganz unverhofftem Reiz war. Leopoldo, der liebenswerte wohlsituierte Tölpel, Felicina, die farblose frischgebackene Ehefrau, brandaktueller Neuzugang, und der angesehene Studienrat Ventrella, ganz Wissenschaft und Strenge. Sie füllten die Stufen der Haupttreppe und die Beziehungen zwischen Mieter und Hausherrn mit Pikanterie. Es blieb genug Spielraum für Spekulationen, und man schweifte soweit umher, daß die hauchzarten Spuren der Vergangenheit der Jungfer Aquilanti Stück für Stück aufgespürt, aneinandergereiht und der Nachwelt barmherzig erhalten wurden. Das Gerücht von den berühmten, von der Gardine verschleierten schwarzen Augen verbreitete sich mit der für die damalige Zeit natürlichen Vorzugsbehandlung, und diese Augen verwandelten sich in unheilvolle große Sterne, die sich flammensprühend auf sanftmütige Romantiker stürzten und sie mit Realität befleckten. Die Quellen waren vage, nicht feststellbar und daher um so aufregender. Jeder spürte einen Kitzel im Bauch und eine nagende Wißbegierde, verbunden mit der Sorge, ein delikates Thema möglichst mit Fingerspitzengefühl zu behandeln, denn das Vergnügen sollte um Gottes willen nicht zu früh vorbei sein!

Der Reiz dieser Treffen hielt noch ein paar Wochen an, dann schien der Skandal an Schärfe zu verlieren, da die Aufgaben der Weinlese die Gesellschaft in die Dünste des Traubensafts verbannten, und der eine oder andere hätte ihn wohl auch auf Eis gelegt, wenn nicht der wohlverdiente Spitzname ›Felicina Zuckerkuchen‹ aufgetaucht wäre, der dem Gedächtnis der Mitbürger als Wecker diente, indem er auf die Aufmerksamkeiten des verspotteten Ehemanns hinwies. Und dann, beim ersten Abstrich des Traubensafts, endlich wieder ein besonderer Abend, um so aufregender, als er die Leute zwischen ihren letzten Erntegeschäften und ihrer Rückkehr ins Städtchen überraschte, ein Abend ohne viel Publikum, aber veredelt durch die Namen der angesehensten Feinschmecker des Klubs. Die Information wurde freizügig weitergereicht, und noch spät in der Nacht tuschelte man an den Straßenecken darüber. Der Rektor des Gymnasiums hatte Studienrat Ventrella – taktvoll – von gewissen Gerüchten, die über ihn in Umlauf waren, unterrichtet. Verschlossene Türen, Aussprache unter vier Augen, doch mit hochgestochenen Formulierungen, die er aus einem Buch abzulesen schien. ›Ihre Position und ihre Verdienste ... ein kritikwürdiges Benehmen ... bedauerliche Maßnahmen.‹ Der toskanische Akzent verfilzte sich in einer autoritären Sprache und klopfte wie gestautes Blut. ›Gewisse Freundschaften ... die Augen der Stadt ruhen auf uns, Herr Studienrat, und das Beispiel ...‹ Ab diesem Punkt gingen die Zeugenaussagen auseinander. Einige ließen das Gespräch eine rührende Wendung nehmen, mit Absolution, Tränen und Versprechen des mutmaßlichen Schuldigen, jegliches Tun einzustellen und die eigenen Gefühle zu opfern. Andere zogen es vor, eine Szene der Unnachgiebigkeit zu schildern: stolz erhobene Kinne, zusammengepreßte Kiefer, bis zum Hals hochgeknöpfte Jacken, wie zum Duell. Unbarmherzig forderte der Rektor eine deutliche, konkrete, für jeden sichtbare Geste als Unterpfand der Reue. Andernfalls sollten die ›bedauerlichen Maßnahmen‹ zum Tragen kommen.

Was für eine Geste? maunzten tags darauf die Frauen. Es war ein Jammer, wie sehr sie von Neugier geplagt waren; und als sie sich am nächsten Abend im Animosi einfanden, knisterten sie wie Holzkübel in der Sonne. Einige wagten es, sofort zur Sache zu kommen, wobei sie sich bestens informiert und neuer Einzelheiten somit würdig zeigten, die meisten aber gaben sich ahnungslos und verblüfft und hofften so den Appetit der Eingeweihten anzuregen und sich die ganze Geschichte noch einmal erzählen lassen zu können – was für manche Klatschmäuler ein Zeitvertreib sondergleichen ist. Nachdem die Vorgeschichte angehört war, die offenen und verdeckten Hinweise auf die Tändelei aufgezählt, die Beweise und Augenzeugenberichte aufgesogen und die alten und neuen Sticheleien ausgekostet waren, lauschte man mit angehaltenem Atem der Schilderung jener letzten, ursprünglich privaten Szene, die so allumfassend öffentlich geworden war. Doch an dieser Stelle fiel der Vorhang. ›Was für eine Geste?‹ erkundigten sich die Grüppchen und stachelten so die Phantasie an. Es ist auch denkbar, daß der Hausmeister wie beim Pferdetoto ein System von Sammelwetten einrichtete. Jedenfalls war die Aufregung so groß, daß man sich schließlich ein Dilemma zwischen Verbannung und Priesterweihe ausdachte, und niemand lachte. Statt dessen höhnte ein aufgebrachter Pfaffenfeind, darauf bedacht, daß ihm der Bissen nicht aus dem Mund fiel: ›Die Weihe, ein schönes Rezept!‹ Woraufhin eine

Stimme, die sogleich bekräftigt und unterstützt wurde, vielleicht durch eine Gedankenverbindung in Erinnerung an den Katechismus vorschlug: ›Und warum nicht eine Heirat?‹

Eine Heirat: Es war, als läge die Lösung des Problems, das so kompliziert erschienen war, plötzlich klar auf der Hand. Die Rechnungen gingen auf, und außerdem war da noch die schöne Zugabe einer dritten Person, die der Kälte eines endgültigen Schlusses die Möglichkeit eines angefügten Kapitels oder gar eines neuen Buches entgegenhalten konnte. Der Sinn jener Geste wurde nicht länger erörtert, doch sie konnte bald Grundlage neuer Mutmaßungen sein, die zunächst schüchtern, später mit Nachdruck vorgetragen wurden. So geschah es denn auch, und die Besserwisser und Neunmalklugen brachten alsbald den Namen der Favoritin ins Spiel, wobei sie so taten, als hätten sie ihn schon lange gewußt und seien bereits seit geraumer Zeit auf dem laufenden. Es standen nicht viele Partien zur Auswahl, und die Vorstellung, der Studienrat könne die Erwartungen des Landvolks enttäuschen, indem er sich für eine Auswärtige entschied, wurde ausgeschlossen.

Unter diesen wenigen fand sich jedoch nicht Zoraide Benci. Damals mangelte es dem Bürgertum einer Kleinstadt selten an einer weiblichen Schönheit, die als beispiellos und ausgesprochen engelgleich galt. Einen solchen – man könnte sagen – Rang hatte in unserem Städtchen seit nunmehr einigen Jahren ebendiese Zoraide inne; und als vor den Weihnachtsferien bekannt wurde, daß sich der Ventrella mit ihr verlobt hatte, kannte die Verwunderung keine Grenzen. Die am besten Unterrichteten vergaßen ihre Genugtuung darüber, daß sie die Lösung des Problems erraten hatten, und bedauerten diese Entscheidung; alsbald ergingen sie sich in heftiger Kritik an den Eltern des Mädchens, die sich mit diesem mittelmäßigen und verrufenen Schwiegersohn zufriedengaben. Schlagartig verschwand der Skandal um Felicina, und es war von nichts anderem mehr die Rede als von der göttlichen Zoraide – wer hätte ihr je eine Liebelei angelastet? –, die von der Blindheit ihrer Eltern geopfert worden war. Was den Studienrat anging, so war es nicht statthaft, seine glühende Liebe in Zweifel zu ziehen. Jenes andere Histörchen zählte überhaupt nicht mehr, ganz als hätte dieses neue Ereignis nicht den Anlaß gehabt, den doch alle kannten.

Wer nach einer Erklärung für diese mehr als ungewöhnliche leidenschaftliche Anteilnahme der Öffentlichkeit sucht, sollte Zoraides Stellung in der Stadt bedenken. Es wurde bereits gesagt, daß man sie für engelgleich hielt, doch wäre es zutreffender, sie gleich direkt als Engel zu bezeichnen, wie ihre Mitmenschen es taten. Nicht daß diese Leute großzügig, vergeistigt oder friedfertig gewesen wären, fehlte es ihnen doch keineswegs an neidischen und verleumderischen Bösewichtern. Aber wie dem auch sei, ein Gemisch verschiedener Umstände, Geschmäcke und vielleicht Interessen hatte eine solche einstimmige Wahl begünstigt, und es hatte nicht den Anschein, als solle daran etwas geändert werden. Zoraides Gaben zu verkennen, das war damals so, als wollte man die Donatello-Kanzel des Domes schlechtmachen. So dachten zumindest die Damen mit jener Verbissenheit, wie sie sie unter Beweis stellen, wenn sie sich das Recht erkaufen, über alle Frauen herzuziehen, indem sie einer einzigen übereinstimmend Lob zollen. Tatsächlich waren gerade sie für das Edikt verantwortlich, das Mädchen sei der Inbegriff des weiblichen Idealbildes. Um des lieben Friedens willen taten die Männer so, als akzeptierten sie dieses Urteil, ohne auch nur im Ansatz darüber debattieren zu wollen. Schritt für Schritt hatte der Mythos Form und Gestalt angenommen, so daß um das Jahr 79 eine der Attraktionen des Stadtbummels darin bestand zu ergründen, ob Zoraide ein neues Kleid trug oder blasser war als sonst, worauf man zu dem Schluß gelangte, daß sie auch heute, so wie sie war, einem Engel glich. Keine ihrer Altersgenossinnen versuchte, wohlgemerkt, allem Vorstellbaren zum Trotz, den Stil dieser Kleider und Frisuren zu kopieren, obwohl es genug erbitterte Rivalitäten und Schönheitswettbewerbe unter Ehefrauen und jungen Mädchen gab. Aber Zoraide lebte wie eine kostbare Nippfigur, die man eifersüchtig im Haus hütet, weil jeder sich erinnert, daß der Großvater, der etwas davon verstand, sie aus irgendeinem Grund bewunderte. So entsteht die Legende von einem Schatz, und die Familie ist stolz darauf, obwohl niemand diesen Klimbim auf der Kommode in seinem Zimmer haben will.

Zoraide hatte schmale Wangen, die damals als ›madonnenhaft‹ galten, sehr helle Augen und beinahe das, was man ›eine griechische Nase‹ nannte. Wachsbleich, schmächtig und mager, wie sie war, ging sie im Kreis rosiger Freundinnen so leicht unter, daß diese um die Wette und fast, als wollten sie sich gegenseitig ärgern, darauf beharrten, sie in den Vordergrund und in ein gutes Licht zu stellen. ›Was für natürliche Locken!‹ – ›Und diese Farbe!‹ – ›Diese zarten Pianistenhände!‹ Wenn sie sich auf so unverschämte und ausgesprochen weibliche Art gelobt wußte, senkte Zoraide den Kopf und versteckte ihre Hände. Sie war weder schüchterner noch spröder als andere, doch sie litt an Anämie, und solche kraftvollen Reden nahmen ihr den Atem. Außerdem konnte sie die Bemerkungen über das Klavier nicht leiden, denn sie erinnerten sie an ihre Mißerfolge im Musikunterricht, der wegen ihrer schlechten Gesundheit schon bald hatte abgebrochen werden müssen. Noch immer wiederholte sie morgens leise die Übungsstücke von früher, und auf diesen schwachen Wellen dümpelten für sie die Gespenster der Loblieder wie dem Armen zugestandene Abfälle. In ihrem Kopf, der ihr häufig sehr weh tat, wechselten sich fratzenhaft die lächelnden Gesichter der Freundinnen ab, und die große väterliche, mütterliche und brüderliche Gunst des Städtchens bedrückte sie. Sie erinnerte sich daran, wie beschämt und unaufmerksam die jungen Burschen mit ihr sprachen – eine Dosis unerträglicher Gleichgültigkeit – und wie sie dann hinter einer tiefen Verbeugung nur schlecht das eilige Bestreben verhehlten, sich zu entfernen und in Freiheit aufzuatmen. ›Sie ist zu schön‹, behaupteten die jungen Mädchen, um zu erklären, warum sie mit zweiundzwanzig Jahren noch nicht unter der Haube war. Gleichzeitig benutzten sie ihren armen Namen bei den offenkundigen oder verschwiegenen Zusammenkünften mit dem Liebsten für ermunternde und affektierte Anspielungen: ›Wäre ich doch so schön wie Zoraide‹ – sich dessen gewiß, daß sie zur Antwort bekämen, daß sie um Gottes willen keine Vergleiche anstellen sollten, daß dieses Mädchen kalt sei und farblos, daß es gar keine Frau sei, während sie hingegen ... Was sie ihrerseits mit einem himmlischen Ächzen bekräftigten, das aber ein zufriedenes Seufzen war. ›Was seid ihr Männer doch profan!‹

Nein, Zoraide war kein Kind des Glücks. Mit siebzehn, am Anfang ihres sonderbaren Ruhms, war sie die heimliche Liebe eines äußerst schüchternen Studenten gewesen, der ihr nie geschrieben, geschweige denn sie angesprochen hatte und während einer Studienreise in Neapel an der Cholera gestorben war. Als sie zwanzig war, hatte man sie mit einem fünfunddreißigjährigen Arzt verlobt, einem feurigen Witwer, der dann allerdings mit seinem Dienstmädchen angebandelt hatte. Das Dienstmädchen hatte geredet, Zoraides Mutter hatte einen Abschiedsbrief diktiert, und als der Doktor das unschuldige Mädchen auf offener Straße traf, gab er ihm eine schallende Ohrfeige und erkundigte sich, ob es etwa auf der Klavierschule gelernt habe, einen Ehrenmann so zu behandeln. Das arme Klavier. ›Was für ein Grobian‹, entrüsteten sich die Bürger scheinheilig, doch hatte der Doktor daraufhin unerhörten Erfolg bei den Frauen.

Nachdem der Schock der Überraschung und der Empörung darüber, das Idol des Städtchens ›in den Klauen von Hunden‹ zu sehen, wie ein Zeitgenosse es formulierte, abgeklungen war, besann man sich und kam zu dem Schluß, daß für eine Jungfer von dreiundzwanzig Jahren, die zudem so gut wie keine Mitgift hatte, der Ventrella alles in allem eine recht ordentliche Partie sei. Man erörterte vernachlässigte Faktoren und zählte grundlegende Gemeinsamkeiten auf. Ein Lehrer für Literatur kann durchaus als Künstler durchgehen, so daß sich das romantische Publikum über die Wege des Schicksals, das die Schönheit in die Obhut der Poesie gab, uneingeschränkt auslassen konnte. Einige Gemeinplätze fanden ihre Bestätigung: Unschuld und Leidenschaft, Schnee und Feuer, blaue Augen und schwarzer Bart. Unter gesellschaftlichen Gesichtspunkten stellte man fest, daß ›Frau Studienrätin‹ ein ausgesprochen ehrenwerter Titel sei, genau der richtige für einen bürgerlichen Engel. Binnen kurzem waren alle zufrieden, und man erzählte sich, sogar der schreckliche Lorenzo, der mürrische Bruder der Braut, der unlängst in Pisa promoviert hatte, habe keine Schwierigkeiten gemacht – ein Wunder angesichts des Rufes als Mann argwöhnischer Gewalttätigkeit, der ihm – zu Recht oder zu Unrecht – in seinem Heimatort anhing. Wenn es in diesem Zusammenhang jemand wagte, die Gerüchte über Felicina zu erwähnen, wurde er ausgezischt wie ein Leichtfuß, Umstandskrämer oder Spielverderber. ›Aus der Luft gegriffenes Geschwätz‹, versicherten Freunde den alten Benci, allerdings darauf bedacht, leise zu sprechen, um nicht die Ohren der jungen Braut zu beleidigen oder das Mißtrauen Lorenzos zu wecken, der von der Familie für allgegenwärtig gehalten wurde. ›Die Stadt ist bekanntlich klein, und diesen Tölpel von Poldo hat man ja immer an der Nase herumgeführt. Und überhaupt Felicina. Kann dieses kohlschwarze Heimchen denn einem Mann gefallen, der Zoraide umwirbt?‹ ›Schlichtes Mädchen, so schön und so fern / Wer hob je dich empor aus dem Tal der Blüten?‹ schloß pathetisch eine Tante, indem sie aus dem Gedächtnis die Verse zitierte, in denen der Heiratskandidat seine offizielle Werbung vorgetragen hatte und die inzwischen in aller Munde waren. Auch fand sich jemand, der fortfuhr: ›Daß du auf mich strahlst wie ein günstiger Stern / Ein Pfand der Dinge, die uns ewig behüten.‹ Zoraide kam mit ihrer Stickarbeit in der Hand herein, das Gesicht ausgezehrt von den Symptomen ihrer üblichen Neuralgie, so überraschend, daß die ganz in ihre Angelegenheiten Vernarrten sie erst nach einer Viertelstunde begrüßten.

Vittorio Ventrella, geboren in Ariano Irpino und Waise, sollte schon von klein auf mehr Lob und Zärtlichkeit erfahren als jedes Muttersöhnchen. ›Ein Wunderkind‹, verkündete sein Vormund, ein herzensguter Mann, als er aus Avellino zurückkehrte, wo der Junge bei den Priestern ein wenig Grammatikunterricht erhielt. ›Er schreibt wie Alessandro Manzoni‹, bestätigte der Lehrer für Literatur, Don Fausto, und las den ehrwürdigen Patres seine Aufsätze vor. Dann erzählte man sich, Vittorio dichte schon in Reimen und Pietro Paolo Parzanese, der Stolz von Ariano, habe vor seinem Tode geraten: ›Schickt diesen Jungen zum Studium in die Toskana!‹

Er war aufgeblasen und in das Wams seiner Heimattracht gezwängt, und seine pechschwarzen Augen, die er in einem Anfall von Hochmut gesenkt hielt, schienen in Pisas stillen Steinen das Unterste nach oben zu kehren. Mit der Zeit duckte sich sein Auftreten eines herausfordernden Barönchens und wurde, während die Studienergebnisse mäßig ausfielen, von schlaksigen Manieren abgelöst, die den Verdacht der Faulheit nahelegten. In Ariano verbreitete sich inzwischen sein Ruf als der eines großen, in sich gekehrten und in Melancholie versunkenen Geistes, und in den Ferien machten die Honoratioren von Irpino durch einen Wink mit dem Kinn auf ihn aufmerksam, und die Mädchen, ob bäurisch oder elegant, trauten sich nicht, ihm ins Gesicht zu sehen. Sie wären kühner gewesen, wenn sie gewußt hätten, daß die Heldinnen seiner Verse in Pisa sich nie aus der Schicht der Zimmervermieterinnen, Arbeiterinnen und jungen Dienstmädchen herausbewegten. Ergeben, hilfsbereit und mütterlich verhätschelten ihn diese, während er für sein Teil verzweifelte Schmähungen und düstere Gelübde unglücklicher Liebe zu Papier brachte. Gutgestellt, wie er war, verfügte er stets über ein vortreffliches Zimmer und ein weiches Bett, in dem er wie ein Murmeltier schlief. Doch lag ihm wie an einem Vorrecht daran, nachts einige Stunden zu durchwachen, im Schein des ›kargen Lämpchens‹, das eigentlich eine bessere Petroleumlampe war, eine besondere Aufmerksamkeit seiner letzten Wirtin. In diesen Stunden versäumte er es nicht, von Zeit zu Zeit sein Testament zu überarbeiten, das in Anbetracht seiner qualvollen Leidenschaften stets von großer Dringlichkeit zu sein schien. Oftmals war er, wenn er es abschrieb, ernstlich ergriffen, und dieser Beweis seiner Empfindsamkeit genügte ihm, damit er sich die Echtheit seiner Qualen bestätigen konnte.

Man könnte meinen, bei derlei Zeitvertreib sei er zuweilen geneigt gewesen, einen Blick auf unnahbare oder allzu behütete Damen oder Mädchen zu werfen. Aber woher denn! Das passierte ihm nie, denn zur Anregung seiner literarischen Wehklagen genügten ihm eine Verspätung, eine kurze Abwesenheit oder ein unschuldiges Vergnügen der Freundin. Ihr gegenüber war er tyrannisch und fühlte sich beim geringsten Anlaß in seinen persönlichen Rechten verletzt und von einer Bitterkeit erfüllt, die gut geeignet war, gereimte Verwünschungen zu entfachen. Im übrigen gab er sich bei der Abwicklung seiner Liebesabenteuer kurz angebunden, anspruchsvoll, geringschätzig, bar allen romantischen Zartgefühls und sogar gewillt, die Fehler der Sünderin, mit der er es zu tun hatte, unerbittlich in Augenschein zu nehmen. Er war sehr wortkarg, und mit geschlossenen Augen nahm er Geschenke und Liebe entgegen, während er sich wieder in den Junker aus dem Süden verwandelte, der zu sein er nie aufgehört hatte. Er traf sich stets mit sanften Geschöpfen, für die er sozusagen eine Nase hatte: denkbar bequem im Umgang und allenfalls ein bißchen langweilig mit ihrem hartnäckigen Drang einer anständigen Frau, sich unbedingt aufzuopfern. Doch diese Langeweile störte ihn nicht weiter. So hatte er die Jahre seiner frühen und auch seiner späteren Jugend hingebracht, denn so lange hatte er gebraucht, bis er promovierte – mit achtzehn Jahren ebenso wie mit sechsundzwanzig an festen Gewohnheiten und Regeln festhaltend und damit reif für ein Leben in der Provinz. Wohin er auch tatsächlich zurückkehrte, um sich – mit einigen kurzen Unterbrechungen – für mehr als zehn Jahre dort niederzulassen, immer jedoch mit dem Gebaren eines Zugvogels, der sich gerade auf einen Ast gesetzt hat und bald wieder fortfliegen will. Jahr für Jahr erdreisteten sich die Einheimischen, ihn zu seinem poetischen Beitrag im Almanach von Ripamonti, der dem schönen Geschlecht gewidmet war, zu beglückwünschen; und für gewöhnlich antwortete er mit einem Kopfschütteln und einem Seufzer ob der Unverschämtheit der Verleger, die einen doch nie in Frieden ließen. Die Studien des Studienrates waren unergründlich, nach Meinung der einheimischen Öffentlichkeit jedoch überaus vortrefflich. Jedermann wußte, daß eine Buchdruckerei in Avellino von ihm persönlich den *Liguster* erhalten und gedruckt hatte, ein kurzes Lehrgedicht auf vierundzwanzig Oktavseiten. Ein Poet, ein Naturforscher, was wollte Ariano Irpino mehr? Und als sich Vittorio Ventrella im Jahr 1879 von einem alten Schulfreund überreden ließ, an einem staatlich anerkannten Gymnasium in der Toskana den Literaturunterricht zu übernehmen, sagten alle, es sei ja immer klar gewesen, daß ein solches Talent nicht im verborgenen bleiben könne, diese für einen kleinen Ort im verwahrlosten Mezzogiorno allzu strahlende Zierde.

Er ging damals auf die Vierzig zu, und eine Photographie zeigt ihn mit Haaren, die so gescheitelt sind, daß sie nach Art eines tropischen Dächleins wie zerraufte Flügel rings um den Kopf herabfallen, dazu die Brust geschmückt mit einer schottischen Weste im Karomuster. So sahen ihn die Einwohner von Ariano abreisen, die ihm in zehn langen Jahren aus lauter Ehrfurcht nicht einmal eine Frau angeboten hatten; und so kam er in die Toskana, wo ihm die Lehramtswürde sogleich einen schwarzen Gehrock und eine Veränderung in Form eines Spitzbarts zwischen schwarz und rötlich nahelegte, die ihm zusammen mit seinem recht langen Haar, auf das er nicht verzichten wollte, Ähnlichkeit mit einem Sumpfvogel verliehen. Er fand die reservierte Achtung vor, die die Toskaner damals für die Italiener aus dem Mezzogiorno bereithielten, und neben dem roßhaargepolsterten Lehnstuhl des Katheders außerdem Wohnung und Dienstmädchen des Priesters, der sein Amtsvorgänger gewesen und hier gestorben war. Alles erschien ihm dermaßen günstig, daß er seinem hochbetagten Vormund schrieb: ›Ich habe das Gefühl, daß meine lange, qualvolle Pilgerfahrt an diesem Ort, wo das tödlich verwundete Herz endlich in Ruhe verlöschen kann, zu Ende gehen muß.‹ Er hatte es wahrhaftig gut: das Haus behaglich, Arbeit in Maßen, die

Köchin tüchtig und obendrein das Gefühl, von den Pflichten provinzieller Bewunderung entbunden zu sein, die letzten Endes vielleicht Rechenschaft verlangt hätte. Sogleich hatte er sich seine Bücher, seinen Schreibkram und das ›treue Lämpchen‹, das Geschenk der Zimmerwirtin aus Pisa, nachschicken lassen. Doch weil nun niemand mehr da war, der hätte beobachten können, ob sein Zimmer nachts erleuchtet war, wollte das Lied über die Abwesenheit einer bezaubernden Mariarosa – in der Welt der Literatur Dionysia genannt – nicht vorankommen. Wenn er mit der Nase auf den Seiten aus dem Schlaf fuhr und unter ausgiebigem Gähnen und Sichräkeln aufstand, um ins Bett zu gehen, war ihm mehr als einmal der Gedanke durch den Kopf gegangen, daß eine gute Ehefrau jetzt doch gelegen käme. Ein Gedanke, der häufig wiederkehrte und der, obgleich hastig unter Ausrufen mit grandioser innerer Wirkung versteckt – ›O müdes Herz! Unseliges Schicksal!‹ –, zu guter Letzt gewiß die Oberhand gewonnen hätte.

Aber dann, nach den ›Empfehlungen‹ bei seinem Vermieter, Anwalt Lupaccini, kommt es an einem Sonntag an der Haustür zur Begegnung mit der Signora, die mit ihrem Gatten von der eleganten Messe heimkehrt. Vorstellung, Verbeugungen. Die Tür war im Halbschatten und Felicina in großer Aufmachung: Hutschleier, Schleppe, mehrfach zum Mund geführtes Spitzentaschentuch. Im Gegenlicht hat ihr Gesicht die magnetische Blässe von einst zwischen den Gardinenfalten. Zum erstenmal riet ihr Instinkt ihr zu vornehm schmachtender Koketterie, die ihren früheren Methoden fremd war, Methoden, welche bestens geeignet waren, dem Dörfler den Ruf eines nie erprobten Frauentyps zu bestätigen, der um so besser erkannt wurde, je ostentativer er zur Schau gestellt war. Da schnurrten die einfachen Reime, die so lange widerspenstig gewesen waren. Studienrat Ventrella begann wieder aus Leibeskräften Verse zu schmieden, obwohl er die Aufsätze der Kinder korrigieren mußte. ›Ich arbeite sehr viel‹, flüsterte er seinen Kollegen zu und blickte verstört aus tiefliegenden Augen, wie er es auch in seinem Heimatdorf getan hätte, um das Ausmaß seiner heftigen dichterischen Anwandlungen zu verdeutlichen. Indessen lag der eine oder andere Band aus der Bibliothek von Ariano schwer auf den dreifüßigen Beistelltischen Felicinas, die ihn gähnend aufschlug und auf der ersten Seite innehielt, um den Schritten des Studienrats im oberen Stockwerk zu lauschen. Dann zündete sie sich eine Zigarette an, nicht mehr heimlich wie in der ersten Zeit nach ihrer Heirat, als sie dieses Rezept gegen die Langeweile entdeckt hatte, sondern unverhohlen, wobei sie mit zurückgeworfenem Kopf den Rauch in die Luft blies und ihr Mund ein sanft schmatzendes Geräusch machte, während sie eine gespannte und überdrüssige Miene aufsetzte, dazu bestimmt, elegante Versunkenheit auszudrücken.

Vielleicht griff das Gerede den Ereignissen voraus, aber seit jenem Sonntag trat Felicinas dämmriges Vorgehen wieder in Aktion, wurde ausgebaut und vervollkommnet und entwickelte sich zu einem Bild, zu einer Suggestion heimlichen Lebens. Sogar die Dienstmädchen im Haus merkten es und schreckten auf, wenn sie sie plötzlich lautlos vor sich auftauchen sahen: ›Du liebe Güte‹, jammerten sie, ›ich war wie vom Schlag gerührt, diese Christenseele geht ohne Füße um!‹ Tatsächlich berührten Felicinas Füße im Feuereifer ihrer wiederauflebenden Beschäftigung den Boden kaum. Ihr Verstand war zudem so beschaffen, daß sie sich, da sie für die streng geheimen neuen Verpflichtungen und Tändeleien zuverlässige Aufmerksamkeit und stets wache Schlauheit brauchte, nicht länger langweilte, ja sich sogar gut aufgelegt, gefordert und endlich am rechten Platz fühlte. Das war doch etwas anderes als die armseligen Manöver von einem einsamen Fenster aus! Jetzt galt es, sich auf die Verstrickungen eines gewagten Spiels einzulassen, ohne fremde Hilfe und mit einer konkreten Gefahr im Nacken. Die Bücher, die wie Kasematten hier und da verstreut waren, wurden weniger denn je gelesen. Auf die Zitate Vittorios, der, da er sie für eine gebildete Frau hielt, Sätze und Seiten kennzeichnete, verschwendete sie keinen einzigen Gedanken, so isoliert und eingeschlossen in die Geheimsprache ihrer Ränke, daß sie den früheren Liebeszynismus ihres

Komplizen noch überflügelte. Dieser – obgleich er mit der guten Unterkunft und der Frau in Reichweite seine früheren Verhältnisse teilweise wiederfand – wertete die undurchdringliche Schweigsamkeit seiner neuen Geliebten als Zeichen eines launischen Temperaments und eines überdurchschnittlichen Verstandes. Ohne auf die Idee zu kommen, sie mit seiner eigenen einstigen Stummheit zu vergleichen, fühlte er sich dadurch besonders gereizt, und er begann wahrhaftig zu leiden. Er warf seinem Spiegelbild düstere Blicke zu und war überzeugt, daß er abmagerte. Die Verse brachen nur so los.

Doch nun ist Vittorio Ventrella verlobt und wird demnächst Zoraide Benci heiraten. Was denkt und tut da wohl Signora Felicina? Während die meisten Mitmenschen den jüngsten Skandal aus Achtung vor dem Engel des Städtchens übergangen hatten, muß irgend jemand genüßlich weiter darin herumgestochert haben. Die Kurzwarenhändlerin vom Korso sagt, das Dienstmädchen des Studienrats, die arme Marta, habe seit dem Tod des Priesters nichts mehr zu lachen gehabt. Bei der Ehefrau wolle sie nicht bleiben, und so müsse sie in ihrem Alter noch das alte Haus verlassen und sich anderswo eine Anstellung suchen. Wenigstens diese letzten Tage könnte sie doch in Frieden verbringen, aber statt dessen schicke ihr Herr sie dauernd fort, als sei sie ein junges Mädchen. ›Er will allein sein, Sie verstehen.‹ Mit viel Geduld könnte man von einer stadtbekannten Eierverkäuferin auch erfahren, daß die Signora Felicina ja letzten Mittwoch auf der Treppe der Lupaccini gesehen wurde, wie sie im Morgenrock und atemlos aus dem zweiten Stock herunterkam. Als die Bäuerin den Arm hebt, um zu läuten, hält die Signora sie wortlos zurück, schließt, nachdem sie die Eier flink aus dem Korb genommen und sie in den Spitzen ihres Ärmels verstaut hat, geräuschlos die Haustür auf und gleitet wie eine Schlange hinein. Doch die Kurzwarenhändlerin, die es mit dem Magen hat, redet nur über ihre Leiden gern, und die Eierfrau hat in der Stadt keine Freundinnen, da sie den Städtern nicht über den Weg traut. So kommen die Amateurdetektive nur mühsam voran.

Am Morgen des 15. Juli entdeckt Marta beim Staubwischen im Büro auf dem Schreibtisch einen großen weißen Umschlag, der wie ein kürzlich eingetroffener Brief daliegt und auf dem in Blockschrift geschrieben steht: ›Das ist mein Letzter Wille.‹ Aus den engbeschriebenen Seiten schaute die Skizze eines Grabsteins mit einer Inschrift in Großbuchstaben hervor: ›Hier ruht Vittorio Ventrella – aus Liebe gestorben.‹ Am Mittagstisch bediente ihn die Alte mit bestürzter und forschender Miene, die nach vertraulichen Eröffnungen verlangte und Mitgefühl verhieß. Doch als der Studienrat mit Appetit gegessen hatte, servierte er ihr als Gunst verpackt den üblichen Befehl: ›Bis sechs Uhr haben Sie frei‹, was, noch dazu bei dieser Hitze, einen Nachmittag der Verbannung bedeutete, sogar aus dem eigenen Zimmer. Eine unbändige Wut erstickte zunächst ihre Sorge und dann auch ihre Neugier. Als sie ging, schlug sie die Tür hinter sich zu und zurrte unter dem Kinn einen festen Knoten in ihr Tuch, entschlossen, jedes Opfer auf sich zu nehmen, nur um ihren Herrn zu ärgern, den sie stehenden Fußes verließ. Bis zur Hochzeit waren es noch fünfzehn Tage, und diese fünfzehn Tage mochte er sich selbst bedienen, dieser Mistkerl.

Marta tat gut daran, Testament und Grabstein zu vergessen. Pünktlich am 30. Juli trat Vittorio Ventrella vor den Altar. Im eisigen Schatten der Kirche kühlte der Schweiß unter den Atlasstoffen und schwarzen Kleidern ab, und das Frösteln leistete der Boshaftigkeit Vorschub. Die Braut war ungewohnterweise rot im Gesicht und lächelte – Wirkung eines Kognaks, der ihr vor dem Einsteigen in die Kutsche gegen eine drohende Ohnmacht rasch eingeflößt worden war. ›Wie reizend, ganz allerliebst‹, erklärten die weiblichen Gäste äußerst reserviert. Angesichts einer lebhaften Zoraide, die alle Blicke auf sich zog, hatte ihre Begeisterung an Schwung verloren. Dieses Gefühl schlug sich in einer Überlegung nieder, die später beim Verlassen der Kirche achtlos ausposaunt wurde: ›Wie merkwürdig! Sie scheint eine ganz andere zu sein‹, bekräftigt durch: ›Das schien uns auch so, sie hatte gar nichts mehr von ihrer typischen Würde.‹ Man stellte fest, daß der Schnitt des Kleides – ach, dieses begnadete Mädchen! – für eine so schlanke Figur doch ungeeignet sei. Aber die alten Freunde des Hauses Benci, die stets zu einem Lob bereit waren, wischten sich den Schweiß von der Stirn und entspannten sich: ›Na, was habe ich euch gesagt? Nun seht selbst, ob Zoraide noch dieselbe ist. Ein schönes Paar!‹ Und sie fügten hinzu, daß die Übereinstimmung der Wünsche doch rührend sei. Denn statt der üblichen Hochzeitsreise, die inzwischen sogar bei den Bauern beliebt war, hatten sie sich für die Sommermonate einen stillen Aufenthalt auf dem Lande gesucht, ein im Hügelland verstecktes Nest. Ruhe für den Gelehrten und Gesundheit für die ja ach so zarte Braut.

Im Oktober, als die Schule wieder anfängt – ein Jahr ist nun schon vergangen –, steigt Studienrat Ventrella vor dem Tor des Gymnasiums balancierend aus einer stark federnden kleinen Kalesche. ›Oh, ist das nicht Beppe vom Anwalt?‹ raunt ein Schuldiener dem Hausmeister zu und weist auf den Mann, der das Pferd lenkt. So stellte sich nach Ablauf eines Jahres heraus, daß die alten Gerüchte sich nicht in Luft aufgelöst hatten, und wer auf Komplikationen in dieser Ehe gehofft hatte, tat dies öffentlich kund. Man wußte mit Bestimmtheit, daß Vittorio Ventrella, der nach wie vor im Landhaus wohnte, die Kalesche seines früheren Hausherrn benutzte, um in die Stadt zu fahren. Aber was heißt seines früheren? Seines heutigen, jetzigen, denn das besagte Nest, in dem das Paar seine Flitterwochen verbrachte, war nichts anderes als die Gagliarda, der Landsitz des armen Poldo, von dem Felicina in diesem Jahr übrigens noch nicht zurückgekehrt war. Mehr als einer tat so, als könnte er es nicht glauben, und ließ anspannen, um einen Ausflug in jene Gegend zu machen. Nach und nach verdichteten sich die Informationen, und man drang bis zu den Feinheiten einer topographischen Tiefenanalyse dieser Liebesaffäre vor: ›Wenn er sie sehen will, schließt er die Tür zum Büro ab und klopft dreimal an die verruchte Tür hinter dem Schreibtisch. Und sie, die dahinter ihren Salon hat, schließt sich am oberen Ende ein und öffnet ihm.‹ Die starren Augen durchstöbern das Innerste des flüchtig erblickten oder nur kurz wahrgenommenen Landhauses; die Ohren erahnen Geflüster, Geknister und eine bange Stille. Ja, und Zoraide? ›Zoraide ist schon immer ein Dummchen gewesen‹, eiferte sich eine Benci-Tante aufgebracht, dieselbe, die der Braut am Hochzeitsmorgen den Kognak kredenzt hatte. So verlor der Engel seine Flügel und wurde übergangslos zur dummen Gans.

Die Gerüchte florierten und schienen auch dann nicht zu verstummen, als bekannt wurde, daß Lorenzo Benci im Städtchen weilte. Wie kam es nur, daß er so schnell zurück war, nachdem er doch erst im August zu einem chirurgischen Kurs abgereist war? ›O Gott, er hat etwas erfahren, jetzt nimmt die Tragödie ihren Lauf!‹ Man glaubte in der Stadt an einen stark gewalttätigen Zweig in der Familie Benci, und anscheinend hielt man Lorenzo für seinen derzeitigen Sproß. Er ging nicht übellauniger als sonst durch die Straßen, doch die Leute grüßten ihn verlegen und drehten sich wenn möglich nach ihm um. Dann verdüsterte sich sein Gesicht noch mehr; eine wahrlich ärgerliche und traurige Miene, in der alle die finstersten Absichten lasen.

Als Junge war er melancholisch, schüchtern und hochmütig gewesen. Da man ihn frühzeitig aus dem Haus geschickt hatte, damit er bei einem Onkel in Bologna Aussichten auf eine Erbschaft untermauerte, fühlte er sich von seiner Familie, sogar von seiner Mutter ungeliebt, die für ihn jedoch Gegenstand einer Zärtlichkeit war, gesteigert durch Kindheitserinnerungen so inniger und widersprüchlicher Natur, daß sie im Lauf der Jahre weder schwächer wurden noch vergingen. Statt dessen keimten eine schroffe Unerbittlichkeit und Verächtlichkeit in ihm auf, die sich häufig in Groll gegen die Fehler seiner Mitmenschen, die Beschränktheit ihres Lebens und wohl auch das Städtchen selbst entluden, wo er während seiner kurzen Ferienaufenthalte den Eindruck erweckte, jeden Passanten und besonders jeden Spielkameraden aus seiner Kindheit für ein ewiges Unrecht verantwortlich zu machen. Niemand ahnte, daß seine wahren Schuldigen bestimmte unauslöschliche Straßen und Ecken waren, die es nicht vermocht hatten, das flüchtige Jetzt eines kleinen zehnjährigen Jungen festzuhalten, der allzu zartfühlend und allzu phantasiebegabt gewesen war. Kurz, durch dieses Verhalten haftete Lorenzo mit zwanzig Jahren der Ruf eines Querkopfes und Streithammels an, ein Ruf, dem – das war sein größter Ärger – selbst seine Eltern zustimmten. Aus Schüchternheit und stolzer Verzweiflung hatte er ihn sich nicht vom Leib geschafft, und seither trug er ihn wie ein unbequemes Gewand, dessen Mängel allseits bekannt sind. Intelligent, wie er war, kommentierte er ironisch seine eigenen Handlungen, konnte sich jedoch dem zweideutigen Ruf der verhaßten Charakterisierung nicht entziehen, die ihn veranlaßte, in die Rolle des verschrobenen Hampelmanns zu schlüpfen, die das Städtchen ihm zugedacht hatte. Jetzt, da er wie gewohnt vor den Toren der Stadt spazierenging, wußte er genau, daß er dem Wunsch folgte, in Ruhe über seine Angelegenheiten nachzudenken (Widerwillen gegen den Fortbildungskurs und die Absicht, sich in einer Großstadt niederzulassen und dort seinem Beruf nachzugehen), doch er merkte, daß er sich auf eine Art bewegte, die ganz und gar dem Bild vom argwöhnischen, gekränkten Bruder entsprach, der Rachepläne schmiedete. ›Arme Zoraide‹, räumte er ein, als sein Blick über die Landschaft schweifte und auf das Dach des Landhauses fiel, in dem er sie eingesperrt wußte. ›Anämisch, lymphatisch und willensschwach: Sie mußte so enden.‹ Bei dem Gedanken an sie spürte er mit der Mentalität eines Arztes, der einen chronischen Fall ohne Aussicht auf Heilung in Behandlung hat, sogleich unsäglichen Verdruß. Er hegte keine brüderlichen Gefühle, doch überraschte er sich in manchen bizarren Momenten kindlicher Angst bei der Frage: ›Was würde »Lorenzo« jetzt tun?‹, und er verschwendete viel Zeit darauf, eine Antwort zusammenzubringen, um seine Gedanken dann mit einem Achselzucken abzuschließen und gleichsam wegzuwischen: ›Was geht mich das an?‹, wofür er sich ein bißchen schämte. Also rief er sich ungerührt die Gestalt seiner stets so abfällig betrachteten Schwester ins

Gedächtnis und analysierte sie eingehend mit einer forcierten, äußerlichen Neugier, wobei er versuchte, ihre Aktionen und Reaktionen in dieser Zwickmühle zu erraten. Die Bilder kamen so widerwillig, daß er, um sie zu beflügeln, in Gedanken auf seinen Schwager zurückgriff, der ihm so wenig vertraut war, daß er in der Erinnerung noch stets als Bräutigam in Festtagskleidung vor ihm stand. Doch auch das half ihm nicht viel weiter. Eine abstrakte Abneigung tropfte langsam auf die unbeholfene Gestalt, trennte sie vom Leben ab und karamelisierte sie mit einem klebrigen Frost. Achselzuckend machte er kehrt, um in die Stadt zurückzugehen, und jetzt, jawohl, bekam er wirklich eine fürchterliche Laune: verfluchtes Schicksal, verfluchte Trägheit, wieder ein versäumter Nachmittag und nichts von dem vollbracht, was wirklich wichtig für ihn war, jenen Entschluß nämlich betreffend, den er für sein berufliches Fortkommen und für sein Leben fassen mußte. So kam es, daß ihm die Billardspieler, als er eine halbe Stunde später über den Markt ging, von einem Fenster zum nächsten durch die Scheiben des Cafés nachschauten und mit erhobenem Queue befanden: ›Lorenzo Benci hat heute ein Gesicht, daß man ihm nicht über den Weg traut.‹

Derweil stickte Zoraide in der Gagliarda im Stopfstich einen Bürstenhalter für den kanonischen Onkel. Wie an dem Tag, als man ihr diesen Ehemann, den sie sich hatte geben lassen, vorgestellt hatte, flößte er ihr eine traurige Befangenheit ein, die von massiver Langeweile ganz durchsetzt war. Im übrigen war ihr Verhältnis zu Männern gespannt, und die Notwendigkeit, sich von einem von ihnen aussuchen zu lassen, war ihr stets verhaßt gewesen. Nun, da sie in der herbstlichen Kühle an die Flitterwochen zurückdachte, spürte sie noch einmal die große Augusthitze und mit ihr den etwas ranzigen Geruch des Toilettenwassers, das ihr Mann benutzte. Was war das für eine Schwüle an den dunklen Abenden unter der dichten, niedrigen Krone der Steineichen! Vittorio hielt ihre Finger in seinen leicht verschwitzten, und sie wagte nicht, ihre Hand wegzuziehen, während sie den Augenblick herbeisehnte, da er sie, wie es häufiger geschah, unvermittelt allein ließ, um sich vor der Haustür ein wenig die Füße zu vertreten. Zum Glück war es frühzeitig kühl geworden, und zum Glück hatte ihr Mann reichlich zu tun und schloß sich tagsüber und abends stundenlang in seinem Büro ein, so daß sie im entlegensten Zimmer halblaut die eine oder andere Etüde auf dem Piano wagte, das aus dem Elternhaus herbeigeschafft worden war. Die Hausherrin hatte ihnen zu Beginn der Saison einen Anstandsbesuch abgestattet, einen Blitzbesuch, der in ermüdender Weise mit dem für verlegene Damen des toskanischen Bürgertums typischen Maunzen angefüllt war: ›Hm, gewiß, tja!‹ Dann hatte sie sich nicht mehr blicken lassen, aber Zoraide sah sie ein paarmal im Morgenrock, mit einer Zigarette zwischen den Lippen, durch den Gemüsegarten schlendern. Auch jetzt ist jemand im Garten, und das wechselnde Getrampel der Schritte läßt auf mehr als eine Person schließen. Zoraide, von den Reben des Amerikanischen Weines verdeckt, schaut von ihrer Arbeit auf. Als die Schritte, begleitet von Geplauder und grobem Gelächter, ganz nah ertönen, fesselt die unsinnige Angst, gesehen und gleichsam beim Spionieren ertappt zu werden, sie auf den Stuhl und hält sie dort fest. Es sind die Pächter und der Fuhrmann. Man müßte sich die Ohren zuhalten, um ihre Reden nicht mitanzuhören, aber da ist es auch schon heraus: ›…wie Signora Zoraide, die ja schon gehörnt war, noch bevor sie überhaupt ins Haus kam.‹

Ihre Furcht, entdeckt zu werden, war so panisch, daß sie jeden anderen Gedanken auslöschte. Später dann im Zimmer, in Sicherheit, als das Herzklopfen und das Erstaunen nicht mehr so beklemmend waren, gingen ihr die Augen auf vor der Deutlichkeit eines Bildes, das für sie anfangs Ähnlichkeit mit den verworrenen Schrecken hatte, welche ihr zuweilen als junges Mädchen in den Sinn gekommen waren, sie aber keineswegs hatten verstören können, so fremdartig und ausgeschmückt waren sie gewesen. Doch dieses Bild hier wollte sich nicht auflösen, und der eiskalte Verstand verarbeitete es und prüfte es sorgfältig und mechanisch. Am Abend war es so perfekt und unwiderlegbar, daß die frischgebackene Ehefrau errötete, als sie am Tisch dem bärtigen Gesicht ihres Mannes gegenübersaß. Aber am darauffolgenden Morgen kam die Überzeugung, ausgereift und gewappnet. Gewappnet ausschließlich mit einer spröden Bitterkeit, die sicherlich den eigentlichen Charakter des Hauses Benci ausmachte, fernab von allen Gerüchten; eine natürliche Sekretion, die auch Zoraides Gemüt im verborgenen genährt und geformt hätte, wäre da nicht zufällig dieser Sonntag im November gewesen, der am frühen Abend mit einem Besuch im Elternhaus ausklang. Die vorbildliche Mutter erkundigt sich nach dem Schwiegersohn, und als sie erfährt, daß er im Landhaus geblieben ist, um zu arbeiten, platzt sie heraus: ›Ach Mädchen, merkst du denn überhaupt nichts?‹, womit sie sie auf die Andeutungen und Unterstellungen stößt, die sämtliche Bekannte innerhalb eines ganzen Monats gemacht haben. Wieder errötet die junge Frau. Verlegenheit, doch vor allem Ärger und ein Anflug von Aufbegehren gegen diese Einmischung in das Geheimnis, von dem sie geglaubt hatte, es als einzige entdeckt zu haben, und das im Grunde alles war, was ihr das Leben auf seinem Höhepunkt geboten hatte. Ein Geheimnis, das sie beleidigte, nun ja, aber es barg für sie das fürstliche Recht auf eine friedliche Unabhängigkeit und eine Freiheit unausgesprochener Sehnsüchte, genau den Status, der zu ihr paßte und dessen Vorzüge und Reize sie niemandem hätte erklären können. Aber ihre Mutter, die aus dieser Röte den Mut zu erklärenden und ersehnten Gesten herausliest, sagt: ›Mein armes Kind‹ und öffnet die Arme, womit sie jede Anwandlung töchterlicher Selbständigkeit an ihrer Brust erstickt. Zweideutige Weichheit, Loslösung von den zarten, gerade erst aufkeimenden Gedanken, der Geruch nach guter Seife, früheste Kindheitserfahrung – so kam es, daß Zoraide wieder einmal darauf verzichtete, für sich selbst zu bestimmen.

Lorenzo kramte am Morgen des darauffolgenden Tages zwischen seinen immer etwas nach Internat und Karbolsäure stinkenden Büchern herum. Er suchte Briefpapier und fand es nicht. ›Es muß hiergewesen sein! Wer hat es mir weggenommen?‹ Einige toska-

nische Flüche untermalten seine Suche und die schlechte Laune, die immergleiche schlechte Laune, die in der fahlen häuslichen Luft durch etwas – wie wir wissen – noch Trostloseres als
das Übliche angestachelt wurde. Er wollte unbedingt sofort
schreiben. Nur um aus dieser verdammten Kleinstadt fortzukommen, hatte er beschlossen, sich bei Nanni, der in Rom in der
Klinik B. einen Posten bekommen hatte, zu erkundigen, ob dort
nicht unter Umständen auch für ihn eine Stellung zu haben sei.
Als er das Papier gefunden hatte und ihm damit der Vorwand für
seinen Wutausbruch verlorengegangen war, wurde er noch unzufriedener und düsterer. Er schrieb und versuchte, wie er es von
Anfang an getan hatte, sich den Gedanken zu versagen, sein
Freund, den er jahrelang nicht gesehen hatte und der in Sachen
Hilfe und Beistand alles andere als geübt war, könne seine Anfrage für unangebracht und lästig halten. Da ihm dies nicht gelang,
überließ er sich streckenweise seinem angeborenen Pessimismus
und den Impulsen einer gereizten Empfindlichkeit. Dennoch
schrieb er weiter, versteift auf einen formalen und rein körperlichen Widerstand. Wäre er fünf Jahre jünger gewesen, wäre er in
Tränen ausgebrochen. Um sich Mut zu machen, hatte er in Studentenmanier einen humorvollen Ton angeschlagen, der ihn
schon bald anekelte wie ein armseliger Notbehelf, aber trotzdem
seine einzige Zuflucht blieb. Von Zeit zu Zeit hielt er mit hängendem Kopf, von maßlosem Widerwillen überwältigt, inne. In
einer dieser Pausen glaubte er in seiner Schwäche, die ihn darauf brennen ließ, Gründe für sein Unbehagen zu finden, die
Anhäufung von Ungerechtigkeit, Zwängen und armseligen familiären Hinterlisten zu erkennen, die ihn dorthin gebracht hatten,
wo er jetzt war. Oben auf diesem Berg thronte das letzte Unheil,
die elende Geschichte mit Zoraide, die seit Tagen im Haus wiedergekäut wurde, zu Mittag und zum Abendessen, doch stets in
rätselhaften Formulierungen, die einzig dazu gedacht waren, daß
er verstand, ohne irgend jemanden bezichtigen zu können, ihn
aufgehetzt zu haben. Diese Angelegenheit, die seinen Leiden
sehr fremd und fern war, wurde zur Zielscheibe seiner Gereizt

heit, zum Prügelknaben, den man gefahrlos unzählige Male schlagen konnte. ›Ich kenne euch, meine Lieben‹, murmelte er, nachdem er die ersten Sätze seines Briefes noch einmal gelesen hatte und sie lahm und albern fand, ›diesmal wird Lorenzo es euch zeigen. Der Bruder wird reden, der Bruder wird handeln, Vorsicht, bissiger Bruder! Der Bruder macht sich aus dem Staub, meine lieben Freunde, er läßt euch im Stich und jagt euch zum Teufel, euch und eure dreckigen Spielchen. Soll sie sich doch weiter Hörner aufsetzen lassen, wenn sie will, bei ihr sind sie doch bestens aufgehoben. Mich geht das schließlich nichts an. Schluß, aus und vorbei!‹

Erleichtert und befreit nach diesen und ähnlichen Ergüssen, hatte er es fertiggebracht, zum Ende des Briefes zu kommen, und er spürte bereits die Genugtuung dessen, der eine schlimme Stunde hinter sich hat, als er es plötzlich an der Tür klopfen hörte, dieses betont rücksichtsvolle, aber beharrliche und geradezu betrübte Pochen, das unfehlbar die Hand seiner Mutter ankündigte, ein Pochen, das sagen wollte: ›Ich weiß, du bist ein Mann, ein Doktor, ich respektiere deine Freiheit, aber außerdem bist du auch ein sonderbarer, nervöser, jähzorniger Bursche, auch das weiß ich leider, Gott behüte mich davor, dich zu reizen, es geschieht so leicht … aber ich bin doch deine Mutter, deine Muuuutter!‹

›Herein!‹ brüllte Lorenzo, der vor unsäglichem Ärger rot sah und wie immer schon wütend auf sich selbst war, weil er diese Art nicht ertragen konnte. Teils aus Überdruß, teils um die Woge des Kummers aufzuhalten, die ihn beim Anblick der weißen Haare und des gebeugten Rückens seiner Mutter stets übermannte, hob er die Augen zum Himmel und schnaufte. Da ging die Tür auf.

›Ich bin's.‹ Die Mutter, die ihren Kopf durch den Spalt geschoben hatte, trat weder ganz ein noch schloß sie die Tür. ›Aber wenn ich störe …‹

›Komm rein, na los, was gibt's denn?‹

›Lorenzo, du mußt mir verzeihen und mir versprechen … Ich bin eine arme Frau …‹, begann die Alte, einen Fuß noch auf der

Schwelle, mit schon zitternder Stimme und bereits glänzenden Augen. In dieser Haltung glich sie so gar nicht der energischen Matrone, die für gewöhnlich mit strengen Ermahnungen oder gar schroffen Befehlen unerbittlich über ihre Tochter herrschte. Ihre ergriffene Schüchternheit war übrigens echt. Bekanntlich verfügen Frauen gegenüber Charakteren, die sie für schwierig halten, von Natur aus über einen Instinkt demütiger Nachgiebigkeit, den sie ihrem Verstand gemäß zu Unrecht oder falsch einsetzen, ohne je zu fürchten, daß er mitunter auch schlechte Dienste erweisen könnte. In dieser Eigenschaft sind bestimmte Mütter oftmals gleich doppelt Frau. Signora Benci beispielsweise argwöhnte nicht, daß sie mit ihrem Sohn ein grausames Spiel trieb. Wahrhaftig klopfte das Herz des jungen Mannes langsam und schleppend, während er versuchte, sich mit einer Schmollmiene aus der Affäre zu ziehen, die Wangen blähte und ostentativ weiterschrieb. Doch auch diese Geste sollte ihm nichts nützen. Nachdem Lorenzo den Vor- und Zunamen des Freundes auf dem Umschlag vermerkt hatte, stellte er fest, daß er sich nicht mehr genau an dessen Anschrift erinnerte. Wäre er allein gewesen, hätte er sofort das Schubfach aufgezogen und darin einen alten Brief gesucht oder einen Sprung ins Café getan, um sich bei gemeinsamen Freunden zu erkundigen. Statt dessen blieb er, wo er war, eifrig mit dem Federhalter hantierend, diesem einzigen Alibi, diesem einzigen Schutzwall gegen die mütterlichen Absichten, der ihm angemessen und nicht zu verletzend erschien. Gegen diese ebenso festen wie verborgenen Absichten spürte er eine Abneigung, die stärker war als alles, was er in vergleichbaren Fällen je empfunden hatte. Kindisch ging er in Deckung, indem er auch seine Stirn in der vorgetäuschten Geschäftigkeit verbarg, und während er spürte, wie die Wut in ihm aufstieg und auszubrechen drohte, dieser Beweis einer verhaßten Schwäche, suchte er verzweifelt nach einer Ablenkung, die sich nicht finden ließ. Nun, da er aufblickte und seiner Mutter ins Gesicht sah, merkte er, daß sie dastand und wartete, mit gespanntem, beschämtem Blick, und das genügte, um seine Erregung im Nu auf ihre furchtbare Spitze zu treiben. Ein rohes Gebrüll: ›Kann man endlich erfahren ...‹ Und schon war der Federhalter auf den Boden geflogen.

Für gewöhnlich schlich die Mutter bei diesem Benehmen und dieser Stimme widerspruchslos zur Tür und verschwand mit einer greisenhaften Eile, die unweigerlich das Herz des Wüterichs peinigte. Aber diesmal trat sie leicht dramatisch einen Schritt vor, wobei sie die Hände ausstreckte und öffnete. ›Junge!‹ Ihr Tonfall war der gleiche wie damals, als Lorenzo als kleines Kind die Standpauke kommen sah, die beeindrucken, erziehen, zu denken geben und Spuren hinterlassen sollte. Sein Wutausbruch verzischte nach dem ersten Auflodern, wurde klamm und schrumpfte zu einem kalten, schweren Knoten, der der Qual des bedrängten Jungen von einst, dem es nicht gelang, in Tränen auszubrechen, aufs Haar glich. So ausgeliefert und bloßgestellt, bückte sich der junge Mann und hob den Federhalter auf. Mit dem Fingernagel prüfte er die Spitze der Feder und versuchte sie zurechtzubiegen. Er schien ich beruhigt zu haben. Er war so deprimiert, daß dieses Tun seine ganze Kraft in Anspruch nahm. Die Mutter aber redete. Sie mußte lange über die Worte nachgedacht haben, denn sie verlor sich nicht in dem Wirrwarr und den Nebensätzen, in denen der Fluß ihrer Ausführungen sonst stets versandete; ihr Nachdenken war voll und ganz Vorsichtsmaßnahmen, Anspielungen und undurchsichtig verkürzten Redewendungen zugute gekommen.

›Das arme Kind ... dieser unwürdige Mann – mein Herz hat es mir gesagt ... eine schmerzhafte, aber notwendige Regelung.‹ Der Hergang der traurigen Angelegenheit wurde nur in Andeutungen dieser Art gestreift; der Rest war ein süßer Brei aus Verweisen auf endloses Leid und Seufzern über das Schicksal der Familie. Jeder Satz war darauf zugeschnitten, zu liebkosen und gleichzeitig ein klein wenig anzustacheln. Jeder Satzteil wich vor dem Gesprächsthema zurück und ließ zugleich erkennen, daß der Vorwand der Unwissenheit und der Nichteinmischung skandalös und unannehmbar wäre. Lorenzo sah dem Vorbeimarsch dieser rednerischen Prozession zu; er erkannte jede Einzelheit, jedes Hilfs-

mittel darin wieder und auch jenen Anflug eines stillen, zer-
knirschten Vorwurfs, der den Göttern seiner Kindheit heilig gewesen war – Vorwurf, weil Lorenzo nicht fähig war, die Last eines
Familienunglücks zu tragen und zu teilen, Vorwurf, weil er
gezeigt hatte, daß er aus den Andeutungen der vergangenen Tage
den wirklichen Stand der Dinge nicht erraten hatte, so daß er diesen letzten Trumpf der schwachen Mutter herausgefordert hatte;
und dazu Schmeicheleien, dämpfende Filter der Zärtlichkeit, um
seinen Wutausbrüchen zuvorzukommen, sie zu besänftigen und
sie letztlich für den guten Zweck aufzusparen, für den von der
Familie ersonnenen Plan. Verließ man sich auf seinen ›schlechten Charakter‹, seinen allseits verbreiteten Ruf eines Bösewichts?
Nein, solche Überlegungen hatten die alten Benci nicht angestellt, und mit ihrer Art zu denken wären sie dazu auch nicht fähig
gewesen. Aber Lorenzo sah es später, als er Zeit dazu hatte, etwa
in diesem Licht. Und er sollte viel Zeit haben.

Wie immer hatte die Rede mit dem Nachdruck und den Floskeln
eines beißenden Pathos glanzvoll geendet. Dann, in aller Knapp-
heit, halb Seufzen und halb Feststellung, doch präzise wie ein
Befehl der Satz, der all diesen Aufwand erfordert hatte: ›Morgen
früh um neun bei Anwalt Nardi.‹ Nun zog sich mit einer Aura
künstlicher Entspannung und unausgesprochener Entschuldigung die Mutter zurück. Sie fand auch noch die Zeit, dem schwei-
genden Sohn andeutungsweise über den Kopf zu streichen, und
der gefürchtete Lorenzo ließ es geschehen. Als sie auf der Schwelle stand, traf seine Stimme sie schroff und jäh wie ein Gewehr-
schuß. Er versuchte eine Revanche: ›Und packt meinen Koffer,
morgen abend fahre ich nach Rom.‹

Neun Uhr morgens, Via Garibaldi. Eine viel zu breite, kalte
Straße, ›hochmodern‹, also im Stil des 19. Jahrhunderts. Graue
›vornehme‹ Wohnhäuser mit Gesims, Eckpfeilern, Giebelfeldern
und aus solidem Stein. Dazu Türen aus Zypressenholz mit glänzenden Messingknäufen. Es gibt auch ein paar kleine drei-
stöckige Gebäude, die dem Renditenhaus Platz lassen. Die Geh-

steige nüchtern, öde und von steinbruchgrauem Weiß. Am Ende der Straße wird der Blick quer von einer hohen Brücke versperrt, der wenige Schritte vom Bahnhof entfernten Eisenbahnüberführung. Von dorther Pfiffe in der Luft.

Für den, der nicht hier wohnt, ist dies nur eine Durchgangsstraße zum Zug und schon dadurch fremd. Niemand kommt hier je vorbei, obgleich sie auf den Domplatz führt. Von neureichen Dörflern und zugezogenen Freiberuflern bewohnt, sind ihr die Gestalten der Advokaten, Prokuristen und Geschäftsleute vertraut, alles eilige Menschen, die eine Abkürzung zum Bahnhof nehmen und niemanden grüßen müssen. Nur selten verirrt sich eine rosige Bäuerin, ein Bauer oder eine Schar einfacher Leute auf dem Weg zu einem Ausflug in diese Straße, in der kein einziger Laden und kein Ausschank zu finden sind. Solche Leute benutzen andere Straßen, wo es lebendiger und freundlicher zugeht und wo man auch noch spätabends für wenig Geld sein belegtes Brötchen und sein Fläschchen Wein erstehen kann.

Ein klarer Morgen ist das heute, dazu ein Wind, der in diesen letzten Novembertagen an die Launen des April erinnert. Ein paar temperamentvoll hervorblitzende Lichtstrahlen lassen ahnen, daß die Sonne hinter dem straffgespannten Mattweiß mit den vereinzelten blauen Streifen noch hervorkommen wird. Doch die Straße ist still wie bei Tagesanbruch und menschenleer. Kein Zug kommt an, und die Bürger aus den Wohnhäusern sind entweder schon aus dem Haus oder schlagen sich noch mit drei Fingerbreit Wasser auf dem Boden der Waschschüssel herum. Aber jede Viertelstunde kommt trotzdem jemand vorbei, der auf diesem grausamen Pflaster wie eine Ameise wirkt, vom Glockenturm, der Wache hält, beobachtet, von der Bahnüberführung ins Visier genommen und von den geschlossenen Fenstern ausgespäht. Aber das kümmert den Bäckerjungen nicht, der ständig im Zickzack von einem Bürgersteig zum anderen eilt, um an die verschiedenen Türen zu gelangen, die geräuschlos ins Schloß fallen. Und auch Nardis alten Gehilfen nicht, der rasch daherkommt, um die Tür der Kanzlei zu öffnen, auch heute morgen mit der üblichen Verspätung. Der Mann bewegt sich mit großer, automatischer Mühe, die in den Augen des einfachen Volkes bereits zum Sinnbild für einen Beruf geworden ist. Er führt beim Gehen Selbstgespräche, was noch so eine schöne Gabe ist, und zwar so, daß jeder Passant es hören kann. Er sagt etwa: ›Und dieser Wind! Mordsmäßig … Man kommt gar nicht vorwärts, na los … Verflixt!‹ Als er die Tür der Kanzlei erreicht, klingt die Stimme, die keinen Augenblick verstummt, in einem heiseren Skandieren aus, das vom Spektakel der geöffneten Riegel unterbrochen wird: ›Dreckiger Jesuit!‹ Der Gipfel des Entzückens ist bei seinen Zuhörern erreicht, wenn die Schmährede gegen den Chef unter dem kleinen Torbogen widerhallt.

Aber heute ist kein Tag des Entzückens. Beim Einbiegen in die Via Garibaldi hat das Männchen flinke, männliche und gewiß jugendliche Schritte hinter sich gehört. Ein dunkler Widerwillen gegen dieses Paar elastischer Beine, das sich seiner kümmerlichen Gangart anzupassen scheint, verdirbt ihm seine tägliche Marotte und den schönen Wutausbruch. Als er den letzten Satz – diesmal an die Adresse des Unbekannten – gebrabbelt hat und die Tür aufstößt, merkt er, daß die fremden Schritte haltgemacht haben. Angriffslustig dreht er sich um, das Kinn in die Luft gereckt. ›Oh, der Herr Doktor!‹ – ›Servus, Cencio.‹ Von den zehntausend Einwohnern des Städtchens ist Cencio vielleicht der einzige, der Lorenzo ohne pauschale Vorurteile und sogar liebevoll und mit großer Dankbarkeit ansieht. Er hat die Augen eines Menschen, der sterbenskrank war und keine Hoffnung mehr hatte, je wieder aufzustehen, Augen, die das Vertrauen nicht in Frage stellten, das das ernste Gesicht eines jungen ›Assistenzarztes‹ einflößte, der soviel Geduld mit den Kranken hatte und sie alle zufriedenstellte. Diese Begegnung mit einem alten Patienten verläuft für den frischgebackenen Doktor übrigens nicht ohne leises Aufblitzen einer freudigen Vorahnung. Mit der Miene unbefangener Autorität tritt er ein, tut ein paar Schritte und wirft einen Blick zur Decke: ›Verspätet sich der Anwalt?‹ – ›Das würde ich nicht sagen‹, antwortet Cencio und klappert eifrig mit dem

Schlüsselbund, um den richtigen Schlüssel fürs Büro herauszu-
suchen, das sich hier im Parterre befindet. ›Eigentlich müßte er
längst da sein. Setzen Sie sich doch solange ...‹ Wie laut die wenigen Worte in dem muffigen kleinen Foyer widerhallen! Übrigens
haben sämtliche Hauseingänge des Städtchens diese übertriebe-
ne Akustik. Mit geradezu kindlicher Ungezwungenheit erinnert
sich Lorenzo daran und merkt plötzlich, wie froh und munter er
sich an diesem Morgen fühlt. Na bitte, der Ärger über den Fami-
lienzwist, die Verachtung für den elenden Schwager und all die
Hirngespinste dieser schlimmen Tage verblassen, erstarren
wohlwollend und verwandeln sich in die Steinchen eines Brett-
spiels. Jetzt nur noch eine Formalität, und alles ist vorbei. Ein
lockender Pfiff vom Bahnhof her erinnert daran, daß man heute
abend auf alle Fälle abreisen wird. Hurra! Und ganz so, als wolle er dieser Situation, die durch das Vorzimmer des Anwalts ver-
anschaulicht wird – der wurmstichige Schreibtisch, die kahle
Bank, die Wärmtöpfe aus verstaubtem Ton –, eins auswischen,
macht Lorenzo kehrt und geht auf die Haustür zu. Er braucht
einen Vorwand, um sich der lästigen Warterei in Gesellschaft des
alten Brummbären zu entziehen. Und als ihm sofort einer einfiel,
ein ehrlicher, triftiger Grund, sah der junge Mann darin einen
weiteren Gunstbeweis des schönen Vormittags. ›Wie gut mir alles
gelingt‹, hätte er gesagt, wenn er Gelegenheit gehabt hätte, seine Empfindungen einem Gefährten mitzuteilen. Vielleicht war
dies das einzige, was ihm zu seinem Glück fehlte: daß er niemanden hatte, dem er es zeigen konnte. Als er sich so auf den
Weg machte, ja von freundlichen Rädchen, die unter seinen
Füßen zu rollen schienen, gleichsam getragen wurde, hatte er das
Bedürfnis, laut zu erklären: ›Ich mache kurz einen Sprung zu
Grassi hinüber, um die Instrumente abzuholen, die schon seit
gestern fertig sein mußten. Heute abend reise ich ab, lieber Cencio, und mir bleibt nicht mehr viel Zeit.‹ Er war sonderbar, dieser Bursche. Wenn er zufrieden war, kam es ihm so vor, als sei er
aller Welt etwas schuldig, so daß er jetzt zum Beispiel dem Alten
den Gedanken ausreden wollte, der ›Herr Doktor‹ lehne es ab,

sich auf ein Schwätzchen mit ihm einzulassen – falls es ihm überhaupt je in den Sinn gekommen war.

Wieder sind auf dem Gehsteig die Schritte des jungen Mannes zu hören, der sich bester Gesundheit erfreut und sich nicht um das Wetter schert und auch die Trostlosigkeit der Steine nicht bemerkt, die unter dem Schatten einer unerwarteten dicken Wolke blaßblau geworden sind. Niemand ist fröhlicher als der Melancholiker in den vier oder fünf segensreichen Tagen, die ihm in seinem ganzen Leben zuteil werden, und für Lorenzo ist heute so ein Tag. Sanft schwingen seine Nerven in einem zwanglosen körperlichen Rhythmus, und sein zerstreuter Verstand stöbert unaufhörlich in Gedankensplittern umher, wie Muttersöhnchen sie haben: nicht vergessen, den neuen Anzug sorgfältig zusammenzulegen; sich hier, wo es billiger ist, noch einen Hut kaufen. Trotzdem nehmen seine Augen den trostlosen Anblick der Straße wahr, der schon so oft beklagt und erduldet wurde. Doch heute ist ja jede Waffe stumpf und jedes Gift verdünnt. Ein paar Schritte, dann die Werkstatt des Schleifers, die belanglosen, ungewöhnlich freundlichen Worte, so herzlich, daß die anderen Kunden sich bemüßigt fühlen, ihm mit einem Lächeln den Kopf zuzuwenden. Sorgfältig, mit der Pedanterie eines unbelasteten Gemüts, prüft der Doktor im Streiflicht des Schaufensters die Schneide jedes einzelnen Messers. Ausgezeichnet. Als er bezahlt hat, denkt er beim Klang des Glöckchens, das auf die Bewegung der Klinke reagiert, unvermittelt: ›Wo lasse ich sie wohl das nächstemal schleifen?‹ Aber nur oberflächlich, vor dem Hintergrund einer heiteren Wirklichkeit, aus der Sehnsüchte und Haarspaltereien für immer verbannt scheinen.

Alles in allem fünfzehn Minuten, dann geht der junge Doktor langsam auf die Tür der Kanzlei Nardi zu. Unter dem Arm trägt er eine Ledermappe, dick und schwer, so daß sie ihm ein wenig lästig ist, aber trotzdem pfeift er vor sich hin und denkt noch ebenso froh wie kurz zuvor: Jetzt ziehe ich mich im Handumdrehen aus der Affäre. Doch als er vor dem Eingang eine geschlossene Kalesche stehen sieht, hält er plötzlich inne – die rotschwarze

Kalesche der Lupaccini. Es war Schicksal, daß sich an diesem kühlen Vormittag Lorenzos Augen alles in unumwundener Klarheit darbot, und so war es auch mit diesem unangenehmen Gefährt und mit der Wut, die darauf folgte, einem rasenden, unverhohlenen Zorn, energisch wie eine Flamme.

Die grausame Ödnis der Via Garibaldi bot wenig später die richtige Kulisse für die Effekte eines kurzen Schauspiels und trostlosen Alptraums. Um halb zehn prallt der Lärm eines Streits gegen die nutzlosen Eisengitter im Erdgeschoß von Nummer zwanzig und springt von dort zu den Fenstern gegenüber und an die stirnrunzelnden Maskarone von Nummer neunzehn. Niemand kommt vorbei; ausgerechnet jetzt ist die Straße wie ausgestorben. Nur der Wind, der gerade auffrischt, wirbelt Staubwolken auf, die auf den nackten Steinplatten wie der Auswurf wutschnaubender Gespenster wirken. Die Lautstärke der Stimmen steigt und fällt im Rhythmus des Windes, füllt seine Pausen und überläßt ihm von Zeit zu Zeit mit bedrohlichem Schweigen das Wort. Doch als sie die Heftigkeit und Intensität von Besessenen erreichte, warum gingen da nicht die Haustüren und die verfluchten Fensterläden auf? Statt dessen brachte die Sonne alles durcheinander, die plötzlich auftauchte und kontrastreich die Häuserecken anstrahlte, so daß es ein durch und durch heiteres Licht war, in das der Schlußschrei fiel, hervorgegangen aus einem eindringlichen Gespräch, abgeschnitten von warnenden Rufen und wie von einem Schauder irrsinnigen Entsetzens auf schlimmste Art wiederaufgenommen und dann erstorben. Da macht sich Cencio auf den Weg, die Hausmütze schief aufgesetzt, mit fleckigem Gesicht und torkelnden Schritten, die zum Domplatz streben. Man weiß nicht, ob sein verzerrter Mund schreien oder sich zum Schweigen zwingen will. Ihm folgen – wer weiß woher – ein spindeldürrer kleiner Junge und ein Bauer mit einem grünen Schirm. Und schließlich spuckt die Tür die unselige Schar aus. Anwalt Nardi, mit kurzsichtigen erschrockenen Augen und baumelnder Brillenschnur, stützt zusammen mit einem Metzgergesellen einen teils wankenden, teils schlaffen Mann, dessen

Beine vom Rumpf nur mehr einen schwachen Impuls erhalten, während die Knie mechanisch und angestrengter, als wahrscheinlich ist, herumstümpern. Wie durch unterirdische Kanäle benachrichtigt, strömen die Leute zusammen und drängen sich schon zwischen Vordermann und Hintermann. Ein Unfall, eine Ohnmacht, eine Schlägerei? Dann die genaue Bilanz. ›Der arme Studienrat! Ach, wer hat ihn bloß so übel zugerichtet?‹

Übel zugerichtet hatte man Vittorio Ventrella in der Tat – mit dem Stich eines Skalpells in die Brust, direkt neben das Herz. Und das Skalpell war frisch geschliffen. Er war es wirklich, mit seinem gehegten schwarzen Bart, der nach oben kippte, als sie ihn in den Wagen hievten, und mit schon grünen Lippen. Jetzt waren die Fensterläden schamlos aufgerissen und die Haustüren weit geöffnet oder angelehnt. Die Frauen – Dienstmädchen und feine Damen – standen mit dem Oberkörper weit aus dem Fenster gelehnt oder unten an der Haustür mit einem Fuß drinnen und dem anderen draußen. Eine Hochzeitsgesellschaft oder Trauergemeinde und mehr noch: ein Publikum, das nie die Geduld verliert, das Stunde um Stunde die gleichen Sätze aufsaugen und immer die gleichen sensationslüsternen Fragen beantworten wird. Auch die Erwartungen des Volks sollten nicht enttäuscht werden. ›Hier muß er rauskommen‹, und hier kam er tatsächlich: Lorenzo Benci, von dem im Gedränge jedermann nur die bleiche Stirn unter den wirren Haaren erkennen konnte, die so lang und so schwarz waren, wie niemand sie je an ihm gesehen hatte. Die Gendarmen brüllten herum und stießen den Leuten die Ellenbogen in den Magen. Der Gefängniswagen, schwarz wie der Wagen des Hundefängers, fuhr den Bürgersteig hinauf. Ein gebeugter Rücken, bereits von einem zweifachen unverschämten Achselzucken überwältigt, und schon schloß sich der Wagenschlag mit dem vergitterten Fensterchen. ›Schade, es war gar nichts zu sehen‹, beklagte sich das gemeine Volk zögernd, und die vornehmen Bürger, die noch immer an den Fenstern hingen, konnten sich nicht entschließen, sich zurückzuziehen, denn sie wollten auch den letzten Abschaum der Schandtat noch aufsaugen, hin und her gerissen zwischen ihren verschiedenen Vorhaben und dem Verlangen nach Klatsch, vertraulichen Informationen und konkreten Mitteilungen, einer Arbeit für Wochen.

Gleichwohl kam der Augenblick, da die Menge sich auflöste, sich zerstreute und in Grüppchen auseinanderlief, die ihrerseits nach und nach kleiner wurden und verschwanden. Es schlug Mittag, und der Geruch nach angebrannten Braten sorgte dafür, daß sich die Fenster wieder schlossen, und fegte die letzten vereinzelten Schaulustigen fort. Dennoch leerte sich der Gehsteig auch zur Essenszeit und während der Mittagsruhe nicht ganz. Arbeiter in weiten Hosen und kleine Jungen mit einem Stück Brot zwischen den Zähnen kamen vorbei. Zu guter Letzt fand sich einer, der sich, beharrlich herumlungernd, bis in den Hausflur vorarbeitete. Drinnen, auf der Treppenstufe, entdeckte er voller Genugtuung einen Blutfleck. Er war schon schwarz. (1940)

Margriet de Moor
Jennifer Winkelman

Eines Nachmittags im Oktober ging ich zum Friseur. Ich spazierte durch die Alleen von B., die Füße im vertrockneten Laub der Kastanien, der Ahorne, und fühlte mich leicht und wohl. Die Sonne warf kupferrote Lichtbündel durch die schweren, bereits wieder sichtbaren Äste der Bäume, die auf dieser Seite der Bahnlinie, wo die Gärten groß und verwahrlost sind, selten beschnitten werden. Die Luft hatte die Art von berauschender Ausdünstung, die einen in die eigene Babyzeit zurückversetzt – Kinderwagen, Garten –, zu der allerersten, beifällig und gerührt gemachten Erfahrung mit den Jahreszeiten. Ich spazierte in blindem Vertrauen dahin. Alles deutete darauf hin, daß die kommende Woche mir bringen würde, wonach ich mich sehnte. Windstille. Auf der Stelle treten. Eine himmlische Leere zwischen dem vergangenen Sommer und dem nahenden Winter. Wir hatten Herbstferien.

Ich bin Englischlehrerin. Schon vierzehn Jahre lang unterrichte ich in der Oberstufe des Athenäums, angenehme Beschäftigung, muß ich zugeben, obwohl nichts von dem, was ich zu sagen habe, ja, rein gar nichts die Neugier der schläfrigen Wesen zu erregen vermag, die in den Bänken vor mir sitzen. Die Sonette von Shakespeare sind fast alle einem jungen Mann gewidmet. Bereitwillig schreiben sie mit, meine Schüler, hier und da blickt einer zu mir auf, ohne Aufmerksamkeit, ohne auch nur zu bemerken, daß mein älter werdendes Gesicht von langem, glänzend schwarzem Haar umrahmt ist. Wer, in Gottes Namen, war Shakespeare?! Mein Haar ist mein ein und alles. Ich weiß genau, daß meine etwas fahlen Augen belebt und die Falten zu beiden Seiten der Nase gemildert werden durch die Extravaganz meines

Haars. Solange ich zurückdenken kann, habe ich es lang getragen.

Da waren die Bahnschranken. Ich kam ins Zentrum des Dorfs. Auch hier herrschte trotz der einkaufenden Leute eine Atmosphäre der Ruhe, des Abwartens – eine Katze überquerte mit erhobenem Schwanz den Radweg, ein alter Mann war auf der Caféterrasse eingeschlafen –, summend erreichte ich die Brinklaan, an deren Ende der einzige anständige Friseursalon weit und breit liegt.

Man kennt mich dort. Man weiß, daß man mit mir gar nicht erst über den allerneuesten Schnitt zu reden braucht, über die allerneueste Dauerwelle, die die Haarstruktur so gut wie intakt läßt. Mein Haar wird nicht abgeschnitten. So zerstreut ich die Ereignisse in meinem Leben auch aufnehme, so unwissend ich bezüglich meiner Vergangenheit, meiner Jugend auch bin, eines steht fest: Ich bin von Natur aus eine langhaarige Frau. Ich stieß die schwere Glastür auf, grüßte und ging zu den Waschbecken im hinteren Teil des Salons.

»Ja«, sagte ich wenig später zu der jungen Friseuse hinter mir. »Glauben Sie's oder glauben Sie's nicht, aber so ist es.« Mein Haar war gewaschen. Ich saß jetzt in der Mitte des Raums, an einer Doppelreihe zusammengestellter Frisiertische, die durch Spiegel voneinander getrennt, aber nicht abgeschirmt waren.

»Die Schulen sind gerade wieder in Gang«, fuhr ich fort, »jeder ist so fit wie sonstwas, und da, bitteschön: eine ganze Woche Ferien!«

Das Mädchen hob vorsichtig meine nassen Haare hoch und drapierte einen Frisierumhang um meine Schultern. »Fahren Sie noch weg?«

»Bestimmt nicht, mein liebes Kind, o nein. Bloß keine Hektik und Rennerei.« Und ich streckte meine Beine aus und schloß die Augen, um mich den kreisenden Fingern auf meinem Schädel, dem Duft von Shampoo, von Haarwasser hinzugeben, irgendwo rauschte ein Fön, irgendwo wurde eines der beiläufigen Gespräche, die für diese Art von Atmosphäre so typisch sind, intim, oberflächlich, durch leises Lachen unterbrochen ...

»... jaja«, hörte ich, »das weiß ich. Aber ich fahre in einer Woche schon wieder weg.«

»...?«

»Nicht gleich, nein. Erst muß ich in London meinen Mann abholen. Später, noch in diesem Monat, fliegen wir weiter ... « Der Fön verstummte. Die Stimme erhielt auf der Stelle ihren vollen Klang. »... Buenos Aires.«

Ich schlug die Augen auf und sah sie. Am Frisiertisch schräg gegenüber beugte sich eine Frau vor, um im Spiegel zu betrachten, was man mit ihr angestellt hatte. Sie mochte etwa so alt sein wie ich, um die Vierzig höchstens, und sie betrachtete sich, fand ich, wie man manche Mütter ihre Kinder betrachten sieht, wehrlos, freundlich staunend; freundlich staunend schien sie die vertrauten strahlend blauen Augen in sich aufzunehmen, den rotgeschminkten Mund, die Linie von Kiefer, Kinn und Nase – sehr fein alles – und die Frisur, die man ihr an diesem Nachmittag gemacht hatte, kurz, flott, blond, und auf einmal, als sie zu lächeln begann und dem Friseur zunickte, der an ihrem Hinterkopf mit einem Handspiegel herummanövrierte, dachte ich, fast erschrocken: Aber die kenne ich! Die kenne ich irgendwoher!

»Kommst du?«

Sie war aufgestanden. Sie hatte ein Kind gerufen, ein Mädchen, das brav neben der Kaffeemaschine gesessen und gemalt hatte. Man half ihr in den Mantel, sie zahlte und verschwand nach einem völlig unpersönlichen Lächeln in meine Richtung mit ihrem Töchterchen nach draußen. Die Brinklaan. Herbstsonne. Eine Frau, die mit ihrem Kind nach Hause spaziert. Verflixt noch mal, wer war das?

»Sagen Sie mal«, wandte ich mich nach einer Pause an die Friseuse, die gerade vier rote Lampen rund um meinen Kopf installierte. »Ich bin so vergeßlich, ich kenne die Dame, die gerade weggegangen ist, aber ihr Name ... ihr Name ...« Ich schnippte ungeduldig mit den Fingern.

»Das ist Mevrouw Winkelman. Sie wohnt die Hälfte des Jahres in Südamerika. Ihr Mann ist Dirigent.«

Vom Rest des Friseurbesuchs weiß ich nichts mehr. Plötzlich ging ich wieder auf der Straße, die Sonne war gesunken, der Wind hatte aufgefrischt, mit beiden Händen hielt ich mein Haar fest, als ich sie plötzlich aus einem Laden kommen sah, einem Antiquitätengeschäft, sie hatte etwas Schönes gekauft, etwas, das in einer Schachtel verpackt war, die das Kind mit einer gewissen Ehrfurcht trug. Ohne groß nachzudenken, rannte ich los.

»Entschuldigen Sie bitte ...«

Sie drehte sich halb um und sah mich an, und wieder wußte ich ganz genau, wir hatten zusammen etwas erlebt, unsere Wege hatten sich schon früher gekreuzt. Eine Erinnerung, die ich noch nicht klar erkennen konnte, vorläufig erst eine Aussparung, begann sich in mir zu regen. Ich glaube, meine Stimme hat etwas schrill geklungen.

»Sie sind Mevrouw Winkelman. Der Name sagt mir, wenn ich ehrlich bin, nichts. Aber vielleicht kann mir Ihr Mädchenname einen Anhaltspunkt liefern, und vor allem: Ihr Rufname. Darf ich wissen, wie Ihr Rufname lautet?«

Die Haut unter ihren Augen hatte die Blässe zertretener Blütenkelche. Sie war müde.

»Jennifer.«

Der Name fiel wie ein Holzklotz zwischen uns. Ich schüttelte bedauernd den Kopf. Bedauernd, gewiß, doch meine Entschlossenheit wuchs dadurch nur noch. Mochte ihr Name auch eine Fehlanzeige sein, ein dumpfer Schlag, ihre ganze Erscheinung und alles darum herum sprach von einem gewissen Ereignis, einem wunderbaren, herrlichen Geschehen in ihrem Leben, bei dem ich durchaus nicht unbeteiligt gewesen war.

Ihre kleine Tochter begann von einem Bein aufs andere zu treten. Ich merkte, daß Jennifer Winkelman weitergehen wollte.

»Wir haben uns gekannt«, sagte ich hastig. »Vielleicht auf der Universität, vielleicht auf dem Gymnasium.«

Sie reagierte nicht.

»Voorschoten«, sagte ich testend. »Die Benediktinerinnen, ach, weißt du noch, wie Schwester Sidonie vor Wut die Fäuste ballte, hinter dem Rücken, hinter ihrem blanken schwarzen Rock …«
Leicht schwindlig senkte ich den Blick. Sie muß gedacht haben, daß ich auf das Päckchen in den Händen ihrer Tochter schaute.
»Wir haben einen kleinen Clown gekauft«, sagte sie. »Einen blauen Metallclown auf einem Roller, der herumfährt, wenn man ihn aufgezogen hat …«
Ich sah sie die Straße hinunter verschwinden, zwischen den langen Schatten des Herbstnachmittags.
Nun hörte ich eine Woche lang auf zu denken. Die Frage »Wer ist Jennifer Winkelman?« war keine Frage, sondern eine Wirklichkeit, ein lyrischer Ausruf, der, als Teil meiner selbst, mein gesamtes Tun und Lassen bestimmte. Sowie ich an diesem Nachmittag zu Hause ankam, begann ich zu suchen. Noch im Mantel ging ich durch die Zimmer meiner Wohnung und sah mich um. Es sind hübsche Räume. Auf den alten Parkettböden liegen Teppiche, die Wände sind bis auf halbe Höhe mit schwarzem, hie und da angesengtem Djatiholz getäfelt, neben dem Kamin steht eine Ledercouch, weich wie ein noch lebendes Tier, von der aus man auf den verwilderten Ahorn der Nachbarn blickt. Unter einer Reproduktion der *Mona Lisa* steht mein Schreibtisch.
Ich zog die Schubladen auf. Auf Knien nahm ich Mappen und Papiere heraus und blätterte sie, Haarsträhnen hinter die Ohren streichend, wider besseres Wissen durch.
Denn eines war sicher: Das Wunder, das mich wie durch Zauberhand begonnen hatte zu betören, das Wo und Wann meines Glücks, konnte unmöglich in diesen Dokumenten zutage treten, die alle aus der Zeit nach dem Brand stammten. Vor zwei Jahren war auf dem Fell vor dem Kamin eine Flasche Spiritus umgefallen, und ich muß zugeben, daß die daraufhin eintretende Verwüstung etwas Grandioses hatte. Ausgerechnet ich, mit meiner ungeheuerlichen Vergeßlichkeit, verlor Fotos, Tagebücher und eine Briefmarkensammlung, die ich seit meiner Kindheit laufend ergänzt hatte. Ich knipste die Schirmlampe an und starrte auf das

Protokoll eines Lehrerarbeitskreises. Mein Lebenslauf ruhte nirgends sonst als auf dem tiefen, stillen Grund meines Gedächtnisses.

Als ich 1945 geboren wurde, waren meine Eltern schon nicht mehr jung. Sie hatten beide graue Haare und einen schweigsamen, außerordentlich sanften Charakter, und man kann sich fragen, womit sie es verdient hatten, während eines seltenen gemeinsamen Urlaubsausflugs ausgerechnet den Reisebus zu nehmen, der in einer Augustnacht in der Nähe des jugoslawischen Karlovac aus der Kurve flog. Mein Bruder und ich blieben folglich bei unserer Tante, einer Frau, die mit den Jahren immer jünger wurde, geblümte Kleider zu tragen begann, Wasserpfeife rauchte und uns im Vorgriff auf die Freizügigkeit einer etwas späteren Zeit keinerlei Steine in den Weg legte. Nun, mein Bruder ging auf Trampschiffahrt, ich mietete ein Zimmer in einem Studentinnenwohnheim in Leiden. Mager, schüchtern, mit schwarzen Haaren, die mir halb ins Gesicht und bis über die in einen engen, ebenfalls schwarzen Pulli gezwängten Schultern fielen, so muß ich mich in den Hörsälen und auf der Straße präsentiert haben. Trotzdem gab es Affären. Sensible, schlaue, ungeduldige, stolze junge Männer suchten die Kühle meiner Aufmerksamkeit und die Wärme meines Körpers. Mit sechsundzwanzig bekam ich eine feste Stelle in B… Gähnend erhob ich mich. Mein Gesicht war starr vor Hunger. Aus dem Geflecht dieser Fakten, dieser festen Materie, in der ich in vielerlei Gestalt umherspukte, war heute ein winziges hauchdünnes Element unverändert auf mich zugetrieben.

Am nächsten Tag wurde ich mit dem Nachhall einer vollständigen Bemerkung in meinem Kopf wach. »Wir haben einen kleinen Clown gekauft. Einen blauen Metallclown auf einem Roller, der herumfährt, wenn man ihn aufgezogen hat …«

Ich schob das Laken von meinem Gesicht und schaute auf den Wecker. Zehn Uhr, wie lang ich geschlafen hatte, ab zehn Uhr vormittags kann man jemanden ruhigen Gewissens anrufen.

Im Telefonbuch stand dreimal der Name Winkelman. Ich entschied mich für den dritten, für das A. als Vornamen und die Adresse Erfgooierstraat 18. Es klingelte. Erst in dem Augenblick, in dem ich ihre Stimme hörte, beschloß ich, was ich mit ihr besprechen wollte. Ich nahm den Apparat in die Hand und fing an, barfuß im Zimmer auf und ab zu gehen.

»Hör zu«, sagte ich. »Es ist möglich, daß es ein Foto gibt, das irgendwann an einem Junimorgen in aller Frühe aufgenommen worden ist, auf dem wir beide drauf sind.«

Ich wartete einen Moment und brachte dann, als keine Reaktion kam, eine Erinnerung an ein Fest aus Anlaß des fünfjährigen Bestehens der Leidener Studentenverbindung zur Sprache, das witzigerweise, wegen der vorgeschriebenen Weste, Westiwal genannt wurde. Der Höhepunkt des Festes, so erwähnte ich, war ein Ball in einem Hotel am Meer. Es kamen tausend geladene Gäste, alles Studenten, darunter zwei Oranierprinzessinnen in trägerlosen Kleidern, die damals noch sehr dick waren, längst nicht so hübsch wie heute. Bei Tagesanbruch gingen viele, in Abendkleid und Smoking, von der Freitreppe zum Strand hinunter, um sich von der viel stärkeren Betäubung durch die Seeluft, die ungewohnte Stunde und die weißen Strandkörbe ausnüchtern zu lassen.

»Wir haben uns zu ungefähr zwölft mit dem Rücken zum Meer hingesetzt, und dann hat einer von uns dieses Foto gemacht …«

Stille. Dann sagte sie, ein wenig undeutlich: »Nein, nein, ich weiß nichts von diesem Fest.« Sie schwieg einen Moment und fuhr dann fort: »Ich habe in Den Haag studiert, am Konservatorium am Korte Beestenmarkt.«

»Ah …!« Ich nickte, überrascht und interessiert. »Klavier? Geige?«

»Orgel.«

Inzwischen war ich am Fenster angelangt. Obwohl noch im Nachthemd, öffnete ich es und setzte mich auf die Fensterbank, den Blick auf die gewundene Allee gerichtet, die zu den Bahnschranken führte, hinter denen mir Jennifer Winkelman jetzt, in ebendiesem Moment, erzählte, daß ganz vorn in dem großen Saal des Konservatoriums die Orgel gestanden habe, auf der sie jeden Abend hätte üben dürfen.

»... wie die der Notre-Dame in Paris oder der Kathedrale von Reims, und ich hatte das Gefühl, daß ich das war, die französische Organistin Marie-Claire Alain, die die Gewölbe erdröhnen ließ ...«

Ihre Stimme erstarb. »... die Gewölbe erdröhnen ließ ...« wiederholte sie schwach.

Die Verbindung wurde unterbrochen.

In unbestimmte Gedanken versunken, zog ich mich an. Wie ich es gewöhnt bin, bürstete und kämmte ich mein Haar sorgfältig vor dem Spiegel, wieder löste sich daraus der Geruch nach Frisiersalon. Ich möchte nicht behaupten, daß ich dort, im Widerschein des Vormittagslichts, ganz bei Sinnen war. Während ich mich selbst anstarrte, gab es nur eines, was ich, zunehmend beunruhigt und erschreckt, zu mir durchdringen ließ: Nur noch eine Woche, eine knappe Woche, und dann fährt sie weg! Ach, wer hat nicht schon irgendwann mal in seinem Leben entdeckt, daß Logik und Logik zweierlei ist?

In meiner Eile nahm ich das Auto. Hätte ich das nur nicht getan! Als ich an den Bahnschranken vorbei war, sah ich, daß das Dorfzentrum mit rotweißen Schildern abgesperrt und die Vlietlaan bis zur letzten Lücke zugeparkt war: Heute war Markt. Verärgert bog ich um die Ecke, mühsam vorankommend in einer Menschenmenge, die wie Heimatlose Äpfel, Pullover, alte Tischchen, Matratzen, Töpfe und Pfannen mit sich herumschleppte, folgte ich der Umleitung, bis ich nach gut einer halben Stunde mein Auto in der Nähe der Erfgooiersstraat los wurde, woraufhin ich mit nur noch äußerst geringer Zuversicht ausstieg.

Tatsächlich, sie war nicht da. Ich stand vor dem Haus und hörte das Geräusch der Klingel verhallen. Unschlüssig trat ich einen Schritt zurück und sah hinauf. Die alten Herrenhäuser sind sehr schön renoviert worden. Ich weiß, daß die Drei- oder Vierzimmerwohnungen Luxusbäder und Südbalkone haben. Vormittags sehen die vorderen Fassaden im eigenen Schatten und hinter den riesigen Kastanien, zwischen die man die Gehwege, wie's gerade kam, gelegt hat, sehr verschlossen aus. Sie wohnte im ersten Stock.

Nebenan wurde ein Fenster geöffnet. Ein Greis in violettem Schlafrock fummelte kurz am Haken herum und sprach mich dann leise an.

»Wollen Sie zu Winkelmans?«

»Ja.«

»Die sind zum Markt gegangen.«

Ich ging. Ich ließ mein Auto stehen, bog nach rechts, nach links und stand im Nu zwischen den Verkaufsständen. Und ehe ich mich's versah, entdeckte ich sie. Klein, blond, mit etwas trottendem Schritt, lief sie in meine Richtung, inmitten der Menschenmenge, die an den in Massen ausliegenden Fischen, Krebsen und Muscheln vorbeizog, die Sonne im Gesicht, die kleine Tochter, unvermeidlich, an der Hand.

Ich blieb stehen. Übers ganze Gesicht lachend. Meiner Sache vollkommen sicher. Doch was geschah? Als sie merkte, daß ihr ein Hindernis im Weg stand, schaute sie auf – ich sah, daß sie mich erkannte –, öffnete den Mund, holte, als wolle sie etwas rufen, tief Luft und drehte sich mitsamt ihrer Tochter um, und es dauerte eine ganze Weile, bis ich begreifen wollte, was ihr entschwindender Rücken bedeutete. Ich folgte ihr.

Sie kaufte Kartoffeln, Sirupwaffeln, Kinderpantoffeln … Sie hatte absolut keine Eile und ließ sich durch meine Anwesenheit, etwa zehn Meter hinter ihr, keineswegs hetzen, sie nahm die Pantoffeln in die Hand, besah sich die Sohlen, bückte sich, damit das Kind mit spitzem Finger die blauen Bommeln berühren konnte, und zahlte unter meinen aufmerksamen Blicken, ach! wer weiß, vielleicht hatte sie ihren anfänglichen Unmut bezwungen und begriff, daß alles in Ordnung war, so gutartig wie sonstwas, wer weiß, vielleicht hatte sie Spaß an dieser unsichtbaren Schnur, zehn Meter lang, die den unermeßlichen Abstand zwischen uns überwand. Ich entschloß mich zur nächsten Improvisation. Ich kaufte Kinderpantoffeln und danach Trauben, Käse, Nüsse ... auf dieselbe Waage blickend, nickte ich und flachste mit denselben Händlern wie sie. Wir kamen zu den letzten Ständen. Der wild spritzende Springbrunnen, der Fahrradständer und das Lokal, in dem man einmal in der Woche die Tische zusammenschiebt und zusätzliche Stühle herbeischleppt. Dorthin verschwand sie, mit dem Kind, durch die Tür, die einmal in der Woche den ganzen Tag offenbleibt.

Ich bestellte Kaffee und sah mich erstaunt um. Wo waren sie? Das Lokal war voll, größtenteils Mütter mit Kindern, große, willensstarke Mütter, die sich dort, zufrieden mit ihren Einkäufen, unterhielten und lachten, während sie für ihre Kinder Apfelkuchen bringen ließen. Durch die Wimpern betrachtete ich diese unsterblichen Frauen und fragte mich, wo die andere geblieben war.

Die Tür zu den Toiletten ging auf. Jennifer Winkelman kam mit dem kleinen Mädchen zum Vorschein. Sie sah sich um und bemerkte mich sofort, grüßte oder lächelte aber in keiner Weise. Sie setzte das Kind auf einen Hocker an der Theke und beugte sich, während sie auf die Vitrine mit den Kuchen zeigte, auf den linken Arm gestützt vor. Ich weiß noch immer nicht genau, was mich daraufhin überkam. Ich sah auf das essende und trinkende Kind, auf die Jacke und den Hinterkopf mit dem schönen langen Pferdeschwanz und spürte einen derart rasenden Ekel in mir aufsteigen, daß sich mein Magen zusammenzog. Es kann sein, daß ich daraufhin meinen Kaffee umgestoßen habe.

Jennifer! schrieb ich an diesem Nachmittag. Wenn Du glaubst, wir seien Fremde, dann irrst Du Dich aber gewaltig. Weiß ich etwa nichts von dem Gebäude am Korte Beestenmarkt und dem Saal mit den Rundbogenfenstern und der Orgel? Abend für Abend saßest Du da auf der Holzbank, balancierend, die Finger auf den Tasten, die Füße auf dem Pedal. Balancierend, ja, während Du unverwandt auf die grell beleuchteten schwarzen

Noten schautest, auf die Pausen und die Striche, und Dein Territorium bis ins Aberwitzige ausdehntest! Weiß ich etwa nichts von Notre-Dame in Paris, der Kathedrale von Reims und der berühmten Organistin Marie-Claire Alain? Ich habe Dir von dem Fest am Meer erzählt und von der Tatsache, daß ich damals ein Abendkleid trug (elfenbeinweiß, Taftseide). Jetzt fällt mir noch etwas anderes ein. Ich war noch ein Kind, meine Eltern lebten noch, als eines Sommers bei unseren Nachbarn ein Mädchen zu Besuch war, das sich das Bein gebrochen hatte. Es lag immer im Garten, auf einer Bettcouch mit weißen Laken, die bis aufs Gras herunterhingen. Ich ging jeden Tag zu ihr, fasziniert von all dem Weiß, das in der Sonne aufleuchtete, von dem Außerordentlichen dieses Mädchens, beispiellos sauber gewaschen und wegen ihrer Krankheit verhätschelt, blonde Zöpfe, einen Zeichenblock mit leuchtend weißen Blättern auf dem Schoß, und dann dieses gräßliche Ding, dieses dicke weiße Bein, dem ich eines Tages in meiner maßlosen Eifersucht und Liebe einen Stoß versetzte. Du hast wie ein Idiot losgeschrien.

Als ich am Dienstag noch immer nichts gehört hatte, griff ich wieder zum Telefon. Ich stand wirklich vor einem Rätsel. Den Brief hatte ich rechtzeitig eingeworfen, meinen Namen unterstrichen und einen Kreis um meine Telefonnummer gemalt, warum schwieg sie? Es dauerte eine ganze Weile, bevor jemand abnahm. Ich klopfte mit dem Fuß auf den Boden, starrköpfig, ich spürte, daß mein Geklingel sie rief.

Und ja, das Läuten brach ab. Echo, Stille und dann – ich gefror – eine unbekannte Stimme!

»Hallo?«

Erst konnte ich nichts erwidern. Die dunkle, freundliche Männerstimme verschlug mir die Sprache.

»Ich möchte Jennifer Winkelman sprechen«, sagte ich dann.

»Sie ist nicht da.«

»Wie kann das sein?« rief ich aus.

»Sie ist zum Reisebüro …« Der Ton war ausnehmend wohlwollend. »Soll sie Sie vielleicht zurückrufen?«

Der ausländische Akzent, mit dem der Mann sprach, muß mich getroffen haben. Wer war das, wer konnte das sein? Nicht ihr Mann, nicht der sich in London aufhaltende Dirigent. Der mysteriös abweichende Tonfall gab mir das Gefühl, mit einem gutartigeren, wehrloseren Menschen als üblich zu sprechen. Das führte dazu, daß ich ihm der Einfachheit halber erzählte, daß Jennifer Winkelman eine Bekannte aus meiner frühesten Jugend sei und daß bis auf den heutigen Tag etwas, das zu ihr und zu mir gehörte, makellos, rund und frisch wie eine Luftblase, in meinem Bewußtsein oder tief im Inneren meiner Träume verschlossen gewesen sei.

»Haben Sie etwas zu schreiben da?« sagte ich zum Schluß.

Sorgfältig buchstabierte ich meinen Namen. Ich ließ ihn die Buchstaben einen nach dem anderen wiederholen. Natürlich sollte sie mich zurückrufen, spätestens heute abend.

Rote Autos. Blau und gelb gekleidete Kinder. Violette Herbstastern. Nach einem Streifzug durch das Dorf war ich in der Nähe ihrer Wohnung gelandet. Ein Hund lag schlafend auf dem Gehweg. Ein vorbeiradelnder Junge rief mir ein obszönes Schimpfwort zu. Ich holte gut gelaunt Luft. Meine Stimmung beruhte auf der Sorglosigkeit, die einen überkommt, wenn man weiß, daß alles im Leben einzig und allein einem selbst aufgebürdet wird. Wem sonst? Das macht wahrhaftig nicht traurig. Warum auch? Als ich mich ihrem Haus näherte, sah ich, daß die Eingangstür einen Spaltbreit offenstand. Ich fand das nicht verwunderlich, aber doch bedeutsam. Das ist kein Zufall, dachte ich dankbar, mag ihr Telefon auch wieder einen Tag lang geschwiegen haben, so ist ihr Haus doch sperrangelweit für mich geöffnet. Und ich drückte leicht gegen das lackierte Holz und trat in den Flur.

Nun hat das Betreten des Hauses eines Fremden mir immer schon widerstrebt. Die Konfrontation mit den Sachen eines anderen – Flurläufer, Zählerkasten – ist mir besonders zuwider, die Farbe des Holzes ist nie die meine, und die Intimität der muffigen oder ranzigen Gerüche ist mir einfach ein Graus. Diesmal jedoch machte mir das alles nichts aus. Ich stieg in der dämmrigen Höhle des Treppenhauses empor, als wäre ich dort zu Hause, und stand kurz darauf, ohne auch nur in nennenswerter Weise darauf geachtet zu haben, vor der Schwelle zum Wohnzimmer, ja, auch die Wohnungstür hatte offengestanden, und mir wurde rasch klar, warum: Hier wurde gepackt, hier wurden Koffer weggeschleppt.

Ich hatte offenbar einen Moment der Ruhe getroffen. Die Stille hing wie ein Ballon zwischen den Wänden. In der Mitte stand ein Mann, ich wußte genau, daß es mein Gesprächspartner vom Telefon war: Ein kräftiger Bursche mit dunklem Haar und krausen Koteletten sah mich ohne eine Spur von Verwunderung an und ohne ein Wort zu sagen. Ich wandte den Blick ab. In dem luxuriösen Raum herrschte ein regloses Durcheinander. Ich sah Koffer, Kartons, offene Schubladen und, fast versteckt hinter alldem, auf einem Sofa unter den Fenstern, Jennifer Winkelman. Die Augen geschlossen, auf der Seite liegend, die Hüfte hochgedreht, kein Zweifel, sie schlief. Dann sah ich auch das Kind, das Mädchen. In einem altjüngferlichen Kleid mit schiefem Saum starrte sie mich von der Tür eines Nebenraums aus ungerührt an. Das war alles. Drei Menschen, von denen einer schlief und zwei mich totenstill ansahen. Alles, ja, einmal abgesehen von dem ganzen Drumherum aus Möbeln, Gemälden, Fotos, Mänteln, einem Spiegel, einer Haarbürste, Teegeschirr, Pantoffeln, Kleider-, Papier-, Zeitungsstapeln, einer Tasche mit einem kaputten Henkel, einer Brille an einer Kordel … Gegenstände, die mir, das Tableau vivant störend, einer nach dem anderen ins Auge sprangen und deren intensive Häuslichkeit mich, dort an der Schwelle, keine Sekunde deprimierte.

Das Sofa knarrte. Ein Seufzer war zu hören. Sie richtete sich, eine Hand an der Stirn, auf.

»Mein Gott«, murmelte sie bestürzt. »Ich lieg hier und verschlafe die Zeit.«

Sie stand schwankend auf, noch mit einem Gesicht, das von ganz anderen Dingen sprach, und schaute sich das Durcheinander an.

Als sie mich sah, zuckte sie entschuldigend mit den Achseln und breitete die Hände aus.

»Meine Tochter und ich reisen morgen ab. Wir sind spät dran mit Packen.«

Ich lachte verständnisvoll.

Der Mann war auch in Bewegung geraten. Er stand neben einem an die Wand geschobenen Tisch, rückte Bücher und Blumen hin und her und knipste einen wattierten Teewärmer auf.

»Kommt Tee trinken«, sagte er. Er blickte von mir zu Jennifer Winkelman. Das Kind war nirgends mehr zu sehen.

Ein paar Minuten saßen wir beisammen, die Ellbogen auf dem Tisch, und unterhielten uns wie alte Bekannte, sachlich, unangestrengt.

»Ich wollte jetzt zur Abwechslung mal mit der Fähre nach England«, sagte Jennifer Winkelman zu mir.

Und ich fragte: »Von wo?«

»Von Hoek van Holland«, sagte sie und blies in ihren Tee. Dann fragte sie den Mann: »Um wieviel Uhr müssen wir morgen los?«
Er dachte kurz nach, rechnete. »So gegen zehn«, sagte er.

Bald darauf schoben wir alle drei unsere Stühle zurück. Sie packten weiter, ich schlenderte nach einem Gruß in Richtung Tür. So war es an diesem Nachmittag, und jedesmal, wenn ich daran zurückdenke, empfinde ich wieder das ganz Normale, das Vertraute der Situation. Ich hatte gedankenlos eine Tasse Tee getrunken und war gedankenlos auf dem Weg nach draußen.

Da sah ich den kleinen Clown auf seinem Roller. Das Aufziehding stand auf einem Hocker neben einem hohen Schrank, kein Wunder, daß ich es nicht schon früher bemerkt hatte. Im Nu kniete ich auf dem Fußboden. Ein metallener Clown in blauer Hemdhose stand auf einem roten Roller, die Arme zum Lenker ausgestreckt, einen Fuß erhoben. Aus den weißen Manschetten ragten weiße Hände, aus den weißen Hosenbeinen weißbestiefelte Füße, und der vollkommene Ernst des weißen Gesichts sprach aus nichts anderem als einem blauen Auge und einer weißen Knollennase, die Zipfelmütze saß dicht darüber. Mir stockte der

Atem. Ich spürte nicht mehr, wo ich war. Als mir dämmerte, daß in diesem Moment etwas Überwältigendes vor sich ging, biß ich mir auf die Lippen. Diesen Burschen kannte ich! Ich wußte, daß er, wie er da stand auf seinem klapprigen roten Vehikel, jeden Moment am Lenker drehen, das Vorderrad herumschwenken und in wilden Kurven und Schleifen lossausen konnte, in erster Linie vorwärts, möglicherweise aber auch, unerwartet, rückwärts … Ich reckte den Hals. An der Seite des einen Stiefels waren winzige Buchstaben zu erkennen …

»Lemezbrugvar Budapest …« buchstabierte ich mühsam, und da, ich kann es nicht anders ausdrücken, blitzte ein Leuchtturmfeuer hinter meinen Augen auf, und ich sah sekundenlang ein Wohnzimmer an einem Wintertag. Stühle, Büfett, gedeckter Frühstückstisch, alles lebensecht und nach längst vergessenen Dingen duftend, Brot, Milch, Eau de Cologne, Rasierseife, und zwei hohe Fenster, hinter denen der Schnee makellos weiß herabrieselte, es war mein Geburtstag. Rote, blaue, gelbe, violette Festgirlanden schweben über mir, die Glimmerfenster des Ofens glühen orangefarben, und jemand stellt mir neben meinen Teller einen rätselhaften kleinen Gegenstand, einen blauen, ernsten kleinen Kerl auf einem Vehikel mit Rädern und einer Antriebsfeder … »Paß mal auf, was er gleich macht …« Ui, lieber Himmel, mein Leben, meine Jugend!

»… Das ist meiner!«

Einen Moment erschrak ich. Dicht vor mir sauste etwas vorbei. Dann rappelte ich mich auf und sah zur Seite. Ein Mädchen in einem schiefhängenden Kleid wandte sich feindselig von mir ab. In beiden Händen, wie einen geretteten Vogel, das Aufziehding. Der darauffolgende Tag, der des Abschieds, spielt eigentlich keine Rolle mehr. Ich erwähne ihn nur der Vollständigkeit halber und auch, weil die ganze Fahrt in meiner Erinnerung hell, kühl, scharf umrissen ist.

Als ich kurz vor zehn in die Straße einbog und unter den Kastanien parkte, brauchte ich nicht lange zu warten. Sie kamen alle drei schon bald aus dem Haus. Nachdem er lediglich einen kleinen Koffer in den Gepäckraum eines Skodas gehoben hatte, nahm der Mann auf dem Fahrersitz Platz und beugte sich zu den Türen auf der rechten Seite. Jennifer Winkelman setzte sich neben ihn, das Kind krabbelte hinten rein. Sie starteten, ich startete, wir fuhren los.

Sie entschieden sich für die Strecke über Utrecht. Verblühte Heide, Wiesen, eine Bahnlinie mit bogenförmigen Leitungsmasten aus Beton, der Vormittag war von glasklarer Ruhe. Ich gab mir alle Mühe, Abstand zu wahren, konnte aber nicht verhindern, daß ich an der Ampel vor dem Kreisel plötzlich neben ihnen stand, sie sahen abwesend vor sich hin, der Mann rauchte. Ich glaube nicht, daß sie mich bemerkten, und außerdem: wenn schon? Seit gestern, als ich weggeschaut hatte und mit leeren Händen die Treppe in ihrem Haus hinuntergepoltert war, lachend und vor mich hin murmelnd und mit einem wahnsinnigen Glücksgefühl, war Jennifer Winkelman dabei, in den Hintergrund zu rücken, hinter die Kathedrale von Reims, einen Ball am Meer, Kinderpantoffeln, Apfelkuchen, ein Mädchen mit einem Gipsbein… Die Ampel sprang auf Grün. Langsam beschleunigend fuhr ich in den Kreisel ein.

Gegen Mittag erreichten wir die Küste. Nach kurzer Fahrt entlang den Dünen tauchten hinter einer Wolke glitzernder Möwen Kräne und Lagerhallen auf. Ungesehen parkte ich und mischte mich unter die Leute, die an den Kais entlangliefen und sehnsüchtig zu den Schiffen blickten. Die *Beatrix* lag bereit, um Autos und Passagiere an Bord zu nehmen. Ich war Zeugin eines vorbildlichen Abschieds. Dicht vor der Gangway, etwas abseits des Gedränges, stellte der Mann den Koffer ab, hob das Kind hoch, um es herzlich zu küssen, und nahm dann Jennifer Winkelman in die Arme. Ich sah, wie sie ihr nach oben gewandtes Gesicht an seine Wange legte. Dann löste sie sich aus der Umarmung, nahm ihren Koffer und das Kind und ging an Bord.

Seitdem empfinde ich immer einen angenehmen, altmodischen Kummer, wenn ich an das Schiff denke, das strahlend weiß, tutend und rauschend aufs Meer hinausfuhr.

Salman Rushdie
Chekov und Zulu

1

Als Zulu am 4. November 1984 aus Birmingham verschwand, schickte das India House seinen alten Schulfreund Chekov nach Wembley, damit er seiner Frau einen Besuch abstatte.

»*Adaabarz*, Mrs. Zulu. Gestatten, einzutreten?«

»Selbstverständlich, nur herein, Dipty Sahib! Warum förmlich?«

»Tut mir leid, am Sonntag zu stören, Mrs. Zulu, aber hat Zulu-*tho* sich heute vormittag bei Ihnen gemeldet?«

»Bei mir? Seit wann meldet sich auf einer Dienstreise bei mir? Warum Anruf machen, wenn er vermutlich amüsiert?«

»*Whoops*, wunder Punkt, entschuldigen *mich*. Immer schon ein Fettnäpfchentyp gewesen.«

»Dann Sie setzen, trinken Tee-*shee*.«

»Schön eingerichtet, das Haus, Mrs. Zulu, *wah-wah*. Geschmack-voll, wirklich. Soviel Kristall! Zulu, dieser Gauner, kriegt offen-bar zuviel Geld, mehr als meine Wenigkeit, cleverer Bastard.«

»Nein, nein, wie wäre möglich? *Tankha* von stellvertretendem Dipty muß weit über dem von Sicherheitschef liegen.«

»Wollte nicht argwöhnisch sein, *ji*. Wollte nur sagen, sie müssen gute Ohren für Okkasionen haben.«

»Gibt wohl kleines Problem da, *na?*«

»Wie bitte?«

»He, Jaisingh! Schläfst du? Stellvertretender Dipty Sahib hat Durst auf Tee. Und Kekse, und *jalebi*. Kannst du nicht zwei Sachen im Kopf behalten? Los, los, nun spring schon! Unser Gast wartet.«

»Wirklich, Mrs. Zulu, machen Sie sich keine Umstände!«

233

»Sind keine Umstände, Diptyji, nur dieser Bursche hier faul geworden, seit von zu Hause gekommen. Tagelang frei, Fernsehen im Zimmer, wird sogar in Pfund Sterling bezahlt, verlangt alles. Bis hierher haben wir mitgenommen, aber keine Dankbarkeit, was soll ich Ihnen sagen, *gar* nichts.«

»Ach, Jaisingh; warum denn? Ausgezeichnete *jalebi*, Mrs. Z.! Vielen Dank!«

Auf dem Fernseher und ringsum auf den Regalen war des verschwundenen Mannes Sammlung von *Star-Trek*-Andenken zu sehen: Captain-Kirk- und Mr.-Spock-Puppen, Raumschiffmodelle: ein Klingonen-Kampfschiff der Raubvogelklasse, ein Romulaner-Schiff, eine Raumstation und natürlich das Raumschiff »Enterprise«. An bevorzugten Plätzen die Figuren zweier Darsteller aus dem Ensemble.

»Die alten Spitznamen von der Doon School«, rief Chekov fröhlich. »Bleiben hängen wie gesprungene Schallplatten. Dumpy, Stumpy, Grumpy, Humpy. Verdrängen unsere richtigen Namen. Uns sind die der furchtlosen Astronauten geblieben.«

»Gefällt mir nicht. Dies ›Mrs. Zulu‹, das an mir hängenbleibt. Klingt fast wie bei einer Schwarzen.«

»Tragen Sie den Namen voll Stolz, Begum Sahib! Wir sind alte Waffenbrüder, Ihr Ehemann und ich; seit der Schulzeit, vielleicht war er so gütig, das zu erwähnen. Tapfere Diplonauten. Unsere x Jahre dauernde Mission, neue Welten und neue Zivilisationen zu erforschen. Sehen Sie, da stehen sie, unsere Alter egos, auf Ihrem Fernseher! Der Rußki mit den asiatischen Zügen und der Chinese. Nicht die Führer, wie Sie leicht erkennen, sondern die perfektesten Diener, die man sich vorstellen kann. ›Kurs liegt an!‹ – ›Grußfrequenzen offen!‹ – ›Warp drei!‹ Was wäre dieser eingebildete Captain gewesen, ohne seine ranghöchsten Offiziere? Genau wie bei unserem Staatsschiff Hindustan. Auch wir sind nämlich Diener, genau wie Ihr grimmiger Jaisingh hier. Niemals wichtiger als in Momenten wie der gegenwärtigen bedauerlichen Krise, wenn unter allen Umständen Ruhe bewahrt, *jalebi* serviert und Tee eingeschenkt werden muß. Wir führen nicht, nein, wir ermöglichen. Ohne uns kann kein Kurs angelegt, keine Grußfrequenz geöffnet und kein Warp auf Faktor drei erhöht werden.«

»Steckt er denn in Schwierigkeiten, Ihr Zulu? Als wäre sie nicht schon schlimm genug, diese schreckliche Zeit.«

An der Wand hinter dem Fernseher hing ein gerahmtes, mit einer Girlande geschmücktes Bild von Indira Gandhi. Seit Mittwoch war sie jetzt schon tot. Die Aufnahmen von ihrer Verbrennung waren stundenlang im Fernsehen gezeigt worden. Die Blütenblätter, die hellen, unerträglichen Flammen.

»Schwer zu glauben, Indira*ji! Da fehlen einem die Worte. Sie war unsere Mutter. *Hai, hai!* Niedergemäht in der Blüte ihrer Jahre.«

»Und im Radio-TV kommen so viele Geschichten über Vorgänge in Delhi. So viele Morde, Dipty Sahib. So viele von unseren anständigen Sikh-Leuten umgebracht. Tragen doch nicht alle die Schuld an den Verbrechen von ein, zwei schurkischen Leibwächtern.«

»Die Sikh-Gemeinde galt immer als der Nation treu ergeben«, sinnierte Chekov. »Rückgrat der Armee, ganz zu schweigen vom Taxidienst in Delhi. Superbürger, könnte man sagen, offenbar mit der nationalen Idee verheiratet. Doch diese Ideen werden heute in Frage gestellt, das müssen Sie zugeben; es gibt Leute, die Kamm, Fußreif, Dolch et cetera als Zeichen des Feindes im Innern auslegen.«

»Wer würde es wagen, solche Dinge über uns zu sagen? Etwas so Böses?«

»Ich weiß, ich weiß. Aber nehmen wir mal Zulu. Der heikle Punkt ist, daß er sich, soweit wir wissen, nicht auf einer offiziellen Dienstreise befindet. Er ist sozusagen von der Bildfläche verschwunden, Begum Sahib. Unerlaubte Entfernung von der Truppe, seit dem Attentat. Über zwei Tage lang kein Kontakt mehr.«

»O Gott!«

»In der Zentrale sind manche der Meinung, daß er sich der Bande angeschlossen haben könnte. Die höchstwahrscheinlich schon seit langem eine Verbindung mit der Gemeinde hier etabliert hat.«

»O Gott!«

»Natürlich kämpfe ich energisch gegen die Verfechter dieser Ein-stellung. Doch seine Abwesenheit wirkt sich vernichtend aus, das müssen Sie einsehen. Wir haben keine Angst vor diesen schäbi-gen Khalistan-*wallahs*. Aber sie können sehr unbarmherzig sein. Und bei Zulus Insider-Wissen und seinem Sicherheits-Back-ground … Diese Leute haben weitere Überfälle angedroht, wie Sie wissen. Wie Sie wissen müßten. Wie Sie, das meinen man-che, nur allzu gut wissen müßten.«

»O Gott!«

»Es wäre möglich«, fuhr Chekov fort und kaute seine *jalebi*, »daß Zulu mutig so weit gegangen ist, wie noch kein indischer Diplo-naut zuvor.«

Die Ehefrau weinte. »Selbst diesen idiotischen Namen sprechen Sie nie richtig aus. Man schreibt ihn mit S. ›Sulu.‹ So viele, vie-le Folgen hab ich mir ansehen müssen – glauben Sie vielleicht, da wüßte ich so was nicht? Kirk Spock McCoy Scott Uhura Che-kov *Sulu*.«

»Aber Zulu ist ein treffenderer Name für jemanden, den manche für einen wilden Mann halten«, widersprach Chekov. »Für einen angeblichen Wilden. Für einen mutmaßlichen Verräter. Ich dan-ke Ihnen für den ausgezeichneten Tee!«

2

Im August hatte Zulu, ein schüchterner, stämmiger Riese, Che-kov von der Maschine aus Delhi abgeholt. Mit seinen dreiund-dreißig Jahren war Chekov ein kleiner, zierlicher, adretter Mann in grauen Flanellhosen, Hemd mit gestärktem Kragen und einem zweireihigen, marineblauen Blazer mit Messingknöpfen. Da er Augenbrauen wie Fledermausflügel und ein vorspringendes, kampflustiges Kinn hatte, kamen seine kultivierte Ausdrucks-weise und seine normalerweise leise Stimme recht überraschend und entwaffnend für all jene, die von Augenbrauen und Kinn dazu verleitet worden waren, einen weit aggressiveren Menschen zu erwarten. Er war ein Karrieretyp und hatte eine kleinere Botschaft bereits abgehakt. Der stellvertretende Numero-Zwei-Job in London, der allerdings nur vorübergehend sein sollte, war die vorläufig letzte Feder an seinem Hut.

»Heda, Zools! Jahre ist es her, jawohl, Jahre!« rief Chekov und klatschte dem anderen die flache Hand vor die Brust. »Nanu«, fuhr er dann fort, »wie ich sehe, bist du jetzt auch unter die Haarigen gegangen.« Der junge Zulu war, was die Haare betraf, ein moderner Sikh gewesen und hatte mit achtzehn zwar einen bildschönen Schnurrbart, aber keinen Vollbart getragen, und das Haupthaar hatte er sich schneiden lassen, statt es in langen Strähnen unter einem Turban fest um den Kopf zu wickeln. Jetzt jedoch schien er zur Tradition zurückgekehrt zu sein.

»Hallo, *ji*«, begrüßte Zulu ihn vorsichtig. »Dann ist es also okay, die alte Anrede zu benutzen?«

»Benutze nur! Welche denn sonst?« Damit reichte Chekov Zulu seine Taschen und den Gepäckschein. »Ganz im Geist der alten ›Enterprise‹ und so.«

In seinem öffentlichen Leben ein durchaus weltgewandter Mann, genoß es Chekov im Privatleben, wenn er die offizielle Maske fallen ließ, sich gelegentlich auf interkulturellem Gebiet so richtig schön aufzuregen. Kurz nach dem Antritt seines neuen Postens saß er mit Zulu einmal zur Mittagszeit auf einer Bank in den Embankment Gardens und deutete mit einer Kopfbewegung auf die verschiedenen Passanten.

»Gauner«, sagte er *sotto voce*.

»Wo?« rief Zulu und sprang sportlich auf. »Soll ich hinterher?« Schon drehte man sich nach ihnen um. Chekov packte Zulu am Jakettsaum und zog ihn auf die Bank zurück. »Spiel nicht den Helden!« warnte er ihn freundschaftlich. »Ich meine alle, ganz allgemein; Diebe, einer wie der andere. Großer Gott, ich liebe London! Theater, Ballett, Oper, Restaurants! Den Pavillon im Lord's-Stadion beim Test-Match am Sonnabend! Die königlichen

Enten auf dem königlichen Teich im königlichen St. James's Park! Anständige Herrenschneider, ein anständiger Mixed grill, wann immer man Appetit darauf hat, anständige Magazine zum Lesen! Ich sehe die Überreste einstiger Größe und gebe offen zu, daß ich beeindruckt bin. Athenaeum, Buck House, die Löwen auf dem Trafalgar Square.

Verdammt eindrucksvoll. Einmal hab ich mich mit dem Junior-Minister im F. & C. O. getroffen und sofort gemerkt, daß ich im alten India Office war. Überall das schwarze Teakholz der John Company, überall dicke Stoßzähne auf alten Bücherregalen. Hat mich ganz schön mitgenommen. Man kann sich nur zu ihrem Erfolg beglückwünschen: hurra! Aber dann seh ich mir mein eigenes Haus an und muß feststellen, daß es von Einbrechern ausgeraubt wurde. Ich kann nicht verhehlen, daß da ein Bodensatz von Groll in mir nagt.«

»Tut mir leid, dein Verlust«, entgegnete Zulu und zog die Brauen zusammen. »Aber die Schuldigen sind doch bestimmt nicht hier zu finden.«

»Zulu, Zulu, das ist eine Redewendung, du Einfaltspinsel von einem Kriegsfürsten! Ihre Museen sind vollgestopft mit unseren Schätzen, hab ich gemeint. Ihre Vermögen, ihre Städte – alles gegründet auf der Beute, die sie uns abgenommen haben. Und so weiter, und so fort. Man verzeiht, natürlich; das liegt in unserem Nationalcharakter. Aber vergessen muß man nicht.«

Zulu deutete auf einen Penner, der in zerlumptem Hut und Mantel auf der Nachbarbank schlief. »Hat der uns auch bestohlen?« fragte er.

»Vergiß niemals«, dozierte Chekov mit erhobenem Zeigefinger, »daß die britische Arbeiterklasse um ihres Vorteils willen am Kolonialprojekt mitgearbeitet hat. Die Baumwollarbeiter von Manchester unterstützen zum Beispiel die Vernichtung unserer Baumwollindustrie. Als Diplomaten dürfen wir derartige Fakten nicht außer acht lassen; denn Fakten sind und bleiben sie nun mal.«

»Aber dieser Bettler da gehört nicht zur Arbeiterklasse«, wandte

Zulu zu Recht ein. »Der ist bestimmt keiner von den Unterdrückern.«

»Zulu«, entgegnete Chekov verzweifelt, »gib dich nicht so scheißverdammt schwierig.«

Als Chekov und Zulu auf dem Serpentine-See im Hyde Park Boot fuhren, kam Chekov wieder auf sein Steckenpferd zu sprechen. »Sie haben uns bestohlen«, erklärte er und legte sich, Kreissäge auf dem Kopf und Champagner in der Hand, in die gestreiften Kissen zurück, während der starke Zulu ruderte. »Und nun stehlen wir uns eben, was uns zusteht, wieder zurück. Das ist wie mit den Elgin Marbles.«

»Du solltest nicht so unzufrieden sein«, sagte Zulu, der die Riemen einholte und Cola kippte. »Du solltest nicht so gierig sein, und nicht so mürrisch. Sieh dir doch an, was du alles hast! Wirklich genug. Gib Ruhe und genieße es! Ich habe weniger, aber für mich reicht's. Die Sonne scheint, was brauchen wir mehr? Die Kolonialzeit ist ein abgeschlossenes Kapitel.«

»Jeder, wie er mag«, sagte Chekov. »Bei meinem angeborenen Radikalismus hätte ich nicht Diplomat werden sollen, sondern Terrorist.«

»Aber dann wären wir jetzt Feinde, jeder auf einer anderen Seite«, protestierte Zulu und hatte auf einmal echte Tränen in den Augen. »Gilt dir denn unsere Freundschaft gar nichts? Oder meine Verantwortungen im Leben?«

Chekov kam in Verlegenheit. »Du hast ja recht, Zools, alter Junge! Zu verdammt recht. Du kannst dir nicht vorstellen, wie glücklich ich war, als ich hörte, daß wir hier in London wieder zusammenarbeiten können! Es geht doch nichts über Jugendfreundschaften, eh? Nichts auf der Welt kann sie ersetzen. Und nun hör zu, du großer Tolpatsch, zieh nicht ein so furchtbar langes Gesicht! Das laß ich nicht zu. Ein großer, starker Kerl wie du darf nicht aussehen, als würde er gleich losheulen! Wir sind doch Blutsbrüder, alte Freunde, oder? Alle für einen und einer für alle.«

»Blutsbrüder«, bestätigte Zulu mit scheuem Lächeln.

»Also dann vorwärts!« Chekov nickte und legte sich in die Kissen zurück. »Mit Impulsgeschwindigkeit!«

An dem Tag, als Mrs. Gandhi von ihren Sikh-Leibwächtern ermordet wurde, spielten Zulu und Chekov in St. John's Wood auf einem Privatplatz Squash. Nach dem Duschen keuchte im Umkleideraum der vorzeitig ergrauende Chekov, der ein Handtuch um die wabbelig werdenden Hüften trug und seinen von der Erschöpfung geschrumpften, purpurroten Penis nicht zur Schau stellen wollte, noch immer heftig; während Zulu splitternackt und stolz mit dickem Schwanz dastand, seine schöne, lange schwarze Mähne in den Nacken warf, sich die Haare mit femininer Sinnlichkeit striegelte und kämmte und schließlich geschickt zum Knoten schürzte.

»Viel zu gut, Zulu *yaar. Fataakh! Fataakh!* Was für ein Schlag! Zu verdammt gut für mich.«

»Ach, ihr Schreibtischpiloten, *ji!* Ihr verliert allmählich den Drive. Früher warst du für alles zu haben.«

»Ja, ja, ich bin auf dem absteigenden Ast. Dabei bist du nur ein Jahr jünger als ich.«

»Ich habe ein gesünderes Leben geführt, *ji* – Taten, keine Worte.«

»Dir ist doch klar, daß wir deinen Namen in den Schmutz ziehen müssen«, sagte Chekov leise.

In Charles-Atlas-Pose drehte sich Zulu langsam vor dem mannshohen Spiegel.

»Es muß aussehen wie der Kraftakt eines Einzelgängers. Falls irgendwas schiefgeht, wird alles geleugnet. Selbst deine Frau darf die Wahrheit nicht mal *erahnen.*«

Arme und Beine weit gespreizt, bildete Zulu mit seinem Körper ein Riesen-X und streckte sich, so weit es nur ging. Dann stand er auf einmal stramm. Chekov klang ein wenig entnervt: »Zools? Was meinst du?«

»Ist der Transporter bereit?«

»Nun komm schon, *yaar*, hör auf, rumzuarschen!«

»Bei allem Respekt, Mister Chekov, Sir, es ist *mein* Arsch. Also dann: Ist der Transporter bereit?«

»Transporter bereit. Sir.«

»Also dann: Energie!«

Chekovs Memorandum, Top Secret und »persönlich«, adressiert an JTK (James T. Kirk):

Empfehle dringend, Operation Star Trek abzubrechen. Einen Föderationsangestellten klingonischer Abstammung als Spion unbewaffnet in eine klingonische Einheit einzuschleusen ist die gröbste Form eines Loyalitätstests. Der in Frage stehende Agent hat niemals eine ideologische Abweichung irgendwelcher Art erkennen lassen und hat das nicht verdient, selbst in dem gegenwärtigen Klima von Chaos, Hysterie und Angst. Falls es ihm nicht gelingt, die Klingonen von seiner Aufrichtigkeit zu überzeugen, ist zu erwarten, daß ihm Schlimmes zustößt. Diese Leute sind keine Geiselnehmer.

Das gesamte Unternehmen ist falsch konzipiert. Die örtlich angesiedelte klingonische Bevölkerung ist nicht das zentrale Problem. Selbst wenn wir Erfolg hätten, wären Informationen über wichtigere Personen in der Heimat ganz eindeutig von zweifelhafter Zuverlässigkeit und daher von begrenztem Wert. Wir sollten dem Sternenflotten-Kommando raten, sich umgehend mit den Problemen und Wünschen der Klingonen zu befassen. Wenn diese nicht offen und ehrlich behandelt werden, wird es keinen bleibenden Frieden geben.

Antwort von JTK:

Ihre Freundschaft mit der betreffenden Person entschuldigt das, was ansonsten im Hinblick auf die Volksgruppe ein hochexplosives Dokument wäre. Es ist nicht Ihre Aufgabe, die nationalen Interessen zu definieren oder zu bestimmen, welche Undercover-Maßnahmen zu ergreifen sind. Ihre Aufgabe ist es, derartige Operationen zu ermöglichen und jedwede Unterstützung zu sichern, wie und wann es von Ihnen verlangt wird. Als persönliche Gefälligkeit Ihnen gegenüber und im Namen meiner langen Freundschaft mit Ihrem verehrten Papaji habe ich Ihre Meldung vernichtet, ohne eine Kopie zu machen, und empfehle Ihnen, das gleiche zu tun. Vernichten Sie auch dieses Schreiben.

Chekov bat Zulu, ihn zu einer »Coriolanus«-Aufführung nach Stratford zu fahren.

»Wie viele Kinderchen inzwischen? Drei?«

»Vier«, antwortete Zulu. »Alles Jungen.«

»Gott sei's gedankt. Sie muß eine gute Frau sein.«

»Ich hab ein volles Herz«, sagte Zulu mit plötzlich aufwallendem Gefühl, »ein volles Haus, einen vollen Bauch, ein volles Bett.«

»Da kannst du aber von Glück sagen«, erwiderte Chekov. »Du warst schon immer heißblütig. Ich dagegen nie. Reptilien, bestimmte Dinosaurierarten und ich. Ich bin übrigens auf der Suche. Nach einer Frau, meine ich, falls du passende Kandidatinnen kennst. Unverheiratet zu sein ist von einem gewissen Zeitpunkt an ein Hindernis für die Karriere.«

Zulu fuhr seltsam. Als sie sich auf der langsamen Fahrspur der Autostraße einer Ausfahrt näherten, beschleunigte er bis auf einhundert Meilen pro Stunde. Sobald die Ausfahrt hinter ihnen lag, wurde er wieder langsamer. Chekov fiel auf, daß er ständig Tempo und Fahrspur wechselte. »Hat deine alte Klapperkiste keinen Tempomat?« erkundigte er sich. »Eine derartige Fahrweise, mein Freund, würde sich auf der Brücke des Flaggschiffs der intergalaktischen Föderation nicht besonders gut ausnehmen.«

»Anti-Überwachung«, erklärte Zulu. »Chemische Reinigung«.

Chekov warf einen beunruhigten Blick durch die Heckscheibe. »Sind wir denn etwa aufgeflogen?«

»Kein Grund zur Sorge«, antwortete Zulu grinsend. »Vorsicht ist die Mutter der Porzellankiste, nichts weiter. Man sollte immer auf das Schlimmste gefaßt sein.«

Chekov lehnte sich beruhigt zurück. »Du hast dich schon immer gern mit Spiel und Sport befaßt«, sagte er. Zulu war ein hervorragender Sportschütze gewesen, der beste Ringer der ganzen Schule sowie ein erstklassiger Fechter. »Bei jeder Schlußfeier«, sagte Zulu, »hab ich in der Aula gesessen und geklatscht, während du dir oben sämtliche Preise abgeholt hast. Den Preis für Englisch, den Preis für Geschichte, den Preis für Latein, den Klassenpreis. Applaus, Applaus, Applaus, ein Semester ums andere, ein Jahr ums andere. Aber jetzt habe ich auch ein Gebiet, auf dem ich Experte bin.«

»Einen hervorragenden Ruf hast du dir erworben, wenn man nach dem geht, was man so hört.«

Beide schwiegen. England raste an ihnen vorbei.

»Magst du Tolkien?« fragte Zulu.

»Ich hätte dich nie für einen Büchermenschen gehalten«, gab Chekov verwundert zurück. »Nichts für ungut.«

»J. R. R. Tolkien«, erklärte Zulu. »›Der Herr der Ringe‹.«

»Möchte nicht behaupten, daß ich den Gentleman gelesen hab. Gehört hab ich natürlich von ihm. Elfen und Kobolde. Eigentlich gar nicht dein Geschmack, würde ich sagen.«

»Es geht um den Krieg zwischen Gut und Böse«, erklärte Zulu eindringlich. »Und während dieser Krieg geführt wird, weiß in einem Teil der Welt, dem Shire, niemand etwas davon, daß irgendwo gekämpft wird. Die Hobbits, die dort leben, arbeiten, streiten und amüsieren sich, ohne eine beschissene Ahnung zu haben – weder von den Mächten, von denen sie bedroht werden, noch von den anderen, die ihnen die Haut zu retten versuchen.« Sein Gesicht war puterrot vor Erregung.

»Womit du vermutlich mich meinst«, warf Chekov ein.

»Ich bin Soldat in diesem Krieg«, fuhr Zulu fort. »Wenn man aber in einem Büro sitzt, hat man nicht die geringste Ahnung davon, wie die wirkliche Welt aussieht. Die Welt des Handelns, *ji.* Die Welt der Taten, der Dinge, die getan und möglicherweise auch ungeschehen gemacht werden. Die Welt von Leben und Tod.«

»Nur im allerschlimmsten Fall«, wandte Chekov ein.

»Sage ich dir, wie du mit deinem aalglatten Geschwätz den Leuten den Hintern einseifen sollst?« fuhr Zulu auf. »Also versuch mir nicht vorzuschreiben, wie ich meine Arbeit ausführen soll.«

Soldaten, die in die Schlacht ziehen, putschen sich auf, das wußte Chekov. Diese Brusttrommelei war zu erwarten, man durfte sie nicht fehlinterpretieren. »Wann machst du dich aus dem Staub?« erkundigte er sich ruhig.

»Chekov*ji*, das wirst du niemals erleben, daß ich mich aus dem Staub mache.«

Sie näherten sich Stratford. »Wußtest du, *ji*«, fuhr Zulu fort, »daß die Landkarte von Tolkiens Mittel-Erde ziemlich genau auf Mittelengland und Wales paßt? Vielleicht liegen alle Märchenländer genau hier, in unserer Mitte.«

»Welch ein Tiefgang, alter Zools!« gab Chekov zurück. »Heute steckst du bis oben hin voller Erkenntnisse.«

Chekov hatte ein paar Leute zum Dinner in seine moderne Residenz in einer Villenstraße von Hampstead geladen: einen »very big businessman«, den er umwarb, Journalisten, die er mochte, prominente Indien-Fans sowie bekannte nichtansässige Inder. Die Parole hieß: alles ganz normal. Nichts durfte darauf hindeuten, daß das furchtbare Ereignis das Staatsschiff vom Kurs abgebracht haben könnte; dessen neuer Kapitän, sinnierte Chekov, selbst ein ehemaliger Pilot war. Als sei ein Sulu oder ein Chekov plötzlich auf den Platz des Skippers katapultiert worden.

Verdammt schwierig, das alles, ohne Ehefrau als Gastgeberin, grollte er insgeheim. Die teuersten goldenen Teller mit dem vielköpfigen Löwen in der Mitte, das feinste Kristall, die Speisenfolge, die Weine. Vom India House war Personal abgestellt worden, das ihm beistand, aber das war nicht dasselbe. Der Keim eines gelungenen Abends steckte, wie Gott, im Detail. Chekov half, wo es ging, und war nervös.

Der Abend verlief sehr gut. Beim Brandy wagte Chekov dem Gespräch sogar eine etwas düsterere Note zu geben. »England war schon immer eine Brutstätte für unsere Revolutionäre«, behauptete er. »Was wäre Pandit Nehru wohl ohne Harrow gewesen? Was wäre Gandhi*ji* ohne seine prägenden Erfahrungen hier? Selbst die Idee Pakistan wurde in diesem Land von jungen Radikalen an Colleges ausgebrütet, in einem Land, das wir damals als Mutterland zu betrachten angehalten wurden. Nun, da Englands Status gesunken ist, erscheint es mir nur logisch, daß es mit der Qualität der Revolutionäre, die es ausbrütet, ebenfalls bergab geht. Diese Kashmiris! Nicht die geringste Hoffnung. Und diese Khalistan-Typen, die sollen ja nicht glauben, daß ihre Bluttat sie ihrem Traum auch nur um einen Tag näher gebracht hat. Im Gegenteil. Im Gegenteil. Wir werden sie mit den Wurzeln ausrotten und sie – wie sagt man doch gleich? – in tausend Stücke zerreißen.«

Zu seiner eigenen Überraschung hatte er die Stimme erhoben und war aufgestanden. Nun setzte er sich abrupt wieder hin und lachte laut. Der Augenblick ging vorüber.

»Das Komische an diesem verflixten Spitznamen, den man mir angehängt hat«, wandte er sich hastig an seine Tischdame, die unwahrscheinlich junge und schöne Ehefrau des über siebzigjährigen ›very big businessman‹, »ist vermutlich, daß wir damals keine einzige Folge der TV-Serie zu sehen bekamen. Kein Fernseher, in dem man sie sehen konnte, verstehen Sie? Das Ganze war nichts als eine Legende, die ihren Weg von den USA und dem UK bis in unsere reizende Sommerfrische Dehra Dun gefunden hatte.

Nach einiger Zeit erhielten wir ein paar billige Taschenbücher zu dieser Serie, die von Hand zu Hand gingen, als wären sie unanständige Bücher, wie ›Lady C‹ oder so. Viele von uns legten sich probeweise die Namen zu, aber bei nur zweien blieben sie hängen; vermutlich, weil sie so gut zusammenpaßten und weil wir beide uns so gut verstanden, obwohl er jünger war als ich. Ein lieber Kerl. Und so waren wir eben, genau wie Laurel und Hardy, Chekov und Zulu.«

»*Love and Marriage*«, sagte die Frau.

»Wie bitte?«

»Sie wissen doch«, sagte sie. »*Go together like a horse and carriage.* Ich liebe diesen alten Song. La-la-la-irgendwas-*brother, You can't have one without the other.*«

»Ach ja, jetzt erinnere ich mich«, sagte Chekov.

Drei Monate später rief Zulu seine Frau an.

»O du mein Gott, wo steckst du, bist du tot?«

»Bitte, hör mir zu, meine *bivii!* Hör mir genau zu, mein liebes Weib, meine einzige Liebe!«

»Ja. Okay. Ich bin ruhig. Die Verbindung ist schlecht, jedoch.«

»Ruf Chekov an und sag ihm: Alarmstufe rot.«

»*Arré!* Was stimmt nicht mit deinem Arm?«

»Bitte: Alarmstufe rot.«

»Ja. Okay. Rot.«

»Sag ihm, die Klingonen könnten Lunte riechen.«

»Klingtonnen könnten riechen. Das bedeutet?«

»Mein Liebling, ich bitte dich!«

»Ich hab alles aufgeschrieben. Mit diesem Bleistift, genau. Beides.«

»Sag ihm, Scotty soll meine Koordinaten anpeilen und mich sofort hochbeamen.«

»So ein Unsinn! Nicht einmal jetzt könnt ihr mit diesem dämlichen Kinderspiel aufhören!«

»*Bivi.* Es ist dringend. *Beam mich rauf!*«

Chekov ließ alles stehen und liegen und fuhr los. Wie verabredet, absolvierte er die »chemische Reinigung«: zweimal umrundete er einen Kreisel, überfuhr rote Ampeln, bog absichtlich falsch ab, stoppte und kehrte um, bog so oft wie möglich richtig ab, um zu sehen, ob ihm jemand im Verkehrsgewühl folgte, und ahmte auf der Autostraße Zulus Fahrtechnik nach. Als er weitgehend sicher war, daß er keine Verfolger hatte, steuerte er den Treffpunkt an. Len Deighton würde Augen machen, dachte er, und le Carré dazulernen.

Er bog von der Autostraße ab und hielt auf einem Rastplatz. Ein Mann trat unter den Bäumen hervor. Er wirkte geschniegelt und gebügelt. Es war Zulu.

Chekov sprang aus dem Wagen, umarmte den Freund und küßte ihn auf beide Wangen. Zulus struppiger Schnauzbart kratzte
auf seinen Lippen. »Ich dachte, du hättest vielleicht einen Arm
verloren, oder eine Schußwunde, aus der das Blut strömt, oder
wenigstens ein blaues Auge«, sagte er. »Statt dessen kreuzt du
hier auf wie fürs Theater angezogen, fehlen nur noch Operncape
und Spazierstöckchen.«

»Auftrag ausgeführt«, sagte Zulu und klopfte auf seine Brust-
tasche. »Alles da drin, und einwandfrei.«

»Und was sollte dann dieser *bakvaas* mit ›Alarmstufe rot‹?«

»Das Szenario für den Extremfall«, antwortete Zulu. »Tritt nicht
unbedingt immer ein.«

Im Wagen überflog Chekov Namen, Orte und Daten aus Zulus
braunem Kuvert. Die Informationen waren besser, als er es jemals
erwartet hätte. Von diesem anonymen Rastplatz in den Midlands
fiel das Licht bis auf bestimmte abgelegene Dörfer und Groß-
stadtschlupfwinkel im Punjab. Dort würde es Razzien und, jedenfalls für gewisse Oberschurken, keinerlei Schatten mehr geben,
in den man sich verkriechen konnte.

Er stieß einen leisen, bewundernden Pfiff aus.

Zulu, auf dem Beifahrersitz, senkte den Kopf. »Fahr lieber los«,
mahnte er. »Fordere das Schicksal nicht heraus!«

Durch die Mittel-Erde fuhren sie nach Süden.

Kurz nachdem sie von der Autostraße abgebogen waren, sagte
Zulu: »Übrigens, ich höre auf.«

Chekov hielt den Wagen an. Durch eine Lücke in der Häuser-
zeile links waren die beiden Türme des Wembley-Stadions zu
sehen.

»Was soll das heißen? Haben dich die Extremisten etwa umge-
dreht, oder was?«

»Chekov, *ji*, stell dich doch nicht dumm! Wer braucht heute noch
Extremisten, wenn in Delhi gemordet wird? Hunderte, vielleicht
Tausende von Sikh-Männern vor den Augen ihrer Familien skal-
piert und lebendig verbrannt. Sogar Halbwüchsige.«

»Das wissen wir.«

»Dann, *ji*, wissen wir auch, wer dahintersteckt.«

»Es gibt nicht den geringsten Beweis«, zitierte Chekov die offiziellen Verlautbarungen.

»Es gibt Augenzeugen und Fotos«, widersprach Zulu. »Das wissen wir.«

»Es gibt Leute«, sagte Chekov bedächtig, »die nach der Sache mit Indira*ji* der Meinung sind, daß die Sikhs nichts anderes verdienen.«

Zulu erstarrte.

»Ich hoffe, du kennst mich besser«, sagte Chekov. »Um alles in der Welt, Zulu, jetzt hör mal zu! Wir beide, unser ganzes verfluchtes Leben lang!«

»Kein Kongreßmitglied wurde angeklagt«, sagte Zulu. »Trotz vieler Beweise für eine Mitschuld. Deswegen höre ich auf. Und du solltest ebenfalls aufhören.«

»Wenn du ein so verdammter Radikalinski geworden bist«, rief Chekov empört, »warum gibst du mir dann überhaupt diese Liste? Warum machst du nicht gleich reinen Tisch?«

»Ich bin ein Sicherheitsdienst-*wallah*«, entgegnete Zulu und öffnete die Wagentür. »Terroristen aller Art sind meine Gegner. Unter gewissen Umständen aber anscheinend nicht die deinen.«

»Steig ein, Zulu, verdammt noch mal!« rief Chekov. »Ist dir deine Karriere denn völlig egal? Denk an deine Frau und die vier Kinderchen! Und was ist mit deinen alten Kumpels? Willst du auch mir den Rücken kehren?«

Aber Zulu war schon viel zu weit entfernt.

Chekov und Zulu sahen sich nie wieder. Zulu ließ sich in Bombay nieder, und so, wie in dieser geldreichen Boomtown der Bedarf an wirksamem Schutz auf dem Privatsektor wuchs, wuchsen und gediehen auch seine beiden Firmen Zulu Shield und Zulu Spear. Seine Frau schenkte ihm noch drei Kinder, ebenfalls Jungen, und so ist er bis heute ein glücklicher Ehemann.

Was Chekov betrifft, so hat er niemals geheiratet. Trotz dieses Handicaps war ihm jedoch ein relativ guter Erfolg in seinem Beruf beschieden, und er stieg weiter auf der Karriereleiter nach oben. Eines Tages im Mai 1991 gehörte er jedoch zufällig zum Gefolge von Mr. Rajiv Gandhi, das diesen in das südindische Dorf Sriperumbudur begleitete, wo Rajiv auf einer Wahlversammlung eine Rede halten sollte. Die Sicherheitsvorkehrungen waren lasch, aus gutem Grund. Denn bei der vorangegangenen Wahl hatte Rajiv das Gefühl gehabt, die Maßnahmen zu seiner Sicherheit hätten eine Barriere zwischen ihm und seinem Wahlvolk errichtet. Daher, ordnete er an, müsse den Wählern diesmal das Gefühl vermittelt werden, ihm körperlich nahe zu sein.

Nach den Ansprachen verließ die Gruppe um Rajiv das Podium. Chekov, der nur wenige Schritte hinter Rajiv ging, sah plötzlich eine kleine Tamilin vortreten. Lächelnd reichte sie Rajiv die Hand, ließ sie aber nicht mehr los. Chekov begriff, warum sie lächelte, und dieses Wissen war so mächtig, daß es die Zeit für ihn stillstehen ließ.

Da die Zeit stillstand, vermochte Chekov einige ganz persönliche Überlegungen anzustellen: Diese Tamilen-Revolutionäre kommen nicht aus England, stellte er fest. Also haben wir endlich gelernt, die Waren in der Heimat zu produzieren, und müssen nicht mehr importieren. *Bang!* Weg mit der alten Dinnerparty-Gesprächskrücke, sozusagen. Und schließlich, ein bißchen weniger ironisch: Die Tragödie ist nicht, wie man stirbt, dachte er, sondern wie man gelebt hat.

Die Szene um ihn herum verschwand, löste sich auf in einer Ansammlung von Licht und wurde ersetzt durch die Brücke des Raumschiffs »Enterprise«. Alle Hauptfiguren waren an ihren angestammten Plätzen. Zulu saß vorn direkt neben Chekov.

»Schutzschilde nicht funktionsfähig«, meldete Zulu. Auf dem Hauptschirm sah man, wie sich das Klingonenschiff enttarnte, um sich zum Feuern bereitzumachen.

»Ein Volltreffer, und wir sind geliefert«, rief Dr. McCoy. »Um Himmels willen, Jim, bring uns hier raus.«

»Unlogisch«, widersprach Spock. »Der Verlust unseres Dilithium-

Kristall-Antriebs bedeutet, daß uns Warp-Geschwindigkeit nicht zur Verfügung steht. Unsere Chance, nur mit Impulskraft den Klingonen zu entkommen, ist praktisch null. Der einzige logische Schritt ist die bedingungslose Kapitulation.«

»Sich einem Klingonen ergeben?« rief McCoy empört. »Sie verdammte, kaltblütige, spitzohrige Rechenmaschine, Sie wissen doch, wie die ihre Gefangenen behandeln!«

»Phaserkanonen leer«, meldete Zulu. »Angriffskapazität gleich null.«

»Soll ich versuchen, mit dem Kommandanten der Klingonen Kontakt aufzunehmen, Sir?« fragte Chekov. »Die können jede Sekunde losfeuern.«

»Danke, Mr. Chekov«, antwortete Captain Kirk. »Ich fürchte, das wird nicht mehr notwendig sein. Diesmal ist der Extremfall wohl das, womit wir uns jetzt abfinden müssen. Halten Sie die Position! Und los geht's!«

»Die Klingonen feuern, Sir«, meldete Zulu ruhig.

Chekov ergriff Zulus Hand und hielt sie triumphierend fest, während die tödlichen Lichtkugeln in rasendem Tempo auf sie zukamen.

Ivan Klíma
Hochzeitsreise

1

Die Straße stieg in steilen Kurven an.

Das Mädchen drückte sich an seine Schulter, sie war kleiner als er und zarter, und sie verschwand fast neben ihm in dem großen Sitz.

Er lenkte mit einer Hand, mit der andern hielt er sie umschlungen, er hatte sich in diesem Jahr angewöhnt, mit einer Hand zu lenken, und auf diese nicht sonderlich bequeme Weise waren sie gemeinsam durch halb Europa gefahren, über die Autobahnen Deutschlands und über eine seltsam öde, von windzerzausten Ahornen gesäumte Straße zwischen Châlons und Meaux (vielleicht waren es gar keine Ahorne gewesen, denn dort waren sie bei Nacht und Nebel vorbeigekommen) und durch das wilde Bergland des Olymps zwischen Kozani und Tyrnavos, und nach all der Zeit, nach den endlosen Stunden der Reise, nahm er sie immer noch wahr, die Berührung ihrer Hand und das leichte Erbeben ihres Körpers, und manchmal küßte er sie mitten im Fahren, sie küßten sich bei wildester Fahrt auf vielen, sofort wieder vergessenen Straßen, und sie liebten sich auch in diesem Auto, auf ausgestorbenen Feldwegen, bei Nacht und mitten am Tag, wenn die Sonne voll auf ihr blasses und nicht besonders schönes Gesicht fiel, während ein griechischer Hirte, breitbeinig auf einem lethargischen Esel sitzend, langsam an ihnen vorüberzog, und jetzt näherten sie sich wieder einem jener Ziele, die eigentlich kein Ziel waren, die Dächer eines Städtchens lugten hinter den Kronen bunter Bäume hervor und wirkten, von der sinkenden Sonne beschienen, fast wie eine Theaterkulisse.

»Du hast also geheiratet«, sagte er, und es klang nicht wie ein Vorwurf, es war eher eine Feststellung, oder aber nur ein Satz, der die Stille für einen Moment unterbrechen sollte.

»Ich habe also geheiratet«, bestätigte sie. »Aber mit dir bin ich auf der Hochzeitsreise.« Und sie riß ihre Fischaugen weit auf, wie immer, wenn sie etwas verkündete, woran kein Zweifel bestand.

»Das ist meine Hochzeitsreise, wo ich doch jetzt geheiratet habe. Und deine, wo du doch bei mir bist.«

»Ja«, erwiderte er leicht erstaunt.

»Dich konnte ich ja nicht heiraten.« Sie berührte seine Schulter mit ihrer Schulter. »Oder hätte ich dich heiraten können?«

»Ich glaube nicht«, gab er zu.

»Mit dir kann ich nur auf Hochzeitsreise gehen.«

»Es kommt mir vor, als wären wir schon auf vielen Hochzeitsreisen gewesen«, meinte er.

»Du findest also, wir sind zusammen schon auf vielen Hochzeitsreisen gewesen?« fragte sie.

»Aber das macht nichts«, sagte er rasch. »Du bist erst jetzt verheiratet, erst jetzt ist es eine richtige Hochzeitsreise«, ging er auf das Spiel ein und bremste, drehte mit der freien Hand das Lenkrad herum, und sie fuhren an einem barocken Brunnen vorbei und hielten vor einem ehemals wohl gotischen Haus. »Kein sehr luxuriöses Gebäude für eine Hochzeitsnacht«, meinte er. Über dem Marktplatz ragte ein Berg empor, auf dessen Gipfel eine Burg langsam verfiel.

»Dann ist es eben kein sehr luxuriöses Gebäude«, sagte sie, als sie den Eingang betraten, und hob den Blick zu dem steinernen Gewölbe, das man weiß gekalkt hatte.

Im Lokal stand – wohl als einzige Attraktion außer der buntbemalten gotischen Decke – eine große italienische Musikbox. Auf sechzehn gedeckten Tischen blühten in sechzehn gleichen Vasen sechzehn Papierrosen. Nur der Tisch neben dem Ausschank war anders, er war lang, braun und ungedeckt, und an ihm saßen vier Männer und eine Frau. Die Männer, einer davon in Uniform, tranken Bier.

»Hast du Hunger?« fragte er. Er wußte, sie würde jetzt essen und trinken, sehr lange und langsam trinken, um den Moment, auf den auch sie wartete, möglichst weit hinauszuzögern.

Sie blickte sich im Raum um, als suchte sie sich den passendsten von all den völlig gleichen Tischen aus. Dann sagte sie: »Sollten wir nicht ein Hochzeitsmahl veranstalten, wenn wir schon auf der Hochzeitsreise sind?«

»Warum nicht?« Er spielte weiter mit. »Hattest du denn vor einer Woche kein Hochzeitsmahl?«

»Nein. Warum hätte ich vor einer Woche ein Hochzeitsmahl haben sollen?« wunderte sie sich.

»Ich dachte nur«, stutzte er. »Du hast doch vor einer Woche geheiratet.«

»Das habe ich gar nicht bedacht«, sagte sie. »Aber es ist kein anständiger Tisch da.«

»Alle sind gleich anständig«, wandte er ein. »Wir können sie ja bitten, uns ein anderes Tischtuch zu bringen, wenn sie ein anderes Tischtuch haben, und andere Blumen, wenn sie andere Blumen haben.«

»Ja«, stimmte sie zu. »Aber wohin setzen wir die Gäste?«

»Gäste?«

»Zu einem Hochzeitsmahl gehören doch Gäste«, sagte sie. »Oder willst du kein Hochzeitsmahl?«

»Wir kennen hier doch niemanden«, wandte er matt ein.

»Es müssen keine Bekannten sein. Vielleicht die dort an dem Tisch. Vielleicht würden sie unsere Gäste spielen, wenn wir sie einladen.«

»Gut. Wie viele Gäste wünschst du bei deinem Hochzeitsmahl?«

»Fünf«, antwortete sie ohne Zögern, als hätte sie diese Frage schon längst durchdacht. »Du ärgerst dich doch nicht?«

»Nein, warum sollte ich mich ärgern?«

»Du hattest bestimmt auch ein Hochzeitsmahl«, sagte sie. »Oder nicht?«

»Ich erinnere mich nicht mehr.«

»Du erinnerst dich nicht mehr?«

»Es ist sechzehn Jahre her«, rechnete er nach. »Ich war damals jünger als du heute.«

Er rief den Kellner und versuchte ihm klarzumachen, was er eigentlich wollte.

Er richtete den Blick unverwandt auf den großen Tisch. Drei der Männer waren ganz gewöhnliche Dorftypen, ihre unrasierten und braungebrannten Gesichter, jetzt vom Trinken gerötet, waren von der Sorte, die er gleich wieder vergaß, sobald sie aus seinem Blickfeld verschwunden waren, und dabei hatte er gar kein so schlechtes Personengedächtnis; der Soldat war schwarzhaarig, schlank, fast ausgezehrt, er hatte ein blasses Gesicht, unter den wäßrigen Augen hingen bläuliche Tränensäcke. Er glich nur allzusehr jenem – eigentlich jetzt ihrem – Mann, er glich allen ihren Liebhabern, wie er sie aus ihren Erzählungen kannte, und von den abgegriffenen Fotos, die sie dauernd mit sich herumschleppte.

Dem Soldaten zur Seite saß ein Mädchen, offensichtlich frisch vom Dorffriseur bearbeitet. Sie glich einem Schäfchen, dem man die Augen angemalt und künstliche Wimpern angeklebt hatte.

Er beobachtete, wie der Kellner sich über den Tisch beugte. Dann wandten die fünf wie auf Befehl den Kopf zu ihrem Tisch herüber, die fremden Blicke fielen auf das Gesicht seiner Begleiterin und blieben dort haften.

Er spürte, wie sie seine Hand berührte.

»Liebling«, sagte sie, »ich liebe dich dafür, daß du mit mir auf Hochzeitsreise gegangen bist. Daß wir ein Hochzeitsmahl haben werden. Und dafür, daß du sie alle eingeladen hast. Schau, wie sie gehen, wie komisch sie gehen!«

Die fünf waren vom Tisch aufgestanden, der Soldat schloß mit einem Klicken sein Koppel. Sie näherten sich ein wenig verlegen, auf den Lippen ein Feiertagslächeln, wie es sich für Gäste geziemt, die am Tisch der Brautleute Platz nehmen wollen. Er bemerkte, daß einer der Dörfler unter dem rechten Ohrläppchen eine kleine bläuliche Beule hatte (sein Gesicht würde er vergessen, aber das rechte Ohrläppchen würde er sich merken), und daß am entblößten Hals des Mädchens ein goldenes Kettchen hing.

2

Bis in die Kehle spürte er das angebrannte Fett der Schnitzel und den Geschmack des schlechten Weins. Die lange Fahrt im Auto, und jetzt dieser endlose Abend in einem Raum voll gähnender Langeweile. Er fühlte sich müde bis zur Erschöpfung.

Die drei Einheimischen, Zeugen seiner Pseudohochzeit, drängten sich danach, für das Schnitzel und den Wein mit ihrem Leben zu bezahlen, ihre Worte ließen jedenfalls darauf schließen, der mit der Beule unterm Ohr hatte acht Jahre in verschiedenen Kerkern verbracht, und die beiden andern ergänzten unaufhörlich seine Erzählungen, als wären sie bei allem dabeigewesen, was er durchgemacht hatte.

Er bemühte sich, ihnen nicht zuzuhören. Er kannte die Geschichte, diese im Grunde immer gleiche Geschichte mit geringfügigen Varianten, wenigstens diesen Abend wollte er dem entgehen: den Gefängnissen, Wachtürmen, Scheinwerfern und Stacheldrahtverhauen. Den Fluchtversuchen entfliehen.

Wenn er mit ihr zusammen war, trennte er sich zumindest in Gedanken von seinem ganzen Leben, alles, womit er lebte, ließ er in völlige Vergessenheit sinken, er dachte weder an seine Familie noch an seine Arbeit, er trat in einen anderen Bereich von Ursachen und Wirkungen, von Taten und Worten. Vielleicht beruhte die überwältigende Ausschließlichkeit dieser Liebe eben auf dem Losgelöstsein von allem, womit er je gelebt hatte.

Jetzt tanzte sie mit dem Soldaten zu der krächzenden Musik, die für eine Krone volle drei Minuten lang dem italienischen Apparat entströmte. Es war ihm bewußt, wie sie tanzte, auch wenn er sie nicht ansah. Und sie tanzte schon ziemlich lange.

Er wußte, daß ihr Tanzen nur einen einzigen Sinn hatte, denselben Sinn wie alles andere, was sie tat. Sie liebte mit jeder ihrer Bewegungen. Sie liebte, wenn sie tanzte, wenn sie aß, wenn sie allein einen Gehsteig entlangschritt, alle ihre Bewegungen waren die gleichen Bewegungen, aber vielleicht irrte er sich, vielleicht war er der Besessene.

»Acht Jahre Leben«, sagte der Mann mit der Beule, »die hole ich in meinem Alter nie wieder ein.« Er sah den Mann an und dachte, daß sie gleichaltrig sein konnten, aber der andere war offenbar nur noch mit seiner Vergangenheit beschäftigt. Diese acht Jahre, das war eine übermäßige Leere, die einen anzog wie ein Abgrund, außerdem kommt für jeden einmal der Tag, da nur noch die Vergangenheit bleibt, und sei es auch eine noch so schreckliche, als einzig Wirkliches und Lebendiges, denn die Zukunft hatte nichts Lebendiges mehr und nichts mehr zu bieten, nicht einmal einen Hoffnungsschimmer. Er hatte noch Hoffnung, sie tanzte jetzt ein paar Schritte von ihm entfernt, noch war er imstande, sich ein Morgen vorzustellen, ohne dabei verzweifelt aufzustöhnen. Aber wie lange noch?

Einen Moment lang sah er sich selbst, wie er dasaß, mit müden Augen, unter der Last seines ganzen bisherigen Lebens, und wartete. Er hatte noch etwas zu erwarten, deshalb wartete er voll Ungeduld, bis das Mädchen zu Ende tanzte und sich zu ihm setzte. Darin unterschied er sich von den drei Männern, die hier an ihrem Tisch saßen; sein Leben bäumte sich noch einmal auf, zu einem letzten Aufschrei vor der Stille, die sich nachts schon bei ihm einschlich, sandte den letzten Strahl vor dem Dunkelwerden aus, er liebte, und deshalb saß er hier und spielte mit, dieses Spiel, mit dem er sich über sich selbst und seine Liebe lustig machte, er spielte ihr Spiel, für sie war es natürlich ein Spiel, diese ganze Liebe, diese langen Fahrten ohne Ziel, die ständig wiederholten Beteuerungen, Beschwörungsformeln gleich, am Rande eines Abgrunds gemurmelt, für sie war das nur ein Zeitvertreib zwischen Morgen und Abend, zwischen Abendessen und Nacht, zwischen der letzten Zigarette und dem Liebesakt.

Diese Zeit konnte ihr jeder Beliebige vertreiben, das wußte er. Er war für sie ganz einfach austauschbar.

Er sah sie an, sie merkte es und lächelte ihm zu.

Dieses Lächeln, er konnte es sehen, auch wenn er die Augen schloß, ihren Mund mit der vollen Oberlippe, die ein wenig vorstand.

Er haßte sie in diesem Moment und sehnte sich danach, sie abzuschütteln, sie loszuwerden, schon jetzt diese Hoffnung loszuwerden, die eigentlich keine Hoffnung war, sondern eher ein Sichverzehren, eher eine dauernde Verlängerung der Angst vor dem Sturz, der unausbleiblich war, all das loswerden, schon jetzt in den Frieden eingehen, sie abschütteln, das Leben abschütteln und die Zukunft, jetzt gleich, aber er wußte, daß er es nicht tun würde.

Liebe mich, dachte er müde, wenigstens heute noch.

Ihm fiel auf, daß das Mädchen, das vielleicht zu dem Soldaten gehörte, reglos am Tisch saß und das eine tanzende Paar beobachtete. Sie war nicht eigentlich häßlich, nur ihren Kopf hatte dieser verbrecherische Friseur entstellt, und ihr Gesicht war bar jeden Selbstbewußtseins. In ihren Augen standen jetzt Tränen.

Er stand auf, rief den Kellner und zahlte.

Die Dörfler erhoben sich und wünschten ihnen beiden viel Glück, während der Soldat noch so vor ihr dastand, wie sie den Tanz abgebrochen hatten, nur ein paar Schritte näher zum Tisch, und sie mit dem unverwandten Blick eines Mannes ansah, der nur noch an das eine zu denken vermag.

»Liebling«, sagte sie, als sie die Treppe hinaufgingen, »das war schön. Wir hatten ein Festmahl.«

»Das ist recht, daß du zufrieden warst«, sagte er.

»Was machen wir jetzt?«

»Wir sind doch auf der Hochzeitsreise«, erinnerte er sie.

Die Betten waren altertümlich, das Waschbecken hatte zwei Hähne, aber aus beiden floß nur kaltes Wasser.

Sie stand vor dem Spiegel und nahm die Klammern aus dem Haar. Ihr Haar war lang, es bedeckte ein Drittel ihres Rückens, er stellte sich diesen Rücken nackt vor, wie er ihn bald sehen würde, und jäh erleichtert, daß das Spiel, die unsinnig lange Wartezeit, zu Ende war, trat er zu ihr und umarmte sie.

»Du meine Schönste«, sagte er, »du mein Fischlein.«

Sie zündete sich eine Zigarette an. »Glaubst du, der Soldat schläft mit dem Mädchen?«

»Ich weiß nicht«, sagte er ungeduldig. »Soldaten schlafen meistens mit jedem Mädchen, das dazu bereit ist.«

»Du glaubst also, Soldaten schlafen mit jedem Mädchen.«

»Aber sie hat ihn gesiezt«, entsann er sich. »Wahrscheinlich hatten sie sich gerade in der Kneipe da unten kennengelernt.«

Sie zog die Vorhänge zu.

»Er hat gesagt, er arbeitet beim Film. Im Zivilleben. Als Beleuchter.«

»Alle arbeiten beim Film«, sagte er verärgert.

»Du glaubst also, heutzutage arbeiten alle beim Film.«

Erst jetzt schaute sie sich im Zimmer um. »Das ist aber ein kaltes Zimmer, findest du nicht?«

»Das Zimmer reicht völlig für das, wofür wir es brauchen.«

»Wir brauchen es für etwas?« fragte sie.

Er antwortete nicht. Er hatte sich angewöhnt, ihr nicht zuzuhören, sie nicht zu beachten, wenn er sie nicht beachten wollte. Er spürte nur den Abstand.

»Liebling, du ärgerst dich?« fragte sie.

»Ich weiß nicht«, sagte er. »Ich weiß es wirklich nicht. Ich nehme an, das Kino spielt nicht mehr, falls es hier überhaupt ein Kino gibt.«

»Wir sollten etwas Ausgefallenes tun«, schlug sie vor. »Wenn wir schon auf der Hochzeitsreise sind.« Sie setzte sich aufs Bett. »Sag mir was. Sag mir wenigstens etwas Ausgefallenes.«

»Einmal«, begann er mit dem gleichen Wort, mit dem er bei seinen Kindern die Märchen einzuleiten pflegte, »einmal war ich auch so alt wie du …«

»Nein«, unterbrach sie ihn. »So etwas meine ich nicht. Liebst du mich?«

»Ja«, antwortete er rasch. »Du weißt, ich liebe dich mehr, als ich jemals irgendwen geliebt habe.«

Sie schwieg. Sie lehnte sich gegen das Kissen und machte schläfrige Augen.

»Du bist meine einzige und letzte Liebe.«

Er küßte sie. »Die Gefährtin meiner Träume«, sagte er. »Manchmal bin ich mitten in der Nacht aufgewacht und hatte Angst, es würde nie geschehen, ich würde dir nie begegnen.«

»Da hast du mich schon gekannt?«

»Gekannt nicht. Herbeigesehnt habe ich dich. Ich habe dich herbeigesehnt, immer wenn ich auf der Straße ging, wenn ich mich allein ins Auto setzte, wenn ich durch eine Landschaft fuhr, die mir seltsam vorkam oder melancholisch, oder auch schön. Und auch jedesmal wenn ich ein Hotel betrat, und dann, wenn ich die Tür des leeren Zimmers öffnete, jedesmal wenn ich zwei erblickte, die sich küßten, und am meisten habe ich dich herbeigesehnt, wenn ich im Sommer spät nachts zurückkam.«

»Halt«, unterbrach sie ihn. »Das erzählst du mir immer.«

»Das habe ich dir noch nie gesagt!«

»Ich weiß, ich weiß. Aber so was Ähnliches.«

Er schwieg.

»Du ärgerst dich?« fragte sie. »Es gefällt mir«, sagte sie rasch, »es gefällt mir, wenn du mir so etwas sagst. Aber heute, ich meine, wenn wir schon auf der Hochzeitsreise sind ...«

Er schwieg.

»Liebling«, sagte sie. »Komm weg hier. Es ist ein Zimmer wie immer. Man kann darin nur dasselbe machen wie immer.«

»Mein Gott, wir wollen ja dasselbe machen wie immer!«

»Ja ... Aber heute – heute sollten wir ...« Sie trat ans Fenster und zog den Vorhang zurück. Vor dem dunklen Himmel zeichnete sich noch dunkler die Ruine der Burg ab.

3

Den Berg mit der Burg sahen sie jetzt von der andern Seite, die halbverfallenen Zinnen waren vom Mondlicht beschienen und sahen in dieser Nacht majestätisch und drohend aus.

Er brachte den Wagen zum Stehen und schaltete die Scheinwerfer aus. »Wohin jetzt?« fragte er.

Die Nacht war kühl, und das herbstliche Gras, das Laub und der

Nebel verströmten einen fast melancholischen Duft. Es wäre durchaus angenehm gewesen, mit ihr über den Weg in der Wiese zu spazieren, wenn ihm nach einem Spaziergang zumute gewesen wäre.

»Ein seltsames Licht ist hier«, fand sie. Sie schritten über irgendeinen Pfad, eigentlich war es nur niedergetretenes Gras, er legte ihr den Arm um die Schultern. Er sehnte sich nach ihr und haßte sie dafür.

»Erinnerst du dich an die Nacht auf der Straße nach Frankreich?« fragte sie.

»In der Nacht hat es geregnet«, sagte er, »die Straße war beinahe unpassierbar.«

»Ja. Es hat nur so aufs Wagendach getrommelt.« Sie zitterte vor Kälte. Dann begann sie ohne jeglichen Zusammenhang zu erzählen. »Als ich ungefähr vier Jahre alt war, habe ich mir vorgespielt, daß ich einen Hund habe. Ich habe ihn so an der Leine geführt, als gäbe es ihn wirklich, als ginge er hinter mir. Ich habe gewartet, wenn er am Baum das Bein gehoben hat, und immer habe ich ihm von meinem Abendessen etwas ins Näpfchen getan. Neben dem Bett habe ich ihm ein Kissen hingelegt, dort lag er dann sozusagen, und jeden Abend vor dem Einschlafen habe ich ihm etwas erzählt. Ich habe ihm auch nie einen Namen gegeben, ich habe immer nur zu ihm gesagt: Hund. Wenn ich ihn besonders gern hatte, nannte ich ihn: mein Hund.« Sie seufzte. »Ich glaube, ich habe nie wieder jemanden so geliebt wie diesen Hund.«

Sie erreichten einen hölzernen Schuppen inmitten der Wiese. Es duftete nach Heu.

»Liebling«, sagte sie, »komm, jetzt wollen wir uns lieben.«

Er half ihr beim Hinaufklettern.

Das Innere war zur Hälfte mit Heu ausgefüllt, und die Luft war zum Ersticken gesättigt mit Heustaub.

»Liebling«, flüsterte sie, »gefällt es dir hier?«

»Mir ist es gleich, wo ich bin, wenn ich bei dir bin«, sagte er.

»Ja, ich weiß.« Sie zog sich eilig aus. »Aber ich konnte heute nicht im Zimmer bleiben. Du bist mir doch deshalb nicht böse?« Sie schmiegte sich an ihn. Er umarmte sie. Bei jeder Bewegung sanken sie tiefer in die weiche Masse unter sich ein, und die Halme kitzelten und stachen die nackten Leiber.

»Liebling«, flüsterte sie.

Draußen näherten sich Schritte. Er richtete sich halb auf und erblickte eine Silhouette, die ihm bekannt vorkam.

»Also, das ist der Platz?« fragte der Soldat, als sie heraufkletterten.

»Hoffentlich gefällt es Ihnen hier«, flüsterte das Mädchen. Das Dunkel verdeckte jetzt ihr Gesicht und auch ihre Frisur. Der Soldat nahm gleich am Eingang feierlich sein Koppel ab, als reute ihn jeder zusätzliche Schritt.

»Sie sind ein so schöner Mann«, flüsterte das Mädchen.

Anscheinend küßte er sie, jetzt war nur noch rasches Atmen zu hören, betrunkenes Schnaufen, tastende Handbewegungen, das Rascheln des Heus, und dann das stöhnende Flüstern des Mädchens. »Nehmen Sie keine Rücksicht auf mich, Hauptsache, Sie sind zufrieden.«

Nach einigen Minuten richtete sich der Soldat in der plötzlichen Stille auf und versuchte, im Mondlicht von seiner Uhr die Zeit abzulesen.

»Sie wollen schon gehen?« fragte das Mädchen.

»Fast Mitternacht«, sagte der Soldat verdrossen. »Warum hast du mir nicht früher was von dem Heu gesagt?« Er spuckte aus, vielleicht spuckte er nur einen Halm aus, der ihm in den Mund geraten war. Er nahm noch das Koppel um, dann stiegen beide fast lautlos hinunter in die Finsternis.

»Liebling«, flüsterte sie, als sie wieder allein waren. »Hast du mich lieb?«

Er bemühte sich, in der Dunkelheit ihr Gesicht auszumachen, aber es war so undeutlich, daß es ein beliebiges Gesicht hätte sein können, und den Duft ihres Körpers überlagerte der durchdringende Geruch des Heus.

»Nein«, sagte er. Und dachte: Ich hasse dich. Dafür, daß für dich ein Spiel ist, was für mich Liebe ist, dafür, daß du meine einzige und letzte Zukunft bist, ich aber bin für dich nur dieser Augenblick, der fast schon vergangen ist.

»Nein«, sprach sie ihm nach. »Er hat mich nicht lieb.«

Er schwieg. Fünfzehn Jahre jünger sein.

»Er liebt mich einfach nicht mehr«, sagte sie. »Warum?«

»Weil du ...« Aber er sagte es dann doch nicht.

„Weil ich ein Flittchen bin?« fragte sie.

Er schwieg.

»Du bist also mit einem Flittchen auf Hochzeitsreise gegangen?« Sie schmiegte sich an ihn. »Du mein Liebling.« Sie küßte ihn. Er umarmte sie.

»Endlich, endlich«, flüsterte sie, »endlich.«

»Ich liebe dich«, sagte er. »Ich liebe dich wahnsinnig, und ich würde alles, alles würde ich hergeben für diesen Augenblick mit dir.«

»Ich weiß«, flüsterte sie, »ich weiß es. Hund«, sagte sie dann leise. »Du mein Hund.«

Marlen Haushofer
Die Wand

Da der September heiter und warm blieb und ich mich von meiner Müdigkeit erholt hatte, beschloß ich, wieder nach Beeren Ausschau zu halten. Ich wußte, daß die Dorfleute immer von der Alm Preiselbeeren geholt hatten. Preiselbeeren wären für mich ein Segen gewesen, weil man sie auch ohne Zucker einkochen kann. Ihr Gehalt an Gerbsäure läßt sie nicht verderben. Am zwölften September brach ich mit Luchs nach dem Frühmelken auf. Bella ließ ich zur Sicherheit im Stall. Meine einzige Sorge galt Perle, die sich angewöhnt hatte, kleine Ausflüge zum Bach zu unternehmen. Wenige Tage zuvor war sie mit einer Forelle im Maul nach Hause gekommen und hatte sich zu ihrer Mahlzeit unter der Veranda niedergelassen. Sie war stolz und fröhlich über ihren ersten Erfolg, und ich mußte sie loben und streicheln. So saß sie jeden Tag mitten im Bach auf einem Stein, die rechte Vorderpfote erhoben, und wartete. Ihr Fell leuchtete weithin in der Sonne, und jeder, der Augen im Kopf hatte, mußte sie sehen. Ich konnte gar nichts dagegen tun. Der Traum von der friedlichen Zimmerkatze war ausgeträumt, ich hatte ohnedies nie wirklich daran geglaubt. Weder die alte Katze noch später Tiger gingen jemals zum Bach. Beide waren außergewöhnlich wasserscheu. Perle war ein wenig aus der Art geschlagen. Die alte Katze betrachtete das befremdliche Benehmen ihrer Tochter mit Mißbilligung, mischte sich aber nicht mehr in ihre Angelegenheiten. Perle war kaum halbwüchsig, aber ihre Mutter kümmerte sich kaum noch um sie und hatte ihr altes Leben wieder aufgenommen. So sperrte ich Perle bei Wasser und Fleisch in die obere Kammer, in der ich Rinde und Fallholz liegen hatte. Es tat mir leid, aber ich konnte nicht anders.

Der Aufstieg zur Alm, der Weg war nicht schwer zu finden, dauerte drei Stunden. Der Weg war gut erhalten und breit, weil er ja dem Viehauftrieb gedient hatte. Wäre die Wand einige Tage später entstanden, hätten sich dort oben eine kleine Rinderherde und eine Sennerin befunden. Aber ich wollte mich nicht beklagen, es hätte für mich alles viel übler aussehen können.

Die Almhütte lag inmitten einer großen Wiese, auf der das Gras schon ein wenig gelb wurde. Während ich über die weichen Matten wanderte, dachte ich an Bella, die den ganzen Sommer hindurch das harte staudige Gras von der Lichtung gefressen hatte, während es hier die zartesten Kräuter für sie gab. Sofort kam mir der Gedanke, sie im nächsten Mai hierherzubringen. Gleichzeitig tauchten aber so viele Schwierigkeiten vor mir auf, daß ich ängstlich zurückschrak. Die Almhütte war in gutem Zustand, und es ließ sich zur Not einen Sommer darin leben. Ich fand ein Butterfaß, zwei alte Kalender und das Bild eines mir unbekannten Filmstars, mit Reißnägeln an den Kasten geheftet. Die Sennerin war also ein Senn gewesen. Die Hütte war sehr verschmutzt, das Geschirr zeigte braune Fettränder, und der Tisch war wohl niemals abgerieben worden. Ich fand auch noch einen schwarzgrün schillernden Filzhut und einen zerrissenen Wetterfleck. Ich war müde, und meine Begierde nach Preiselbeeren wurde immer schwächer. Ich mußte mich zwingen weiterzugehen. Schließlich fand ich den Platz, an dem sie wuchsen. Sie waren aber erst rosa; ich mußte also noch einmal auf die Alm steigen, um sie zu holen. Ehe ich den Rückweg antrat, suchte ich noch eine Stelle, von der aus ich das Land überblicken konnte. Die Wiese ging dort in Wald über, und dann fiel jäh eine Geröllhalde ab. Dort setzte ich mich auf einen Baumstrunk und sah durch das Glas in die Ferne.

Es war ein schöner Herbsttag, und die Fernsicht war sehr gut. Ich zitterte ein wenig, als ich anfing, die roten Kirchtürme zu zählen. Fünf waren es schließlich und ein paar winzige Häuser. Die Wälder und Wiesen zeigten noch keine Verfärbung. Dazwischen gab es gelbbraune Rechtecke, die nicht abgeernteten Getreidefelder. Die Straßen lagen leer. Ein paar kleine Gegenstände glaubte ich als Lastautos zu erkennen. Nichts bewegte sich dort unten, kein Rauch stieg auf, und kein Vogelschwarm fiel in die Felder ein. Ich suchte den Himmel ab, lange Zeit. Er blieb leer und ohne jede Bewegung. Ich hatte ja nichts anderes zu sehen erwartet. Das Glas glitt mir aus der Hand und schlug auf meinen Knien auf. Jetzt konnte ich die Kirchtürme nicht mehr erkennen.

Luchs langweilte sich und wollte weitergehen. Ich stand auf und folgte ihm. Den leeren Eimer ließ ich in der Almhütte zurück, um ihn nicht wieder heraufzutragen zu müssen, aber die Kalender, ein Säckchen Mehl und das Butterfaß nahm ich mit. Ich band es auf dem Rucksack fest, und es fing sofort an, mich zu drücken und zu stoßen. Aber ich konnte nicht darauf verzichten. Es war mühsam genug, die Butter in winzigen Portionen mit der Schnee-rute zu schlagen. Jetzt, da ich ein Butterfaß besaß, konnte ich sogar daran denken, Butterschmalz auszulassen. Luchs erlitt einen seiner Anfälle und raste über die Wiese, daß die langen Ohren flogen. Ich keuchte mit dem Butterfaß hinterdrein. Immer schon hatte ich eine Abneigung gegen schwere Lasten gehabt, und immer hatte ich mich abschleppen müssen. Zuerst mit der unmäßig geschwollenen Schultasche, dann mit Koffern, Kindern, Einkaufstaschen und Kohlenkübeln, und jetzt, nach Heubündeln und Holzscheiten, auch noch mit einem Butterfaß. Ich wunder-te mich darüber, daß meine Arme noch nicht bis zu den Knien reichten. Vielleicht hätte mir dann beim Bücken das Kreuz weni-ger weh getan. Es fehlten mir nur noch Krallen, ein dichter Pelz und lange Fangzähne, und ich wäre ein völlig angepaßtes Geschöpf gewesen. Neiderfüllt sah ich Luchs, der leichtfüßig über die Wiese flog, und es fiel mir ein, daß ich seit dem Mor-gen nur ein wenig Brunnenwasser auf der Alm getrunken hatte. Ich hatte ganz vergessen zu essen. Mein Proviant ruhte unter dem Butterfaß. Ich kam ganz erschöpft im Jagdhaus an, und die Schul-tern schmerzten mich tagelang. Aber das Butterfaß war gerettet. In meinem Kalender finde ich jetzt vierzehn Tage keinerlei Noti-zen. Ich erinnere mich kaum an diese Zeit. Ging es mir so gut oder so schlecht, daß ich nicht schreiben mochte? Ich glaube, eher schlecht. Die eintönige Ernährung und die großen Anstrengungen hatten mich sehr geschwächt. Es muß aber in dieser Zeit gewesen sein, daß ich Fallholz und Rinden sammelte und in der oberen Kammer aufstapelte. Ich hatte das schon früher einmal getan. Ich brauchte trockenes Holz zum Unterzünden. Das Holz unter der Veranda war zwar bei ruhigem Wetter geschützt, aber wenn es stürmte und regnete, wurde es doch manchmal feucht und wollte nicht anbrennen. Ich hätte die Garage sehr gut als Holzhütte verwenden können, aber ich brauchte sie für das Heu. Übrigens hat feuchtes Holz auch Vorteile, es verbrennt viel langsamer, und man muß weniger oft nachlegen. Am Abend, wenn ich will, daß das Feuer über Nacht nicht ausgeht, lege ich immer feuchtes Holz darauf.

Am zweiten Oktober erwachte ich auf dem Kalender zu neuem Leben. Die Erdäpfel wurden geerntet. Ich schleppte sie in Säcken nach Hause und breitete sie in der Schlafkammer aus. Ich wagte nicht, sie in den kleinen Keller zu tun, der hinter der Hütte in den Berg gegraben ist. Versuchsweise legte ich ein paar Erdäpfel hinein, und sie erfroren beim ersten Frost. In der Schlafkammer war es, bei geschlossenen Läden, dunkel und kühl und, sonderbarerweise, nicht feucht. Sie war jetzt schrecklich angeräumt, weil ich alle Vorräte darin untergebracht hatte. Mein Anfangskapital hatte sich vervielfacht. Am Abend kochte ich trotz meiner Müdigkeit einen Topf Erdäpfel und aß sie mit frischer Butter. Es war ein Festessen, und ich wurde endlich einmal wirklich satt und schlief am Tisch ein. Auch Luchs, der mich nach einer Stunde vorwurfsvoll weckte, hatte Erdäpfel bekommen, nur die Katzen, reine Raubtiere, hatten sie verschmäht. Luchs fraß übrigens gerne Erdäpfel, aber ich gab sie ihm nicht oft, weil ich wußte, daß sie ihm nicht guttaten.

Ich wollte den Acker nicht verwildern lassen, ich konnte im ersten Jahr des Unkrauts kaum Herr werden, und so entschloß ich mich dazu, ihn gleich umzustechen. Nach einem Rasttag, an dem ich die Bohnen abnahm, fing ich mit dem Umstechen an. Erst als das geschehen war, fühlte ich mich beruhigt. Die Bohnen trocknete ich in der Sonne und legte sie gleich als Saatgut weg. Auch von den Erdäpfeln räumte ich nach langem Berechnen und Überlegen einen Teil zur Seite. Ich hielt mich immer daran, diesen Teil nicht anzurühren. Es war besser, ein paar Wochen mäßig zu hungern, als im kommenden Jahr zu verhungern. Als meine Ernte eingebracht war, fielen mir die Obstbäume auf jener Wiese ein, auf der ich Bella gefunden hatte. Ich fand dort einen Apfelbaum, zwei Zwetschgenbäume und einen Holzapfelbaum. Die Zwetschgenbäume trugen vierundzwanzig Früchte, kleine, fleckige, mit Harztropfen behängte Dinger, sie sehr süß waren. Ich aß sie auf der Stelle auf und bekam nachts Bauchschmerzen davon. Der Apfelbaum trug vielleicht fünfzig Früchte, große, hartschalige, rotbackige Winteräpfel, die einzige Apfelsorte, die im Gebirge wirklich gedeiht. Früher hatte ich immer gefunden, sie schmeckten nach Rüben. Ich mußte damals sehr heikel und verwöhnt gewesen sein. Der Holzapfelbaum war über und über bedeckt mit seinen winzigen roten Äpfelchen. Man kann sie eigentlich nur der Mostmaische beimengen. Ich esse sie mit einiger Überwindung wegen der Vitamine das ganze Jahr hindurch. Die Äpfel waren noch nicht ganz reif, und so ließ ich sie noch stehen. Es war ein herrlicher Tag, die Luft war schon ein wenig kühl und prickelnd, und ich konnte mit großer Klarheit jeden Baum und jedes Gehöft jenseits der Wand sehen. Die Vorhänge waren noch immer zugezogen, und die beiden Kühe, Bellas Gefährtinnen, lagen in ihrem tiefen steinernen Schlaf. Das Gras, niemals gemäht, reichte ihnen bis über die Flanken und verbarg ihre Nüstern vor mir. Rund um das kleine Haus wuchs eine Flut von Brennesseln. Es hätte ein schöner Ausflug sein können, aber der Anblick der beiden Tiere und des Nesselwaldes hatte mich verstört und bedrückt.

Der Herbst war mir immer die liebste Jahreszeit, wenn ich mich auch körperlich nie sehr wohl fühlte. Bei Tag war ich müde und doch überwach, und nachts lag ich stundenlang in einem unruhigen Halbschlaf und träumte wirr und lebhafter als sonst. Die Herbstkrankheit verschonte mich auch im Wald nicht, aber da ich sie mir kaum erlauben konnte, trat sie gemildert auf. Vielleicht hatte ich auch nicht Zeit, sie besonders zu beachten. Luchs war sehr aufgekratzt und munter, aber ein Fremder hätte wahrscheinlich keinen Unterschied bemerkt. Er war ja fast immer munter. Ich habe ihn nie länger als drei Minuten mürrisch gesehen. Er konnte einfach der Aufforderung, fröhlich zu sein, nicht widerstehen. Und das Leben im Wald war eine ständige Verlockung für ihn. Sonne, Schnee, Wind, Regen, alles war ein Anlaß zur Begeisterung. Ich konnte neben Luchs nie lange traurig bleiben. Es war fast beschämend, daß es ihn so glücklich machte, mit mir zusammen zu sein. Ich glaube nicht, daß wildlebende erwachsene Tiere glücklich oder auch nur fröhlich sind. Das Zusammenleben mit den Menschen muß im Hund diese Fähigkeit geweckt haben. Ich möchte wissen, warum wir auf Hunde wie ein Rauschgift wirken. Vielleicht verdankt der Mensch seinen Größenwahn dem Hund. Sogar ich bildete mir manchmal ein, es müßte an mir etwas Besonderes sein, wenn Luchs sich bei meinem Anblick vor Freude fast überschlug. Natürlich war nie etwas Besonderes an mir, Luchs war, wie alle Hunde, einfach menschensüchtig.

Manchmal, wenn ich jetzt allein unterwegs bin im winterlichen Wald, rede ich wie früher zu Luchs. Ich weiß gar nicht, daß ich es tue, bis mich irgend etwas aufschrecken läßt und ich verstumme. Ich wende den Kopf und erhasche den Schimmer eines rotbraunen Fells. Aber der Weg ist leer, kahle Sträucher und nasse Steine. Es wundert mich nicht, daß ich noch immer die dürren Äste hinter mir knistern höre unter dem leichten Tritt seiner Sohlen. Wo anders sollte seine kleine Hundeseele spuken als auf meiner Spur? Es ist ein freundlicher Spuk, und ich fürchte ihn nicht. Luchs, schöner braver Hund, mein Hund, wahrscheinlich macht nur mein armer Kopf das Geräusch deiner Tritte, den Schimmer deines Fells. Solange es mich gibt, wirst du meine Spur verfolgen, hungrig und sehnsüchtig, wie ich selbst hungrig und sehnsüchtig unsichtbare Spuren verfolge. Wir werden beide unser Wild nie stellen.

Am zehnten Oktober erntete ich die Äpfel und legte sie in der Schlafkammer auf einer Decke aus. Es war jetzt schon so kühl am Morgen, daß ich jeden Tag Reif erwarten mußte. Es war an der Zeit, die Preiselbeeren zu holen.

Diesmal hielt ich mich nicht am Aussichtspunkt auf. Ich sah auf den ersten Blick, daß sich nichts geändert hatte. Nur die Wälder starrten in ihrer neuen Farbenpracht. Es war windig, und die Sonne gab so wenig Wärme, daß meine Hände beim Beerenpflücken starr wurden. Ich kochte Tee in der Hütte und gab Luchs ein wenig Fleisch, und dann packte ich den Eimer mit den Beeren in den Rucksack und stieg zu Tal. Die Beeren kochte ich zu Marmelade und füllte sie in Gläser. Auch dieser kleine Vorrat sollte mir helfen, den Winter zu überstehen.

Es lagen jetzt nur noch zwei Arbeiten vor mir. Die Streu für Bella mußte gemäht werden, und die Garage mußte ich vor dem Einbruch der Kälte mit Heu füllen. Ich hätte mir Zeit lassen können, es blieb noch lange schön. Ich mähte die Streu mit der Sichel und rechte sie mit dem trockenen Laub zusammen. Sie brauchte nur einen Tag, um zu trocknen, und ich räumte sie unter das Stalldach in einen kleinen Verschlag. Was dort nicht Platz fand, brachte ich in einem Winkel des Stalles unter. Und endlich hatte ich auch das Heu in die Garage gezogen und durfte rasten.

Jetzt saß ich wirklich auf der Hausbank in der schwachen Wärme der Mittagssonne, und es konnte mir nicht mehr schaden, denn ich war viel zu matt, um zu grübeln.

Ich saß ganz still, die Hände unter dem Umhang verborgen, und hielt das Gesicht dem lauen Licht entgegen. Luchs stöberte im Gebüsch und kehrte immer wieder zu mir zurück, um sich zu überzeugen, daß es mir gut ging. Perle verzehrte unter der Veranda eine Forelle und setzte sich dann zu mir auf die Bank und fing an, ihr langes Fell zu waschen. Manchmal hielt sie inne, blinzelte mir zu, schnurrte laut und gab sich dann wieder ihrem Reinlichkeitsdrang hin. Da das Wetter schön war, ließ ich Bella noch immer auf die Wiese, gab ihr aber am Abend frisches Heu; das Gras auf der Wiese konnte ihr nicht mehr genügen, es war hart und saftlos geworden, und das meiste davon hatte ich als Streu gemäht. Bella war wieder rundlicher geworden, aber ich konnte noch immer nicht wissen, ob sie ein Kalb erwartete. Es bestärkte mich in meiner Hoffnung, daß sie die ganzen Monate nicht einmal nach dem Stier verlangt hatte. Aber ich fühlte mich doch sehr unsicher.

Der Frühling, der Sommer und der Herbst waren vergangen, und ich hatte alles getan, was ich hatte tun können. – Es war vielleicht sinnlos, aber ich war zu müde, um darüber nachzudenken. – Alle meine Tiere waren in der Nähe, und ich hatte für sie gesorgt, soweit es mir möglich gewesen war. Die Sonne prickelte auf meinem Gesicht, und ich schloß die Augen. Aber ich schlief nicht, ich war zu müde, um zu schlafen. Ich bewegte mich auch nicht, denn jede Bewegung schmerzte, und ich wollte ganz ohne Schmerzen und still in der Sonne sitzen und nicht denken müssen.

An jenen Tag erinnere ich mich sehr deutlich. Ich sehe die Spinnfäden, die sich schillernd zwischen den Bäumen spannten, neben dem Stall unter den Fichten, in der zitternden goldgrünen Luft. Die Landschaft gewann eine ganz neue Tiefe und Klarheit, und ich wünschte, den ganzen Tag so zu sitzen und zu schauen.

Am Abend, als ich vom Stall zum Haus ging, hatte sich der Himmel bezogen, und es schien mir wärmer geworden zu sein. In der Nacht schlief ich trotz meiner Müdigkeit sehr schlecht, aber es störte mich nicht. Ich lag ganz zufrieden, lang ausgestreckt, und wartete. Einmal kam mir der Gedanke, daß es doch eine große Verschwendung sei, überhaupt zu schlafen. Gegen Morgen kam die Katze heim, schmiegte sich in meine Kniekehlen und fing an zu schnurren. Es war behaglich und warm, und ich brauchte keinen Schlaf. Aber schließlich mußte ich doch eingeschlafen sein, denn als ich erwachte, war es spät, und Luchs verlangte stürmisch ins Freie. Es regnete, und nach der langen Trockenheit war ich ganz zufrieden damit. Der Bach hatte fast kein Wasser mehr geführt, und die Forellen waren in großer Not. Der Regen hing als grauer Schleier über dem Wald und verdichtete sich höher oben zu Nebel. Es war wärmer als an den schönen Tagen, aber alles glänzte vor Nässe. Ich wußte, dieser Regen bedeutete das Ende des Herbstes. Er leitete den Winter ein, die lange Zeit, vor der ich Angst hatte. Ich ging langsam ins Haus zurück, um einzuheizen.

Es regnete zwei Tage und wurde immer kühler. Am siebenundzwanzigsten Oktober fiel der erste Schnee. Luchs begrüßte ihn freudig, die Katze war verstimmt, und Perle starrte neugierig in das weiße Treiben. Ich öffnete ihr die Tür, und sie näherte sich vorsichtig dem fremden weißen Zeug, das den Weg bedeckte. Ganz langsam hob sie eine Pfote, berührte den Schnee, schüttelte sich erschreckt und floh in die Hütte zurück. Zehnmal am Tag versuchte sie es von neuem, brachte es aber nie fertig, die Pfote in die nasse Kälte einzutauchen. Schließlich setzte sie sich aufs Fensterbrett und döste wie ihre Mutter vor sich hin. Die alte Katze war abgehärtet und mutig, aber sie stapfte ungern durch den Schnee, solange er noch naß war. Nachts schlüpfte sie ins Freie, um ihre Notdurft zu verrichten, kam aber gleich wieder zurück. Sie ist ein äußerst sauberes Tier, sie benimmt sich im Haus wie ein reiner Geist, und sie hat auch ihre Kinder zu größter Sauberkeit erzogen. Auch ihre Jagdbeute verzehrte sie irgendwo im Freien. Wahrscheinlich war es ihr früher überhaupt nicht erlaubt gewesen, das Haus zu betreten. Perle brachte ihre Forellen immer nach Hause, und Tiger legte mir jedes Beutetier erst zu Füßen und mußte gestreichelt werden, ehe er es anrührte. Ich bin aber sehr froh, daß die Katze mich mit derlei Aufmerksamkeiten verschont und so außerordentlich unabhängig ist. Sie könnte sich zur Not auch ohne meine Hilfe durchschlagen.

Alle meine Katzen haben und hatten die Gewohnheit, nach dem Fressen ihre Schüssel zu umkreisen und auf dem Boden zu scharren. Ich weiß nicht, was das bedeutet, sie versäumten es aber niemals. Katzen leben überhaupt unter einem geradezu byzantinischen Zeremoniell und nehmen es sehr übel, wenn man sie bei ihrem geheimnisvollen Ritual stört. Luchs war im Vergleich zu ihnen ein schamloses Naturkind, und sie schienen ihn darob ein wenig zu verachten.

Setzte ich eine meiner Katzen auf die Bank, sprang sie herunter, ging dreimal auf und ab und setzte sich dann genau dorthin, wo ich sie zuvor hingesetzt hatte. Mit dieser Geste beharrten sie auf ihrer Freiheit und Unabhängigkeit. Es bereitete mir immer Freude, sie zu beobachten, und meiner Zuneigung war immer ein wenig verzagte Bewunderung beigemischt. Luchs schien ähnlich zu empfinden. Er hing an den Katzen, weil sie zu uns gehörten, besonders Perle mochte er gern, weil sie ihn niemals abwies und anfauchte, aber er schien sich den Katzen gegenüber immer ein wenig unsicher zu fühlen.

Es war schön, in jenem ersten Oktober mit Luchs, Perle und der alten Katze zu hausen. Endlich fand ich Zeit, mich mit ihnen zu befassen.

Der Wintereinbruch dauerte nur einige Tage. Nachher kam der Föhn und leckte den jungen Schnee von den Bergen. Es wurde angenehm warm, und der Wind fuhr Tag und Nacht fauchend um das kleine Haus. Ich schlief schlecht und lauschte dem Röhren der Hirsche, die in der Brunftzeit von den Höhen stiegen. Luchs wurde unruhig und bellte und winselte sogar im Schlaf. Er mochte von längst vergangenen Jagden träumen. Beide Katzen zog es hinaus in den warmen feuchten Wald. Ich lag wach und machte mir Sorgen um Perle. Das Röhren der Hirsche klang traurig, drohend und manchmal fast verzweifelt. Vielleicht schien es auch nur mir so zu klingen; in den Büchern habe ich es ganz anders gelesen. Da stand immer von heller Herausforderung, Stolz und Lust. Es mag an mir liegen, daß ich all dies nie heraushören konnte. Für mich klang es immer nach einem schrecklichen Zwang, der sie dazu trieb, blind in die Gefahr zu rennen. Sie konnten ja nicht wissen, daß ihnen in diesem Jahr kein Unheil drohte. Das Fleisch eines Brunfthirsches ist völlig ungenießbar. Ich lag also wach und dachte an die kleine Perle, die so unerfahren war und so gefährdet mit ihrem weißen Pelzchen in einer Welt der Eulen, Füchse und Marder. Ich hoffte nur, der Föhn würde nicht zu lange dauern und der Winter uns endlich ein wenig Ruhe bringen. Der Föhn dauerte auch wirklich nur drei Tage, gerade lang genug, um Perle zu töten.

Am dritten November kam sie morgens nicht nach Hause. Ich suchte sie mit Luchs, aber wir fanden sie nicht. Der Tag schlich langsam und trostlos dahin. Das Wetter war immer noch föhnig, und der warme Wind machte mich ruhelos. Auch Luchs wanderte immer hin und her; war er im Freien, wollte er schon wieder ins Haus und sah ratlos zu mir auf. Nur die alte Katze lag auf meinem Bett und schlief. Sie schien Perle nicht zu vermissen. Es wurde Abend; ich versorgte die Kuh, kochte ein paar Erdäpfel und fütterte Luchs und die Katze. Die Dunkelheit war plötzlich hereingebrochen, und der Wind rüttelte an den Fensterläden. Ich zündete die Lampe an, setzte mich zum Tisch und versuchte, in einem Kalender zu lesen, aber immer wieder glitt mein Blick in den dämmrigen Hintergrund zur Katzentür. Und dann gab es ein schabendes Geräusch, und Perle kroch um die Ecke des Kastens.

Die alte Katze reckte sich hoch, schrie laut auf und sprang vom Bett. Ich glaube, dieser Schrei war es, der mich so erschreckte, daß ich nicht sofort aufstehen konnte. Perle kam langsam näher, in einem schrecklichen blinden Kriechen und Gleiten, als wäre ihr jeder Knochen gebrochen. Vor meinen Füßen versuchte sie sich aufzurichten, brachte einen erstickten Laut heraus und fiel mit dem Kopf hart auf den Boden. Ein Blutstrom quoll aus ihrem Maul; sie zitterte und streckte sich lang aus. Als ich neben ihr kniete, war sie schon tot. Luchs stand neben mir und wich winselnd vor seiner blutigen Gespielin zurück. Ich streichelte das klebrignasse Fell, und es war mir, als hätte ich seit Perles Geburt diese Stunde erwartet. Ich wickelte sie in ein Tuch, und am Morgen begrub ich sie auf der Waldwiese. Der ausgetrocknete Holzboden hatte durstig ihr Blut aufgesaugt. Der Fleck war zwar verblaßt, aber ich werde ihn nie wegbringen. Luchs suchte Perle tagelang, dann schien er einzusehen, daß sie für immer weggegangen war. Er hatte sie sterben sehen, aber den Zusammenhang schien er nicht zu begreifen. Die alte Katze lief auf zwei Tage weg und nahm dann ihr gewohntes Leben wieder auf.

Ich habe Perle nicht vergessen. Ihr Tod war der erste Verlust, den ich im Wald erlitt. Wenn ich an sie denke, sehe ich sie selten in ihrer weißen Pracht auf der Bank sitzen und den kleinen blauen Schmetterlingen nachstarren. Meistens sehe ich sie als armseligen blutbefleckten Balg, die Augen halb offen und gebrochen, die rosige Zunge zwischen die Zähne geklemmt. Ich kann es nicht ändern. Es hat keinen Sinn, sich gegen die Bilder zu wehren. Sie kommen und gehen, und je mehr ich mich gegen sie wehre, desto grausiger werden sie.

Perle war begraben, und der Föhn erstarb über Nacht, als hätte er seine Aufgabe erfüllt. Neuer Schnee fiel vom Himmel, das Röhren der Hirsche wurde schwächer und verstummte nach einigen Tagen ganz. Ich ging meiner Arbeit nach und versuchte, der Traurigkeit nicht nachzugeben, die mich überfallen hatte. Es war jetzt endlich winterliche Ruhe, aber nicht die Ruhe, die ich mir gewünscht hatte. Ein Opfer war gefallen, und nicht einmal die Wärme des Ofens und das Licht der Lampe konnten Behagen in die Hütte zaubern. Es lag mir jetzt auch nichts mehr an diesem Behagen, und zu Luchs' Freude ging ich viel mit ihm in den Wald. Dort war es kalt und unwirtlich, und das war leichter zu ertragen als die falsche Gemütlichkeit meines warmen, sanft erhellten Heims.

Es fiel mir schwer, ein Stück Wild zu schießen. Ich mußte mich zum Essen zwingen und wurde wieder mager wie nach der Heuernte. Diesen Abscheu vor dem Töten verlor ich nie. Er muß mir angeboren sein, und ich mußte ihn immer wieder von neuem überwinden, wenn ich Fleisch brauchte. Ich verstand jetzt, warum Hugo Luise und seinen Geschäftsfreunden den Abschuß überlassen hatte. Manchmal denke ich, es ist schade, daß nicht Luise am Leben geblieben ist; wenigstens mit der Fleischversorgung hätte sie keine Schwierigkeit. Aber sie wollte ja niemals in irgendeiner Sache zurückstehen, und so schleppte sie auch den armen Hugo in sein Verderben. Vielleicht sitzt sie immer noch am Wirtshaustisch, ein lebloses erstarrtes Ding mit bemalten Lippen und rotblonden Locken. Sie lebte so gerne und machte immerzu alles falsch, weil man in unserer Welt nicht ungestraft so gerne leben durfte. Als sie noch lebte, war sie mir sehr fremd und stieß mich manchmal ab. Aber die tote Luise habe ich beinahe liebgewonnen, vielleicht, weil ich jetzt so viel Zeit habe, über sie nachzudenken. Im Grunde wußte ich nie mehr über sie, als ich heute über Bella oder die Katze weiß. Nur ist es eben viel leichter, Bella oder die Katze zu lieben, als einen Menschen.

Am sechsten November unternahm ich mit Luchs einen weiten Gang und folgte einem fremden Pfad. Mein Orientierungssinn ist sehr schlecht entwickelt. Ich neige dazu, immer in die falsche Richtung zu gehen. Aber Luchs brachte mich jedesmal gut nach Hause, wenn ich mich verirrt hatte. Heute gehe ich nur noch die altvertrauten Wege, ich müßte mir sonst Zeichen in die Bäume schneiden, um zurückzufinden. Ich habe auch gar keine Ursache, wild im Wald herumzuirren. Das Wild begeht seine alten Wechsel, und die Wege zum Acker und zur Bachwiese finde ich im Schlaf. Aber wenn ich es auch nicht sehen will, ohne Luchs bin ich eine Gefangene des Kessels geworden.

An jenem sechsten November, einem kühlen, sonnigen Tag, konnte ich mir noch einen Ausflug in unbekanntes Gebiet erlauben. Der Schnee war wieder geschmolzen, und rotbraunes Laub bedeckte glatt und feuchtglänzend die Pfade. Ich kletterte eine Anhöhe hinauf, überquerte eine Holzriese, die naß und gefährlich rutschig zu Tal führte. Dann erreichte ich eine kleine ebene Hochfläche, dicht mit Buchen und Fichten bestanden, auf der ich eine Weile ausruhte. Gegen Mittag brach die Sonne durch den Nebel und wärmte meinen Rücken. Luchs geriet darüber in Entzücken und sprang begeistert an mir hoch. Er wußte, daß dies kein Pirschgang war, ich hatte das Gewehr nicht mitgenommen, und daß er sich einige Freiheiten erlauben durfte. Seine Pfoten waren naß und schmutzig, und ein wenig Laub und Sand blieben auf meinem Mantel haften. Schließlich beruhigte er sich wieder und trank aus einem winzigen Bach, der wohl nur jetzt nach der kleinen Schneeschmelze Wasser führte.

Wie immer, wenn ich im Wald mit Luchs unterwegs war, kam eine gewisse Ruhe und Heiterkeit über mich. Ich hatte nichts anderes vor, als dem Hund ein wenig Bewegung zu verschaffen und mich selbst vom fruchtlosen Denken abzuhalten. Das Gehen im Wald lenkte mich von mir ab. Es tat mir gut, langsam auszuschreiten, zu schauen und die kühle Luft zu atmen. Ich folgte dem kleinen Bach bergab. Das Wasser wurde fadendünn, und ich ging schließlich im Bachbett weiter, weil der Steig ganz verwachsen war und ich beim Durchschreiten und Auseinanderhalten der Zweige jedesmal einen Schauer kalten Wassers in den Nacken bekam. Luchs fing an, unruhig zu werden und setzte sein Dienstgesicht auf. Er folgte einer Spur. Lautlos, die Nase dicht am Boden, lief er vor mir her. Von einer kleinen Höhle, die das Wasser am Ufer ausgewaschen hatte und die von einem Haselbusch halb verdeckt war, blieb er stehen und zeigte einen Fund an. Er war aufgeregt, aber nicht so freudig wie sonst, wenn er ein Wild ausgemacht hatte.

Ich bog die tropfenden Zweige auseinander und sah in der Dämmerung der Höhle, eng an die Wand gedrückt, eine tote Gemse. Es war ein erwachsenes Tier, das jetzt im Tod sonderbar klein und schmal aussah. Deutlich konnte ich den weißlichen Aussatz der Räude erkennen, der Stirn und Augen bedeckte wie ein übler Pilz. Ein ausgestoßenes einsames Tier, heruntergestiegen aus den Geröllfeldern, den Latschen und Alpenrosen, um sich sterbend und blind in diese Höhle zu verkriechen. Ich ließ die Zweige zurückfallen und scheuchte Luchs weg, der einer näheren Untersuchung nicht abgeneigt schien. Er gehorchte nur widerwillig und folgte mir zögernd bergab. Ich war plötzlich müde und wollte nach Hause. Luchs merkte, daß mich das tote räudige Ding verstimmt hatte, und ließ betrübt den Kopf hängen. Unser Ausflug, der so freundlich angefangen hatte, endete damit, daß wir beide schweigsam dahintrotteten, bis das Bächlein wunderbarerweise in den vertrauten Bach mündete und wir durch die Schlucht heimgehen mußten. Eine Forelle stand regungslos im grünbraunen Tümpel, und bei ihrem Anblick fing ich an zu frieren. Die Felsen in der Schlucht sahen kalt und düster aus, und von der Sonne merkte ich an diesem Tag nichts mehr, denn als wir die Hütte erreichten, war sie längst hinter Nebelschleiern verborgen. Die Feuchtigkeit der Schlucht lag wie ein nasses Tuch auf meinem Gesicht.

Auf den Fichten saßen die Krähen. Als Luchs sie verbellte, flatterten sie auf und ließen sich auf entfernteren Bäumen wieder nieder. Sie wußten genau, daß dieses Gebell keine Gefahr für sie bedeutete. Luchs mochte die Krähen nicht und versuchte immer, sie zu vertreiben. Später fand er sich widerwillig mit ihnen ab und wurde ein wenig duldsamer. Ich habe nichts gegen die Krähen und überlasse ihnen die spärlichen Küchenabfälle. Manchmal gab es auch reichliche Mahlzeiten für sie, wenn ich ein Stück Wild geschossen hatte. Eigentlich sind sie schöne Vögel mit ihrem schillernden Gefieder, den dicken Schnäbeln und den glänzenden schwarzen Augen. Oft finde ich im Schnee eine tote Krähe. Am nächsten Morgen ist sie schon verschwunden. Ein Fuchs mag sie geholt haben. Vielleicht der Fuchs, der Perle tödlich verletzte. Ich fand Bißspuren an ihr, aber das schlimmste war eine innere Verletzung. Die Bisse hätte sie überlebt.

Einmal, es muß im ersten Winter gewesen sein, sah ich einen Fuchs am Bach stehen und trinken. Er war im graubraunen Winterpelz mit dem weißlichen Reif darüber. In der schläfrigen Stille der Schneelandschaft sah er sehr lebendig aus. Ich hätte ihn schießen können, ich trug das Gewehr bei mir, aber ich tat es nicht. Perle mußte sterben, weil einer ihrer Vorfahren eine überzüchtete Angorakatze war. Sie war von Anfang an als Opfer für Füchse, Eulen und Marder bestimmt. Sollte ich dafür den schönen lebendigen Fuchs bestrafen? Perle war ein Unrecht widerfahren, aber dieses Unrecht war auch ihren Opfern, den Forellen, geschehen, sollte ich es an den Fuchs weitergeben? Das einzige

Wesen im Wald, das wirklich recht oder unrecht tun kann, bin ich. Und nur ich kann Gnade üben. Manchmal wünsche ich mir, diese Last der Entscheidung liege nicht auf mir. Aber ich bin ein Mensch, und ich kann nur denken und handeln wie ein Mensch. Davon wird mich erst der Tod befreien. Wenn ich »Winter« denke, sehe ich immer den weißbereiften Fuchs am verschneiten Bach stehen. Ein einsames, erwachsenes Tier, das seinen vorgezeichneten Weg geht. Es ist mir dann, als bedeute dieses Bild etwas Wichtiges für mich, als stehe es nur als Zeichen für etwas anderes, aber ich kann seinen Sinn nicht erkennen.

Jener Ausflug, an dem Luchs die tote Gemse gefunden hatte, war der letzte im Jahr. Es fing wieder an zu schneien, und bald lag der Schnee knöcheltief. Ich beschäftigte mich mit meinem kleinen Haushalt und mit Bella. Sie gab jetzt etwas weniger Milch und wurde zusehends dicker. Ich fing an, ernstlich auf ein Kalb zu hoffen. Oft lag ich schlaflos und bedachte alle Möglichkeiten. Sollte Bella etwas zustoßen, wurden auch meine Lebensaussichten viel geringer. Selbst wenn ein Kuhkalb geboren wurde, waren sie nur begrenzt. Nur ein Stierkalb konnte mich hoffen lassen, längere Zeit im Wald leben zu können. Noch immer hoffte ich damals, man würde mich eines Tages finden, aber soweit es mir möglich war, verdrängte ich alle Gedanken an die Vergangenheit und an die fernere Zukunft und befaßte mich nur mit naheliegenden Dingen: der nächsten Erdapfelernte und den saftigen Almwiesen. Der Gedanke an eine sommerliche Übersiedlung auf die Alm beschäftigte mich ganze Abende lang. Weil ich, seit ich weniger im Freien arbeitete, schlechter schlief, blieb ich abends länger auf (eine sträfliche Petroleumverschwendung) und las in Luises Magazinen, den Kalendern und Kriminalromanen. Die Magazine und Romane langweilten mich bald sehr, und ich fand immer mehr Gefallen an den Kalendern. Ich lese sie heute noch.

Alles, was ich über Viehzucht weiß, es ist sehr wenig, stammt aus diesen Kalendern. Auch die Geschichten, die darin stehen und über die ich früher nur gelacht hätte, gefallen mir immer besser, manche sind rührend und manche gruselig, besonders eine, in der der Aalkönig einen tierquälerischen Bauern verfolgt und schließlich unter dramatischen Umständen erwürgt. Diese Geschichte ist wirklich ausgezeichnet, und ich fürchte mich sehr, wenn ich sie lese. Damals aber im ersten Winter konnte ich mit diesen Geschichten noch nicht viel anfangen. In Luises Magazinen gab es seitenlange Abhandlungen über Gesichtsmasken, Nerzmäntel und Porzellansammlungen. Manche Gesichtsmasken bestanden aus einem Brei von Honig und Mehl, und ich wurde immer sehr hungrig, wenn ich darüber las. Am besten gefielen mir die prächtigen bebilderten Kochrezepte. Eines Tages, als ich sehr hungrig war, wurde ich aber so wütend (ich hatte immer einen Hang zu Jähzorn), daß ich die ganzen Rezepte in einem Schwung verbrannte. Das letzte, was ich sah, war ein Hummer auf Mayonnaise, der sich krümmte, als ihn das Feuer verschlang. Das war sehr dumm von mir, ich hätte drei Wochen damit einheizen können und verschwendete alles an einem Abend.

Schließlich hörte ich auf zu lesen und legte lieber mein Kartenspiel. Es beruhigte mich, und der Umgang mit den vertrauten schmutzigen Figuren lenkte mich von meinen Gedanken ab. Damals hatte ich einfach Angst vor dem Augenblick, an dem ich das Licht auslöschen und zu Bett gehen mußte. Den ganzen Abend hindurch saß diese Angst mit mir am Tisch. Die Katze war um diese Zeit schon weggegangen, und Luchs schlief im Ofenloch. Ich war ganz allein mit meinen Spielkarten und mit meiner Angst. Und jeden Abend mußte ich doch endlich zu Bett gehen. Ich fiel fast unter den Tisch vor Müdigkeit, aber sobald ich im Bett lag, in der Dunkelheit und Stille, wurde ich hellwach, und die Gedanken fielen über mich her wie ein Hornissenschwarm. Wenn ich dann endlich einschlief, träumte ich und erwachte weinend und tauchte wieder unter in einen jener schrecklichen Träume.

So leer meine Träume bisher gewesen waren, so überfüllt waren sie seit dem Winter. Ich träumte nur von Toten, denn selbst im Traum wußte ich, daß es keine Lebenden mehr gab. Immer fin-

gen die Träume ganz harmlos und heuchlerisch an, aber ich wußte von Anfang an, daß etwas Schlimmes bevorstand, und unauf-
haltsam glitt die Handlung dahin bis zu jenem Augenblick, an
dem die vertrauten Gesichter erstarrten und ich stöhnend erwachte. Ich weinte, bis ich wieder einschlief und zu den Toten
hinabsank, immer tiefer, immer schneller, und aufschreiend wieder erwachte. Bei Tag war ich müde und teilnahmslos, und
Luchs unternahm verzweifelte Versuche, mich aufzumuntern.
Selbst die Katze, die mir immer ganz mit sich selbst beschäftigt
erschienen war, schenkte mir kleine spröde Zärtlichkeiten. Ich
glaube nicht, daß ich ohne die beiden den ersten Winter über-
standen hätte.

Es war gut, daß ich mich auch zwangsläufig mehr mit Bella befassen mußte, die so dick geworden war, daß ich jeden Tag auf das
Kalb gefaßt sein mußte. Sie war schwerfällig und kurzatmig
geworden, und ich redete ihr jeden Tag gut zu, um ihr Mut zu
machen. Ihre schönen Augen hatten einen besorgten ange-
strengten Ausdruck angenommen, als mache sie sich Gedanken
über ihren Zustand. Vielleicht bildete ich mir das auch nur ein.
So war mein Leben geteilt in schreckliche Nächte und vernünf-
tige Tage, an denen ich mich vor Müdigkeit kaum aufrecht halten konnte.

Die Tage schlichen dahin. Mitte Dezember wurde es wärmer und
der Schnee schmolz. Ich ging mit Luchs jeden Tag ins Revier.
Dann konnte ich ein wenig besser schlafen, aber ich träumte
immer noch. Es wurde mir klar, daß die Gefaßtheit, mit der ich
mich vom ersten Tag an in meine Lage gefügt hatte, nur eine Art
Betäubung gewesen war. Jetzt hörte die Betäubung auf zu wirken, und ich reagierte ganz normal auf meinen Verlust. Die Sorgen, die mir bei Tag zusetzten, um meine Tiere, die Erdäpfel,
das Heu, empfand ich als den Umständen angemessen und damit
erträglich. Ich wußte, ich würde mit ihnen fertig werden, und war
bereit, mich damit zu befassen. Die Angst, die mich nachts über-
fiel, schien mir dagegen völlig unfruchtbar, eine Angst um Ver-
gangenes und Totes, das ich nicht neu beleben konnte und dem

ich in der Dunkelheit der Nacht hilflos ausgeliefert war. Wahrscheinlich verschlimmerte ich selbst meinen Zustand, weil ich mich so heftig dagegen wehrte, mich mit dem Vergangenen auseinanderzusetzen. Aber das wußte ich damals noch nicht. Weihnachten kam immer näher, und ich fürchtete mich davor.

Copyrightverzeichnis